Carl Wolff

Geschichte des Brandenburg-Preussischen Staates

Carl Wolff

Geschichte des Brandenburg-Preussischen Staates

ISBN/EAN: 9783741183270

Hergestellt in Europa, USA, Kanada, Australien, Japan

Cover: Foto ©ninafisch / pixelio.de

Manufactured and distributed by brebook publishing software (www.brebook.com)

Carl Wolff

Geschichte des Brandenburg-Preussischen Staates

Geschichte

des

Brandenburg-Preußischen Staates

von

Dr. Carl Wolff.

Langensalza,
Druck und Verlag von Julius Beltz.
1870.

Inhalt.

Erster Abschnitt. Geschichte der Mark Brandenburg von den ältesten Zeiten bis zum Regierungsantritt Friedrichs I von Hohenzollern . . . . 1—22

    I. Germanen und Slaven in den spätern brandenburgischen Ländern . . . . 1—5
    II. Gründung der Nordmark und Markgrafen vor Albrecht dem Bären . . . . 5—8
    III. Die Mark Brandenburg unter den Ascaniern 1134—1320   8—15
    IV. Die Mark Brandenburg unter den bayrischen Markgrafen und Kurfürsten 1324—1373 . . . . . . 15—19
    V. Die Mark Brandenburg unter den luxemburgischen Kurfürsten 1373—1415 . . . . 20—22

Zweiter Abschnitt. Geschichte des Kurfürstenthums Brandenburg unter den Hohenzollern bis zum großen Kurfürsten 1415—1640 . 23—52

    I. Brandenburg bis zur Reformation 1517 . . . 23—33
    II. Brandenburg von dem Beginne der Reformation bis zur Erwerbung Preußens 1517—1618 . . . . . 33—43
    III. Preußen und Brandenburg bis zum großen Kurfürsten 1640   44—52

Dritter Abschnitt. Geschichte des brandenburg-preußischen Staates vom großen Kurfürsten bis zu Friedrich dem Großen 1640—1740   53—86

    I. Der große Kurfürst 1640—1688 . . . . . 53—69
    II. Kurfürst Friedrich III (als König Friedrich I) 1688—1713   69—77
    III. König Friedrich Wilhelm I 1713—1740 . . . 78—86

Vierter Abschnitt. Geschichte des preußischen Staates unter
Friedrich dem Großen 1740—1786 . . . . . 87 — 124
   I. Friedrich II bis zum siebenjährigen Kriege 1740—1756   87 — 99
  II. Der dritte schlesische oder siebenjährige Krieg 1756—1763   99 — 110
 III. Weitere Erfolge Friedrichs b. Gr. und seine Thätigkeit
nach Innen bis zu seinem Tode 1786 . . . 110 — 124

Fünfter Abschnitt. Geschichte des preußischen Staates vom Tode
Friedrichs des Einzigen bis zur Gründung des deutschen Bundes
1786—1815 . . . . 125 — 175
   I. Friedrich Wilhelm II 1786—1797. Sinken des preußischen
Einflusses . . . . 125 — 136
  II. Friedrich Wilhelm III 1797(—1840). Preußen bis zum
Frieden von Tilsit 1807 . . . . . . 136 — 149
 III. Preußens Wiedergeburt und Erhebung . . . 149 — 157
 IV. Preußens und Deutschlands Befreiung und Wiederherstellung 157 — 175

Sechster Abschnitt. Geschichte des preußischen Staates von
1815 bis zur Gründung des norddeutschen Bundes 1867 . 175 — 208
   I. Friedrich Wilhelm III bis zu seinem Tode (1840) und
Friedrich Wilhelm IV bis zum Jahre 1848 . . 175 — 184
  II. Friedrich Wilhelm IV von 1848 bis zu seinem Tode 1861   184 — 142
 III. Preußen unter Wilhelm I . . . . . . 192 — 208

Erster Abschnitt.

Geschichte der Mark Brandenburg von den ältesten Zeiten bis zum Regierungsantritt Friedrichs I von Hohenzollern.

1. Germanen und Slaven in den späteren brandenburgischen Ländern.

Die preußische Monarchie, jetzt eine der mächtigsten Europas, hat ihren Ursprung in der sogenannten Altmark, dem nördlichen Theile der jetzigen Provinz Sachsen, gefunden. Von diesem kleinen Mittelpunkt aus hat sie sich stetig im Laufe der Jahrhunderte nach allen Seiten hin ausgebreitet, vergrößert durch die Tüchtigkeit ihrer Fürsten, gekräftigt durch die Tapferkeit ihrer Bewohner und deren Hingabe an das Gemeinwohl. Von der Altmark aus ward zunächst das Land zwischen Elbe und Oder, zu beiden Seiten der Havel, erobert. Von der Stadt Brandenburg erhielt der neue Staat seinen Namen, und er behielt denselben Jahrhunderte lang, bis der Name eines neuerworbenen großen Gebietes jenseits der Weichsel auf das Ganze übertragen wurde.

[Die Germanen.]

In den ältesten Zeiten, von denen uns berichtet wird, wohnten in den Gegenden der späteren Mark Brandenburg deutsche oder germanische Volksstämme. Römische Schriftsteller, denen wir zuverlässige Nachrichten über dieselben verdanken, bezeichnen sie mit dem Namen Sueven. Besonders sind es zwei suevische Völker, die hier zu erwähnen sind, nämlich die Semnonen in der späteren Mittelmark zwischen Elbe und Oder und die Langobarden in der späteren Altmark.

Unsere Vorfahren, die alten Deutschen, waren ein bei weitem gebildeteres Volk als man gewöhnlich geglaubt hat. Der römische Geschichtschreiber Tacitus schildert uns dieselben als einen schlanken, hochgewachsenen und kräftigen Menschenschlag mit hellblondem Haar und blauen Augen. Von Jugend auf lernte der Germane alle Arten von Mühseligkeiten ertragen. Häufiges Baden in Flüssen, einfache Nahrung, Stählen des Körpers durch Jagd und Krieg zeitigten ein starkes, muthiges Geschlecht. — In einem kräftigen und gesunden Körper aber wohnt gewöhnlich auch eine gesunde Seele. Und in der That war der Germane für alles Edle und Schöne empfänglich und zeichnete sich durch herrliche Eigenschaften aus. So sind besonders zu nennen seine **Ehrfurcht vor den Göttern**, deren durch den Mund der Priester verkündetem Willen er sich willig beugte, seine **Treue**, die sich besonders in dem Festhalten an dem einmal gegebenen Worte zeigte, seine **Hochachtung vor den Frauen**, wodurch er sich vor allen andern Völkern der alten Welt vortheilhaft auszeichnete und womit seine **Heilighaltung der Ehe** wesentlich zusammenhieng. Auch sein **keuscher und sittiger Sinn** und die edle Sitte der **Gastfreundschaft** wird rühmend selbst von seinen Feinden hervorgehoben. Doch dürfen auch die Fehler der alten Deutschen nicht verschwiegen bleiben; als solche sind zu nennen die **Trunksucht**, in Folge deren häufig bis in die späte Nacht hinein gezecht ward, und die **Spielsucht**, welche den Deutschen nicht selten sein ganzes Hab und Gut, ja sogar seine eigene Person verspielen ließ, so daß er fortan dem glücklicheren Spieler als Leibeigner dienen mußte. — Hauptbeschäftigung des Deutschen war der Krieg und außer dem Kriege die Jagd; Ackerbau und Viehzucht war mehr Sache der Frauen und der Leibeigenen. Nur der Tod vor dem Feinde galt als ehrenvoll und berechtigte nach dem Volksglauben zu einem ewigen Freudenleben mit den Göttern, den Tod auf dem Krankenbette aber hielt man für ein Uebel. Daher kam es, daß die Kriegswaffe nicht nur ein Schmuck, sondern das **Zeichen** eines jeden freien Mannes war, und der Tag, an welchem der Jüngling wehrhaft gemacht, d. h. an welchem er für würdig die Waffen zu tragen erachtet ward, galt demselben als der schönste Tag seines Lebens. — Als Götter verehrten unsere Vorfahren den **Wodan**, den Götterfürsten, nebst seiner Gemahlin **Freyja**, die Göttin der Liebe; ferner den **Donar**, Gott des Blitzes und des Donners, den Kriegsgott **Thyr**, bei den Sueven auch **Ziu** genannt u. a. m. Der Gottesdienst fand nicht in Tempeln, sondern in heiligen Hainen statt. Auch die Semnonen besaßen einen solchen, dessen Umkreis mit einer heiligen Schnur gezogen war und den nur Gefesselte betreten durften. Die Priester waren zugleich Richter, begleiteten auch die Heere und feuerten dieselben zur Tapferkeit an.

[Einwanderung von Slaven in die Länder östlich der Elbe.]

Es ist bekannt, daß vom dritten bis in das sechste Jahrhundert nach Chr. Geb. die Völker des ganzen mittleren und östlichen Europas ihre Wohnsitze wechselten, indem sie unter mannichfachen Kriegen gegen einander ihre Sitze verließen, um sich neue zu suchen. Im Ganzen war der Zug der Völker von Osten nach Westen gerichtet, und besonders waren es die gesegneten Provinzen des römischen Reiches, welche namentlich die deutschen Völkerschaften in Besitz zu nehmen trachteten. Diesen ganzen Jahrhunderte währenden Vorgang nennt man die Völkerwanderung. So hatten auch alle deutschen Völker östlich der Elbe, unter ihnen die Semnonen und die Langobarden, ihre Heimath verlassen, um sich neue

Wohnsitze zu erkämpfen. Besonders sind es die Langobarden, welche später durch die Eroberung Italiens, dessen nördlicher Theil nach ihnen bis auf den heutigen Tag Lombardei genannt wird, berühmt geworden sind. — In die nun völkerlos gewordenen Gegenden östlich der Elbe wanderten indessen bald neue Stämme von Osten her ein. Dieselben waren nicht germanischen, sondern slavischen Stammes und wurden von den Deutschen mit dem Gesammtnamen Wenden bezeichnet. Die Wenden begnügten sich indessen nicht mit den Ländern östlich der Elbe, sondern sie suchten sich auch westlich dieses Flusses anzusiedeln. Dies gelang ihnen besonders in der späteren Altmark und in den Strichen zwischen Saale und Elbe. — Wie die Deutschen, so bildeten die Slaven nicht ein Volk, sondern sie zerfielen in viele Stämme, die sich nicht selten, ganz wie dies bei den Germanen der Fall war, feindlich gegenüberstanden. Wir merken uns folgende slavische Völkerschaften:

1. Die Abodriten im heutigen Mecklenburg; zu ihnen rechnete man auch die Wagrier im östlichen Holstein (daher die Landschaft Wagrien).
2. Die Liutizen, von den Deutschen auch Wilzen genannt, östlich der Abodriten bis zur Oder.
   Zu den Wilzen rechnete man
   a) die Chizziner, im nordöstlichen Mecklenburg;
   b) die Zirzipaner, östlich von den Vorigen, im jetzigen Neuvorpommern (Regierungsbezirk Stralsund);
   c) die Redarier, östlich vom Müritzsee, südöstlich von den Chizzinern;
   d) die Tollensaner, zwischen dem Fluß Tollense und der Oder, im jetzigen Vorpommern, südlich der Peene.
3. Die Ucrer, am Uckerfluß, in der jetzigen Uckermark.
4. Die Heveller, zu beiden Ufern der Havel.
   Die Heveller zerfielen in folgende Stämme:
   a) die Doxaner, zwischen dem Flusse Dosse und der Havel;
   b) die Stoberaner, zu beiden Seiten der Havel bei Brandenburg;
   c) die Brizaner, westlich von den Stoberanern.
5. Die Soraben oder Sorben, südlich der Heveller, zu beiden Seiten der Elbe, westlich bis zur Saale hin.
   Die hauptsächlichsten Stämme der Sorben waren:
   a) die Lusitzer, in der jetzigen Niederlausitz;
   b) die Daleminzier, zwischen der Mulde und der Elbe;
   c) die Milzioner, in der jetzigen Oberlausitz.
6. Die Pomoranen oder Pommern, östlich der Oder bis zur Weichsel und südlich bis zur Netze.
7. Die Czechen, im heutigen Böhmen und Mähren.

8. Die Lechen oder Polen, südlich von den Pommern und östlich von den Soraben.

Zu den Lechen rechnete man die Zlasaner im heutigen Schlesien. Als für sich bastehendes Völkchen würden noch die Rugianen oder Ranen auf der Insel Rügen zu nennen sein. Die unter 1—4 aufgeführten Völker wurden vorzugsweise Wenden genannt.

[Näheres über die Slaven.]

Die Wenden unterschieden sich in vielen Dingen sehr wesentlich von den Germanen. Schon in körperlicher Hinsicht waren sie anders geartet. Sie hatten einen gedrungenen, meist starken Körperbau, waren nur von mittlerer Größe und zeichneten sich im Gegensatze zu den Deutschen durch dunkles Haar und dunkle Augen aus. Auch sie besaßen schöne Eigenschaften, sie waren **tapfer** und **freiheitliebend**, denn in Jahrhunderte langen schweren Kämpfen suchten sie ihre Freiheit gegen die Deutschen zu retten; sie waren ferner **gastfrei** auch gegen den Feind. Ihren **Fleiß** bekundeten sie in sorgfältiger **Bebauung des Ackers**, im eifrigen Betrieb der **Viehzucht** und der **Fischerei**. Handel ward von ihnen besonders an den Meeresküsten betrieben. Die Stadt **Bineta** auf der Insel Wollin war einer der berühmtesten und besuchtesten Handelsplätze des früheren Mittelalters. Auch in gewissen **Gewerben** waren die Slaven nicht unerfahren, besonders zeichneten sie sich durch ihre **Webereien** aus. Im Gemeindeleben scheinen sie sogar den Deutschen voraus gewesen zu sein; in ihren Dörfern z. B. bestand unter anderm ein **geregeltes Armenverpflegungswesen**. Unzählige Dörfer und Städte verdanken ihnen ihre Gründung. Wie bei den Deutschen giengen letztere wohl aus den festen Burgen (Garts) hervor, welche man zum Schutze gegen die Feinde baute. Trotz aller dieser friedlichen Tugenden scheuten sie den Krieg nicht, ja ihre **Kriegslust** ließ ihn suchen. Wurde gerade kein Krieg geführt, so entschädigten sie sich durch das Vergnügen und die Aufregung der **Jagd**. Indessen auch häßliche Eigenschaften werden den Wenden zum Vorwurf gemacht. Die Deutschen werfen ihnen **Jähzorn**, **Hinterlist** und **Rohheit** vor, auch fehlte ihnen die rechte Ausdauer in Ertragung von Mühseligkeiten. — Wie die Deutschen so waren auch sie Heiden. Ihre obersten Gottheiten waren Belbog, der Vertreter des Guten und Zernebog, der Vertreter des Bösen. Neben diesen verehrten sie noch den dreiköpfigen Triglaw (diesem war z. B. ein Tempel bei Brandenburg gewidmet), den Perkuns oder Donnergott, den Zwantewit oder Gott der Strafe, den Podaga oder Gott der Zeiten und den Rabegast, dem zu Rhedra im jetzigen Mecklenburg ein großer Tempel geweiht war, wo bei Siegesfesten sogar Menschenopfer dargebracht wurden. Alle diese Götter, von denen man häßliche Bilder aufstellte, wurden theils in Tempeln, theils in heiligen Hainen verehrt. Auch bei den Wenden genossen die Priester des höchsten

Ansehens, ja sie beherrschten in früheren Zeiten das Volk, und erst später, als die Slaven in öftere und härtere Kriege verwickelt wurden, stehen Kriegsfürsten (Woywoden) an ihrer Spitze. Ihre Bewaffnung war in den ältesten Zeiten einfach und roh, sie bedienten sich der Keulen, Streitärte, Schleudern, Bogen und Pfeile, Wurfspeere. Sehr bald aber nahmen sie die bessere Bewaffnung der Deutschen an und kämpften wie diese in häufig sogar prachtvollen Rüstungen.

Der grimmigste Haß wüthete zwischen den benachbarten Deutschen und Wenden, die Kämpfe, welche zwischen beiden Völkern ausbrachen, waren Kämpfe auf Leben und Tod. Den Grund dieser Kriege und die Art und Weise ihrer Führung werden wir gleich erfahren. Dabei aber trugen die Deutschen gegen die Wenden eine unsägliche Verachtung zur Schau. Bald ward das Wort Slave (Sklave) in der deutschen Sprache gleichbedeutend mit Knecht, Leibeigner.

II. Entstehung der Nordmark und Markgrafen vor Albrecht dem Bären.

[Ursache und Beginn der Kriege zwischen Deutschen und Wenden.]

Schon der Umstand, daß durch die Einwanderung der Slaven in die Länder östlich der Elbe zwei kriegerische Nationen Nachbarn geworden waren und die Wenden das Bestreben hatten, immer weiter gen Westen vorzudringen, mußte zu zahlreichen Kämpfen Veranlassung geben und bereits gegeben haben. Aber erst seit der Zeit Karls des Großen gewinnen dieselben eine größere Ausdehnung. Dieser fränkische Kaiser führte bekanntlich mit den Sachsen (westlich der niederen Elbe) schwere Kriege, welche mit der Unterwerfung dieses Volkes unter die fränkische Herrschaft endeten. Nun hatten aber die Wilzen den Sachsen in ihrem Kampfe gegen die Franken Hülfe geleistet. Deswegen kehrte nach Besiegung jener der Kaiser seine Waffen auch gegen ihre Bundesgenossen. In diesem Kampfe ward er von den Abobriten unterstützt, und so gelang es ihm, die Wilzen der fränkischen Herrschaft zu unterwerfen und zur Zahlung von Tribut zu nöthigen. Auch die Sorben wurden von den Söhnen des Kaisers bekriegt und mußten sich unterwerfen. Um aber das deutsche Gebiet gegen fernere Einfälle der Slaven zu schützen, dieselben im Zaume zu halten und den versprochenen Tribut einzutreiben, setzte Kaiser Karl in den deutschen Grenzländern Mark- oder Grenzgrafen ein. Auch gründete er Wehrburgen zum Schutze der deutschen Grenze (z. B. Erfurt, Halle, Merseburg, Magdeburg u. s. w.) und siedelte zu ihrer Vertheidigung fränkische Krieger an; es war dies eine stehende Kriegsmannschaft. Ihre Befehlshaber, die Markgrafen, welche Karl aus seinen tapfersten Kriegern erwählt hatte, wurden mit ausgedehnten Vollmachten bekleidet. Da nur selten an diesen Grenzen gegen die Slaven eine Waffenruhe eintrat, so erlangten die Markgrafen bald eine dauernde Gewalt. Das Gebiet eines solchen Markgrafen nannte man eine **Mark**. So z. B. gründete der Kaiser gegen die Sorben die **thüringische Mark** an der Saale, Gera und Unstrut.

Freilich war die Unterwürfigkeit der Slaven nicht von Dauer, dieselbe bestand nur so lange, als ein kraftvoller Herrscher an der Spitze des Frankenreiches stand. Auch als das große fränkische Kaiserthum auseinander gefallen, schwächten sich die Enkel Karls des Großen bekanntlich durch blutige Kriege, wie sie dies schon gethan hatten, als das große Reich noch nicht unter ihnen getheilt war. Die Sorben überschritten daher die Saale und drangen verwüstend durch die thüringschen Länder, die Abodriten und Wilzen fielen sengend und brennend in Sachsen ein. Die gegen sie errichteten Burgen wurden von den Slaven zerstört und eine Masse Frauen und Kinder von ihnen in die Sklaverei geschleppt. Erst als der tapfere und kraftvolle Herzog von Sachsen als **König Heinrich I** den deutschen Thron bestiegen und die Einigkeit unter den deutschen Völkern wieder hergestellt hatte, gelang es nach blutigen Kämpfen, der Wenden abermals Herr zu werden.

[Weitere Kämpfe mit den Wenden.]

Zur Zeit Heinrichs I waren auch die Ungarn oder Magyaren in Deutschland eingefallen und hatten weithin Brand und Verwüstung durch das Land getragen. Weil der König nicht im Stande war, ihnen mit gehöriger Macht entgegenzutreten, so schloß er einen Waffenstillstand von neun Jahren mit ihnen ab und verpflichtete sich zur Zahlung eines jährlichen Tributes. Aber in diesen neun Jahren schuf er sich ein tüchtiges Heer und übte dasselbe in harten Kämpfen gegen die Slaven. Nachdem er nämlich schon vorher die **Daleminzier** unterworfen, zog er gegen die **Heveller** und drang bis zu deren Hauptfeste **Brennaburg** (Brandenburg) vor. Diese Stadt lag rings von der Havel umflossen. Kälte und Hunger zwangen sie endlich zur Uebergabe. Der Hevellerfürst **Tugumir** mußte sich unterwerfen und sich zur Zahlung eines Tributes verpflichten. Während nun aber der König selbst im Jahre 929 gegen die den Wenden stammverwandten Böhmen zu Felde zog, hatten auch die Wilzen und Abodriten sich sächsischen Grafen unterwerfen müssen, so daß bald der größte Theil des Landes zwischen Elbe und Oder die Herrschaft der Deutschen wieder anerkannte. Aber wie ein Mann standen noch in demselben Jahre die Wenden wieder auf, sengend und brennend durchzogen sie die linkselbischen Gaue und nur mit Mühe gelang es dem König, eilig ein genügendes Heer gegen sie zu sammeln. Bei **Lenzen** an der Elbe (in der heutigen Priegnitz) kam es zur Schlacht (929 n. Chr. Geb.); hier wurden die Wenden von den sächsischen Grafen **Bernhard** und **Thietmar** gänzlich geschlagen, und mehr als 100,000 von ihnen sollen in diesem Kampfe das Leben eingebüßt haben. Auch die Lausitzer wurden im Jahre 932 vom König unterworfen, nachdem er ihre Hauptstadt **Lebusa** (jetzt Dorf Lebuse zwischen Dahme und Schlieben) erobert hatte.

Dennoch verſuchten die Wenden immer und immer wieder ihre Freiheit wiederzuerkämpfen; deswegen ernannte Otto I, König Heinrichs Sohn, zwei ſächſiſche Großen zu Markgrafen und übertrug ihnen die Aufſicht über die unterjochten Völker, Hermann Billung wurde Markgraf an der untern Elbe, ihm wurde die Aufſicht über die Abobriten und Wilzen zu Theil, und Gero ward über die Gegenden an der mittleren Elbe geſetzt, ihm fiel die Aufſicht über Sorben, Daleminzier, Luſitzer, Heveller und Uckrer zu. Hauptſächlich war es der Letztere, welcher in zahlreichen und heftigen Kämpfen die Gewalt der ſlaviſchen Stämme brach und dieſelben in ſtrengem Gehorſam hielt, beſonders als er im Jahr 955 im Verein mit dem Kaiſer ſelbſt die Wendenfürſten Nacko und Stoinef in einer blutigen Schlacht an der Recknitz geſchlagen hatte.

[Gründung der wendiſchen Bisthümer.]

Aber bereits hatte Otto erkannt, daß nicht das Schwert allein den ſtarren Widerſtand des Wendenvolks zu brechen vermöge, er beſchloß, es zum Chriſtenglauben zu bekehren, um es auf dieſe Weiſe der deutſchen Bildung und Herrſchaft zugänglicher zu machen. Zu dieſem Zwecke ſtiftete er die Bisthümer Oldenburg im Lande der Wagrier, Havelberg für die Gegenden zwiſchen Elbe und Oder nördlich der Havel (946), Brandenburg für die Heveller und Lauſitzer (949), Meißen für die Daleminzier, Milziener und die Slaven jenſeit des Bobers (968), Merſeburg und Zeitz (ſpäter nach Naumburg verlegt) für die Gegenden zwiſchen Saale, Elbe und Erzgebirge (968). Alle dieſe Bisthümer ordnete er dem im Jahre 968 gegründeten Erzbisthume Magdeburg unter. Auch das etwas ſpäter gegründete Bisthum zu Poſen ward dem Erzbiſchof von Magdeburg untergeben. Dennoch aber machte die Ausbreitung des Chriſtenthums Anfangs nur geringe Fortſchritte, ja die Bekehrungsverſuche ſpornten die Wenden nur zu um ſo heftigerm Widerſtande an.

[Die Nordmark und ihre Markgrafen vor Albrecht dem Bären.]

Im Jahre 965 war Markgraf Gero geſtorben. In drei Theile theilte jetzt der Kaiſer die Länder, welche Gero verwaltet hatte, in die Nordmark oder Mark Soltwedel (Salzwedel), beſtehend aus den Ländern zu beiden Seiten der Elbe und der Havel, die Oſtmark, beſtehend aus den Gegenden an der mittleren Elbe und dem Gebiete der Luſitzer (Lauſitz), und die thüringiſche Mark oder die Mark Meißen, beſtehend aus den Gegenden zwiſchen Saale, Elbe und Erzgebirge. Markgraf der Nordmark ward Dietrich aus dem Hauſe Ballenſtedt und ihm ward zugleich die Oberaufſicht über die andern beiden Markgrafen mit übertragen. Erſt als nach einem neuen furchtbaren Aufſtand der Wenden alles Land zwiſchen Elbe und Oder zu beiden Seiten der Havel für die Deutſchen verloren gieng, die Biſchöfe von Brandenburg und Havelberg verjagt wurden und Dietrich von Ballenſtedt ſtarb (983), wurden die drei Markgrafschaften, welche aus Geros Mark entstanden waren, völlig untereinander und für ihre rechtselbischen Gegenden auch von dem Herzogthum Sachsen unabhängige Gebiete, welche unmittelbar vom Kaiser vergeben wurden. **Aus der Nordmark oder Mark Soltwedel entwickelte sich die spätere Mark Brandenburg und der preußische Staat.** Unter zwölf Markgrafen (aus dem Hause Walbeck 983—1056, und dem Hause Stade 1056—1132) dauerte nun der Kampf zwischen Deutschen und Wenden mit abwechselndem Glücke noch fort. Im Ganzen aber gelang es den Markgrafen nicht, die verlorenen Gebiete zwischen Elbe und Oder wiederzugewinnen, nur das Land zwischen Elbe und Havel blieb in ihrer Gewalt. Auch das Christenthum war in den wendischen Gegenden wieder völlig erloschen. Zwar hatte der Abobritenfürst Gottschalk selbst es versucht, sein Volk zum wahren Glauben zu bekehren, aber in heftigem Widerstande hatten ihn seine eigenen Unterthanen ermordet. Endlich aber gelangte ein Mann zur Markgrafenwürde, der mit starker Hand das Verlorene wiedergewann und die deutsche Herrschaft in wendischen Landen für immer sicherte, **Albrecht der Bär.**

III. Die Mark Brandenburg unter den Ascaniern 1134—1320.

[Albrecht der Bär 1134—1168.]

Nach dem Tode des Markgrafen Konrad von Plötzlau (der »Sachsenblume«) ward mit der Nordmark Graf Albrecht von Ballenstedt belehnt. Die Grafen von Ballenstedt, auch Ascanier genannt (von der Burg Ascania oder Ascaria, Aschersleben), waren ein am Unterharz reichbegütertes angesehenes Geschlecht. Albrecht, wegen seiner Tapferkeit **der Bär** genannt, folgte seinem Vater im J. 1123 in der Regierung der Grafschaft Ballenstedt. Von Kaiser Lothar II ward er im J. 1125 zum Markgrafen der Ostmark (Lausitz) eingesetzt; das Herzogthum Sachsen, auf welches er gegründete Ansprüche zu haben glaubte, erhielt er indessen nicht, sondern Lothar belehnte damit seinen Schwiegersohn, den Herzog Heinrich den Stolzen von Bayern. Sogar die Ostmark ward Albrecht wieder entzogen, als von Seiten seiner Feinde Klagen wegen Gewaltthätigkeiten beim Kaiser einliefen. Dafür aber erhielt er für treu geleistete Dienste von Lothar im J. 1134 die **Nordmark**, und als Heinrich der Stolze, mit Konrad III, Lothars Nachfolger, zerfallen, in die Acht erklärt wurde, ward Albrecht auch mit dem Herzogthume Sachsen belehnt (1139). Indessen gelang ihm die Eroberung dieses Landes nicht, ja er wurde sogar von Heinrichs Anhängern aus der Nordmark und aus seinen Erblanden vertrieben, so daß er zum Kaiser flüchten mußte. Später schloß Konrad III mit Heinrich des Stolzen Sohn, **Heinrich dem Löwen**, einen Vergleich, durch welchen diesem das Herzogthum Sachsen verblieb, dagegen erhielt Albrecht die von ihm eroberten und noch zu erobernden slavischen Lande als ein von Sachsen unabhängiges Reichslehn und das (bisher schwäbische) Amt des Reichs-Kämmerers (1142). Diese seine Erhebung zum unmittelbaren Reichsfürsten ward das Jahr darauf auf dem Reichstage zu Quedlinburg bestätigt. Bis dahin hatte die Nordmark als ein Bestandtheil des Herzogthums Sachsen keine eigene Geschichte gehabt, erst durch die Trennung derselben von diesem Herzogthum und die Erhebung des Markgrafen zum Reichsfürsten beginnt genau genommen die Geschichte der Mark als eines besonderen Gebietes.

[Albrechts Erfolge gegen die Wenden.]

Schon im Jahr 1136 und in den darauffolgenden Jahren hatte Albrecht die sogenannte Priegnitz (auch Vormark genannt) den Wenden im Kampfe entrissen, das Land zwischen den Flüssen Elbe, Dosse, Havel und Elbe. Als Grenzfesten gründete oder erneuerte er hier Lenzen, Puttlitz, Meyenburg, Freienstein u. s. w. Später ward die Priegnitz von ihm noch bis zum Flusse Rhin erweitert. Damals herrschte in Brandenburg der Wendenfürst Pribislaw; diesem entriß Albrecht das Havelland, d. h. das Land zwischen Havel, Rhin und dem jetzigen Ruppiner Kanal und die Landschaft Zauche, südlich der Havel. Nach Anderen soll Pribislaw zum Christenthum übergetreten sein und diese Landstriche dem Markgrafen freiwillig abgetreten haben, doch ist dies zweifelhaft. Dieses Gebiet mußte er sich indessen nochmals von Jaczo, Fürsten von Köpnik, erkämpfen, der, ein Neffe des Pribislaw, Albrechts Abwesenheit zur Wiedereroberung seines angeblichen Erbes benutzt hatte (1157). Schließlich unterwarf der tapfere Markgraf auch den nördlichen Theil der Landschaft Teltow, etwa bis in die Gegend südlich der Spree bis Kölln. Im Gegensatz zu der bisherigen Nordmark auf dem linken Elbufer nannte man nun die neuerworbenen Landestheile zwischen Havel und Oder Neumark, die Nordmark selbst hieß von jetzt an Altmark, das Ganze Mark Brandenburg, da Albrecht seinen Sitz von Stendal nach der Stadt Brandenburg verlegt hatte und sich seit dem Jahre 1157 einen Markgrafen von Brandenburg nannte.*)

[Germanisierung der Mark.]

Hatte Albrecht diese Länder mit dem Schwerte gewonnen, so galt es jetzt, dieselben der Kultur und dem Deutschthume zu sichern. Zu diesem Zwecke pflanzte er von Neuem in den eroberten Strichen die christliche Lehre. Die seit langen Jahrzehnden aus ihren Sprengeln vertriebenen Bischöfe von Havelberg und Brandenburg kehrten zurück. Um das verödete Land zu bevölkern, rief er besonders vom Rheine, aus

---

*) Auch die Gegenden um die Mittelelbe (später Sachsen-Wittenberg) hatte Albrecht den Slaven entrissen, indessen zu seinen Hausbesitzungen geschlagen.

Holland und Flamand Colonisten herbei, die sich an der Elbe, Spree und Havel niederließen. Deutscher Adel zog in die verlassenen Burgen der wendischen Großen ein. Neue Städte blühten bald empor. Unter anderen wurden die Städte Cremmen, Bötzow (Oranienburg), Spandau, Potsdam, Trebbin von Albrecht angelegt. Auch Johanniter- und Templerritter rief der Markgraf herbei und stattete sie mit reichem Länderbesitz aus. So ward eine Comthurei für Johanniterritter zu Werben gestiftet, eine andere für Templerritter zu Müncheberg. Durch alle diese Einrichtungen kam es, daß sich die wenigen zurück- gebliebenen Wenden in der Mark sehr bald mit den eingewanderten Deutschen vermischten. Bald hörte man nur deutsche Sprache, sah nur deutsche Sitte. So waren diese Landstriche für alle Zeiten dem Christenthum und dem Deutschthum gewonnen und der Grund zu einem neuen Staate gelegt. Müde der Regierung zog sich der thätige Markgraf von den Regierungsgeschäften zurück und übergab dieselben seinem ältesten Sohne Otto (1168). Zwei Jahre darauf starb er zu Ballenstedt.

[Otto I 1168—1184.]

Unter Albrechts Sohne Otto I wurden die Kriege gegen die Wenden fortgesetzt. So eroberte Otto I einen Theil des Landes Teltow, sowie die Landschaften Glien und Löwenberg (zwischen Rhin und Havel). Damals war es auch, als die brandenburgischen Markgrafen zuerst mit den Dänen in Conflict geriethen. Dieselben machten Ansprüche auf die Küsten der Ostsee. Nun hatte aber Kaiser Friedrich I den Markgrafen Otto I mit dem Lande zu beiden Seiten der Oder belehnt, damit derselbe die Ansprüche des deutschen Reiches gegen die Dänen geltend mache. So kam es, daß die Markgrafen ihre Rechte über diese Länder (Pommern) zunächst gegen die Dänen, später aber gegen die pommerschen Herzoge selbst in heftigen Kämpfen zu vertheidigen hatten. Die Erzkämmererwürde des deutschen Reiches ward Otto I vom Kaiser bestätigt. Auf dem glänzenden Reichstag zu Mainz übte der Markgraf das Erzamt aus (1184). — Wichtig und folgenreich für die Mark Brandenburg war auch, daß Heinrich der Löwe, Herzog von Sachsen, vom Kaiser wegen Treubruchs in die Acht erklärt, seines Herzogthums verlustig gieng. Dadurch, daß Friedrich I die herzogliche Würde Sachsens nur auf einige Landstriche jenseit der Niederelbe (Lauenburg) und an der Mittelelbe (Gegend um Wittenberg) haften ließ, ward nun auch die Altmark reichsunmittelbar.

[Otto II 1184—1205.]

Auch unter Ottos I Sohne Otto II dauerte der Kampf in den Landschaften Barnim und Teltow gegen die Wenden fort. Mit dem Erzbischof von Magdeburg gerieth der Markgraf deshalb in Streit, weil er einen Kreuzzug gelobt und nicht ausgeführt hatte. Der Erzbischof verhängte den Kirchenbann über Otto. Nur dadurch, daß er

und sein Bruder Albrecht ihre Erbgüter in der Altmark und dem Lande
zwischen Elbe und Havel, sowie die Zauche von Magdeburg zu Lehen
nahmen, erlangte er Befreiung vom Banne und von dem Gelübbe.
Dieses Lehnsverhältniß, welches die Markgrafen eingiengen, ist später die
Quelle vieler Streitigkeiten geworden. Mit mehr Glück kämpfte Otto
gegen die Dänen. Der König derselben, Kanut VI, beherrschte fast alle
Küstenländer der Ostsee, verweigerte aber dem Kaiser den Lehnseid.
Nach heftigem Kampfe endlich wurden die Dänen von Otto und dem
Grafen von Holstein besiegt, doch erst in einer spätern Schlacht (bei
Bornhöved 1227), an welcher die Brandenburger keinen Antheil hatten,
wurde die dänische Macht völlig gebrochen.

[Albrecht II 1205—1220.]

Albrecht II, Ottos II Bruder, war ein treuer Anhänger Kaiser
Ottos IV; nachdem aber die kaiserlichen Truppen, unter ihnen auch
brandenburgische Hülfsvölker, von den Bundesgenossen des Gegenkönigs,
Friedrichs II, bei Bovines im jetzigen Belgien geschlagen worden waren
(1214), wendete er sich diesem zu und soll von demselben abermals mit
der Lehnshoheit über Pommern beschenkt worden sein. Wegen seiner
Ansprüche an Pommern hatte auch er, mit den Braunschweigern verbündet, vielfache Kämpfe gegen die Dänen zu bestehen gehabt. Unter
Albrecht II reichte im Norden der Landschaft Barnim das brandenburgische Gebiet bereits bis zur Oder. An diesem Flusse gründete Albrecht die Stadt Oderberg. In der Oberlausitz hatte Albrecht II bereits 1206 die Städte und Landschaften Camenz und Ruhland durch
Heirath erworben.

[Johann I 1220—1266 und Otto III 1220—1267.]

Johann und Otto, die Söhne Albrechts II, waren beim Tode ihres
Vaters noch unmündig. Für sie führte die Vormundschaft ihre Mutter,
die Markgräfin Mathilde. Nach erreichter Volljährigkeit regierten sie
gemeinschaftlich und erweiterten die Grenzen der Mark um ein sehr Be-
deutendes. Unter ihnen wurden nämlich die Landschaften Barnim und
Teltow vollständig mit der Mark vereinigt. Der Markgraf Heinrich
der Erlauchte von Meißen, welcher Ansprüche auf Köpnick und
Mittenwalde machte, ward bei letzterer Stadt von Otto besiegt (1240).
Nachdem schon im J. 1236 der Herzog Wartislaw von Pommern-
Demmin die Lehnshoheit der Markgrafen anerkannt und das Land
Stargard abgetreten hatte, übergab nun auch Barnim von Pommern-Wolgast den Markgrafen einen bedeutenden Theil der Uker-
mark und bekannte sich ebenfalls als den Lehnsmann derselben. Das
Land Lebus, in welchem sie die Stadt Frankfurt a. d. Oder grün-
beten, erwarben die Markgrafen von den schlesischen Herzogen, ebenso
durch Kauf oder im Kriege das Land Sternberg, südlich der Warthe
(1260). Schon vorher hatten sie sich auch in dem Landstrich jenseit der

Oder, nördlich der Warthe und Netze, festgesetzt, die Polen 1257 an der Warthe besiegt und **Landsberg, Königsberg, Neudamm, Bärwalde, Arnswalde** gegründet. Diese neuerworbenen Striche wurden »**Land jenseit der Oder**« genannt, erst viel später kam für dieselben der Name **Neumark** auf, während die bisherige Neumark den Namen **Mittelmark** erhielt. Durch seine Gemahlin, eine böhmische Prinzessin, erheirathete Otto III zu **Camenz** und **Ruhland** die ganze übrige **Oberlausitz** mit Ausnahme von **Zittau** (1253).

Gegen die Bischöfe von Magdeburg und Halberstadt, welche sich in den Streit zwischen Heinrich von Meißen und den Markgrafen gemischt hatten, kämpften diese glücklich. Zwar ward Otto III von den Halberstädtern gefangen und mußte für 1600 Mark Silber ausgelöst werden, doch siegten die Brandenburger zweimal über die Bischöfe entscheidend, bei **Gladigau a. b. Biese** (unweit Osterburg in der Altmark) 1240, und bei **Plaue** an der Havel 1243.

Zeigten sich die beiden Markgrafen auf diese Weise kräftig nach Außen und waren sie mit Erfolg darauf bedacht, die Macht, die Ausdehnung und das Ansehn der Mark zu mehren, so waren sie nicht weniger bemüht, auch den innern Wohlstand und den Reichthum des Landes zu heben. Das slavische Wesen verschwand immer mehr, Ackerbau, Handel und Gewerbe hob sich, und die Städte gelangten dadurch allmählich zum Wohlstand. — Noch bei ihren Lebzeiten theilten die beiden Brüder die Mark unter ihre Kinder. Die (ältere) **Johann**sche Linie nahm ihren Sitz zu **Stendal**, die (jüngere) **Otto**nische zu **Salzwedel**. Die Häupter dieser beiden Linien regierten gemeinschaftlich, nur sollte der älteste, der Erzkämmerer des deutschen Reiches, das Haupt der Familie sein. Wir merken uns von den folgenden Markgrafen nur noch Otto IV und Waldemar.

[Otto IV mit dem Pfeil 1268—1308.]

Otto IV war ein tapferer und unternehmender Fürst. Um ein besseres Verhältniß zum Erzbisthum Magdeburg herzustellen, betrieb er die Wahl seines Bruders Erich zum Erzbischof. Da ihm dies nicht gelang, gerieth er mit den Magdeburgern in heftige Fehde, ward aber 1278 bei **Frose** (südlich von Magdeburg) von denselben geschlagen und gefangen. Gegen ein Lösegeld von 4000 Mark Silber befreite ihn seine treue Gemahlin Hedwig, welcher der alte Ritter **Johann von Buch** einen von Ottos fürsorglichem Vater für den äußersten Nothfall gesammelten Schatz übergeben hatte. Kaum aber hatte Otto seine Freiheit wiedererlangt, als er von Neuem gegen das Erzstift zu Felde zog. Hier war es, wo er bei der Belagerung von Staßfurth am Kopfe durch einen Pfeil verwundet ward, dessen Spitze nicht wieder entfernt werden konnte und wodurch er den Beinamen »**mit dem Pfeil**« erhalten hat. Erst im Jahre 1283 gelang es, Erichs Wahl zum Erzbischof durchzusetzen, doch mußten die Markgrafen die Lehnshoheit Magdeburgs über alle von dem

Erzstifte beanspruchten Gebiete von Neuem anerkennen. Auch mit den Pommern, Polen und Mecklenburgern hatte Otto heftige Kämpfe zu bestehen. — Glücklicher war Otto in seinen friedlichen Erwerbungen. Denn im J. 1268 erlangte Brandenburg die Lehnsherrschaft über die Grafschaft Wernigerode am Harz und durch Kauf im J. 1291 von dem Markgrafen von Meißen, Albrecht dem Unartigen, die sogenannte Mark Landsberg zwischen Saale und Mulde (mit den Städten Landsberg und Delitsch) und die Pfalz Sachsen an Helme und Unstrut (mit den Städten Allstedt, Sangerhausen, Freiburg und Lauchstedt). Dazu kam noch im J. 1304 für eine Summe von 6000 Mark Silber die Erwerbung der Niederlausitz (die frühere Ostmark, welche seit dem J. 1127 mit Meißen verbunden gewesen war) von dem Markgrafen Diezmann, dem zweiten Sohne Albrechts des Unartigen. Um dieselbe Zeit etwa wurde auch das Land jenseit der Oder um das Gebiet zwischen Drage und Küddow erweitert, nachdem schon vor dem J. 1290 die Länder Lippehne und Bernstein von dem Bisthum Cammin erworben und Friedeberg und Arnswalde westlich der Drage den Polen entrissen worden waren. Hier wurden die Städte Deutsch Krone und Kallies angelegt. Dagegen gieng auch unter der Regierung Ottos IV ein bedeutendes Gebiet für Brandenburg verloren und ist niemals wieder an dasselbe zurückgelangt. Nämlich zugleich mit dem Lande Wesenberg (zwischen der oberen Havel und der Dosse), welches im Jahre 1276 die Brandenburger von den Herren von Werle erworben hatten, traten die Markgrafen auch das Land Stargard (jetziges Großherzogthum Mecklenburg Strelitz) und Lychen im Jahre 1300 bei Gelegenheit einer Heirath an Heinrich den Löwen von Mecklenburg ab.

So kriegerisch auch Otto IV war, so war er doch auch ein Freund der Künste und Wissenschaften, auch zeichnete er sich als Minnesänger aus. Einige seiner Lieder sind bis auf uns gekommen.

[Waldemar 1308–1319.]

Waldemar war der Sohn des Markgrafen Konrad aus der Linie Stendal und ist nach Albrecht dem Bären wohl der berühmteste aller ascanischen Markgrafen geworden. An Tapferkeit und Kühnheit übertraf ihn keiner seiner Zeitgenossen. Sein Thatendrang verwickelte ihn in unzählige Fehden, die er mit allen benachbarten Fürsten und Ländern auszukämpfen hatte. Schon von Otto IV war mit den Polen und den Herzogen von Pomerellen (zwischen Ostsee, Weichsel, Netze und Küddow) um die Lehnsherrlichkeit über Pomerellen gekämpft worden. Weil aber Waldemar fürchtete, die in diesen Gegenden eroberten Gebiete nicht behaupten zu können, so trat er im J. 1309 für 10000 Mark Silber seine Ansprüche auf die Städte Danzig, Dierschau und Schwetz an den deutschen Orden (jenseit der Weichsel in Preußen) ab, behielt aber in einem späteren Vertrage von 1313 die Gebiete von Lauenburg, Bütow, Stolpe, Schlawe, Rügenwalde und den Strich zwischen Netze, Drage und Küddow. — Wichtig sind auch die Kämpfe, welche Waldemar mit Friedrich dem Gebissenen von Meißen (ältestem Sohn Albrechts des Unartigen) führte. Derselbe suchte die von seinem Vater an Brandenburg verkauften Gebiete wiederzuerlangen. Aber bei Großenhain im J. 1312 gefangen, mußte Friedrich im Vertrag zu Tangermünde 1313 nicht nur allen Ansprüchen auf die Lausitz und die Mark Landsberg entsagen, sondern er mußte auch noch Torgau und Großenhain an Brandenburg förmlich abtreten, auch sollten bis zur Zahlung von 32000 Mark Silbers eine Anzahl anderer Orte, darunter Dresden, Leipzig und Meißen selbst, im brandenburgischen Besitz bleiben. — Nirgends aber drohte Waldemar und dem Bestande der Mark Brandenburg größere Gefahr, als durch den großen nordischen Bund, in welchem der König von Dänemark aus Eifersucht über die wachsende Macht des Markgrafen fast alle umliegenden Länder gegen denselben vereinigt hatte. Theil an diesem Bunde nahmen außer Dänemark: Polen, Schweden und Norwegen, Ungarn, Mecklenburg, Rügen, Lauenburg, Braunschweig, Holstein, Magdeburg und Meißen. Zu Waldemar hielt nur die Stadt Stralsund und Pommern. Zweck des Bundes war Zerstückelung der Mark. In der großen Schlacht bei Schulzendorf (unweit Gransee) mußte Waldemar zwar der Uebermacht seiner Gegner weichen, doch wußte er dieselben bald zu trennen, so daß das gefährliche Bündniß auseinanderfiel und die Mark ungeschwächt aus der großen Gefahr hervorging. Groß war die Macht und das Ansehn Waldemars, als der nordische Bund sich gegen ihn als ohnmächtig erwiesen hatte. Leider aber starb der treffliche Fürst bereits im J. 1319, er hinterließ bereits eine Herrschaft, welche vom Harz bis fast an die Weichsel und von der Ostsee bis an die Grenze Böhmens reichte. Und als das Jahr darauf auch der letzte Sprößling des ascanischen Stammes in der Mark, Heinrich von Landsberg, genannt das Kind, in das Grab sank, schien es, als wenn das durch so viele Kämpfe erworbene Land wieder in seine einzelnen Theile auseinanderfallen sollte.

[Zustand der Mark Brandenburg unter den Ascaniern.]

Der Umstand, daß das Amt der Markgrafen ursprünglich ein militärisches gewesen war, hatte zur Folge, daß von vorn herein die Gewalt derselben in den ihnen untergebenen Gebieten eine ausgedehntere war, als die anderer deutschen Fürsten, zumal da in den neueroberten Landstrichen die kaiserliche Gewalt nicht herkömmlich war. Die Markgrafen zahlten dem Kaiser keine Abgaben, auch übten sie die Gerichtsbarkeit in ihren Ländern nicht wie andere Reichsfürsten in des Kaisers, sondern in ihrem eigenen Namen. Ihre Einkünfte waren viel reichlicher als die anderer Fürsten, weil sie über den Grundbesitz der unterworfenen Stämme nach ihrem Ermessen verfügten. Diese Einkünfte bezogen sie außer aus ihren Eigengütern (Familienbesitz) aus dem Ertrage der Bergwerke, Zölle, Wälder, Staatsländereien u. s. w. (Regalien), und zum Theil durch Verleihung eroberter Landstriche an Ansiedler, welche dann für die erhaltenen Ländereien einen Erbzins bezahlen mußten. Reichten die Einkünfte für die Bestreitung der Ausgaben nicht aus, so waren die Markgrafen gezwungen, sich an die Stände zu wenden, von denen sie dann außerordentliche Beisteuern (Beden) erhielten.

Das Christenthum war überall durchgedrungen. Außer den beiden Bisthümern Havelberg und Brandenburg war noch das zu Lebus unter die Oberhoheit der Markgrafen gelangt.*) Zahlreiche Kirchen, Klöster und Schulen waren entstanden, doch war heidnischer Aberglaube keineswegs völlig ausgerottet. Die Klöster waren nicht selten auch Pflanzstätten wahrer christlicher Frömmigkeit. Häufig erwarben sich die Mönche durch Anleitung zu erfolgreichem Ackerbau in den zu germanisirenden Ländern bleibende Verdienste. Im Ganzen genommen hatte die Geistlichkeit auf die Markgrafen nicht den großen Einfluß, wie dies in andern Ländern der Fall war, weil dieselben von vorn herein selbständiger dastanden. Die deutsche Sprache war bereits die herrschende, wenigstens in der eigentlichen Mark Brandenburg, weniger noch in dem Lande jenseits der Oder und den Lausitzen. Mit der deutschen Sprache hatte sich deutsche Sitte und deutsches Wesen verbreitet. Die Anzahl der Dörfer und Städte hatte sich stetig vermehrt. Die Anlage der erstern ward meist einzelnen Rittern übertragen, welche dann gewöhnlich auch die erbliche Gerichtsbarkeit in den betreffenden Ortschaften erhielten. Die Städte wurden von selbstgewählten Bürgermeistern und Vorstehern verwaltet, viele waren bereits durch blühenden Handel zu Wohlstand gelangt, nicht wenige hatten sich dem Bunde der Hansa angeschlossen (z. B. Brandenburg, Berlin, Frankfurt, Stendal, Salzwedel, Gardelegen). Auch die Gewerbthätigkeit hatte unter den Ascaniern sich bedeutend gehoben, so zeichnete sich z. B. Stendal durch seine Wollwebereien aus. Mit dem Wachsthum des Wohlstandes war aber auch Wohlleben eingerissen. Besonders lebte der Adel in Ueppigkeit und Pracht, Jagd, Turniere und Gelage waren seine Hauptbeschäftigungen. — Die Stände waren die Vertreter des Adels, der Geistlichkeit und der Städte. Das Landvolk war auf ihnen nicht vertreten, sondern mußte sich den Beschlüssen derselben fügen.

IV. Die Mark Brandenburg unter den bayerischen Markgrafen. 1324—1373.

[Die Zwischenzeit 1320—1324.]

Nach Waldemars Tode und der kurzen Regierung Heinrichs des Kindes begann eine traurige Zeit für die Mark. Hatte der nordische

---

*) Das Bisthum Lebus war schon im 10. Jahrhundert von Polen aus gegründet worden.

Bund nicht vermocht, das Land zu zerſtückeln, ſo ſchien es jetzt um ſo ſchneller auseinander zu fallen. Die benachbarten Fürſten fielen über die Marken her, und jeder ſetzte ſich in den Beſitz deſſen, auf was er Anſprüche zu haben glaubte. Die Mark Landsberg gelangte durch Heirath an das Haus Braunſchweig*); Friedrich der Gebiſſene brachte die einſt an Waldemar abgetretenen Gebiete ſeiner Mark wieder an ſich; der Erzbiſchof von Magdeburg nahm Wollmirſtedt in Beſitz, ja ſogar der Grundſtock des Ganzen, die Altmark, ſchien verloren zu gehen, denn Waldemars Wittwe Agnes brachte ſie ihrem zweiten Gemahl, dem Herzog von Braunſchweig, als ihr Witthum zu. Mecklenburg beſetzte die Priegnitz, Pommern die Uckermark und die hinterpommerſchen Beſitzungen nebſt einem Theile des Landes jenſeit der Oder. Bautzen und Camentz unterwarfen ſich dem König von Böhmen, ebenſo wurden Görlitz und Lauban an dieſen von Heinrich von Liegnitz abgetreten, der ſich ihrer zuvor bemächtigt hatte. So blieb von dem ganzen ſtolzen Beſitzthum der letzten Ascanier nichts weiter übrig, als die Neumark (ſpätere Mittelmark), die Lauſitz und der größere Theil des Landes jenſeit der Oder (ſpätere Neumark). Auf die ſämmtlichen Landestheile machte Herzog Rudolf von Sachſen-Wittenberg als nächſter Anverwandter der brandenburgiſchen Markgrafen Anſpruch, auch gelang es ihm wirklich, ſich in einem großen Theile der Marken Anerkennung zu verſchaffen, aber weil er auf Seiten des Gegenkönigs Friedrich von Oeſterreich ſtand, ſo verſäumte er es, vom Kaiſer Ludwig IV (dem Bayer) die Belehnung mit der Mark Brandenburg zu beanſpruchen, und ſo kam es, daß im Jahre 1324 Ludwig dieſe als ein eröffnetes Reichslehen erklärte und ſeinem damals neunjährigen Sohne Ludwig übertrug.

[Ludwig I 1324—1351.]

Für ſeinen unmündigen Sohn führte der Kaiſer ſelbſt die Vormundſchaft. Mit Kraft und Entſchiedenheit ergriff er die Zügel der Regierung. Unordnung, Zügelloſigkeit und Wegelagerei war ſeit Waldemars Tode in den Marken eingeriſſen, all dem ſuchte er zu ſteuern. Vor allem aber richtete er ſein Beſtreben darauf, die von den Nachbarn entriſſenen Landestheile zurückzuerhalten. Dies gelang ihm mit dem größten Theile der Priegnitz, nur Grabow, Eldenburg uud Wredenhagen verblieben bei Mecklenburg. Die Altmark ſollte, ſo wurde mit Braunſchweig ausgemacht, nach dem Tode der Agnes wieder an Brandenburg zurückfallen, was auch geſchah. Dem Erzbiſchof von Magdeburg wurden Wollmirſtedt, Alvensleben, Angern und Billingshagen abgetreten, ebenſo dem Grafen von Schwerin Dömitz nnd Lenzen. König Johann von Böhmen ward mit der Oberlauſitz belehnt. Die Niederlauſitz erhielt Rudolf von Sachſen auf 12 Jahre (1338 ward ſie wieder eingelöſt). Nur die Pommern weigerten ſich,

---

*) Im J. 1347 ward ſie von Braunſchweig wieder an Meißen verkauft.

die Uckermark wieder heraus zu geben. Sie verbanden sich mit den Polen, welche sengend und brennend in die Marken einfielen, unzählige Dörfer verbrannten und wohl an 6000 Männer in die Sclaverei schleppten. Erst als sich Volk und Markgraf zu kräftiger Gegenwehr erhoben, giengen die Barbaren über die Oder zurück. Nun erst erhielt Ludwig die Uckermark gegen Erlegung von 6000 Mark Silber zurück, auch mußte er der Lehnshoheit über Pommern entsagen, dessen Herzoge vom Kaiser als unmittelbare Reichsfürsten belehnt wurden. Nicht wieder erlangt wurden von Ludwig die hinterpommerschen Besitzungen, die Mark Landsberg nebst der Pfalz Sachsen und die meißnischen Länder Torgau und Großenhain. So hatte Ludwig für die Mark Brandenburg noch gerettet, was zu retten war, bald aber brachen neue Bedrängnisse auf das unglückliche Land herein. Kaiser Ludwig löste nämlich eigenmächtig die Ehe der Margarethe Maultasch (von einem Schloß so genannt), Erbin von Tyrol, welche sie mit Johann Heinrich, Sohn des Königs von Böhmen aus dem Hause Luxemburg, eingegangen war, und verheirathete sie mit seinem Sohne, dem Markgrafen Ludwig, um auf diese Weise Tyrol an sein Haus zu bringen. Dadurch verunreinigte er sich mit dem mächtigen luxemburgischen Hause, auch ward er vom Pabste in den Bann gethan. Auf diese Weise ward die Mark Brandenburg in neue Kämpfe verwickelt, denn Markgraf Ludwig mußte seinen Vater, den Kaiser, mit Waffengewalt unterstützen. Noch ärger entbrannte der Kampf, als der Bruder Johann Heinrichs, Markgraf Karl von Mähren, die Kurfürsten, welche eine zu große Hausmacht des Kaisers fürchteten, dahin zu bringen wußte, daß sie Kaiser Ludwig für abgesetzt erklärten und ihn selbst als Karl IV auf den deutschen Thron erhoben (1347).

[Der falsche Waldemar.]

Seit dem frühzeitigen Tode Waldemars war mannichfaches Unheil über die Mark hereingebrochen. Ganze Landestheile waren verloren gegangen, Unsicherheit der Verhältnisse, fortwährende Kriege hatten Handel und Wandel sehr geschädigt. Der Wohlstand der Bevölkerung begann zu sinken, trotzdem waren erhöhte Steuern nöthig, um die Kosten zu decken, welche die unaufhörlichen Kämpfe des Kaisers und seines Sohnes verursachten. Dazu kam noch, daß Ludwig, in die hohe Politik seines Vaters verflochten und in seinen Bestrebungen dadurch nach Außen gelenkt, der Mark nicht die Fürsorge erweisen konnte, welche die ascanischen Markgrafen ihr hatten angedeihen lassen. Ludwig war trotz seiner sonstigen nicht unrühmlichen Eigenschaften dem Volke fremd geblieben. Was war daher natürlicher, als daß man sich nach den besseren Zeiten zurücksehnte, in welchen der starke Arm des kühnen Waldemar das Land geschützt und geschirmt hatte? Und als wenn die Vorsehung den Wunsch Vieler, der todte Markgraf möge aus seinem Grabe auferstehen, habe erfüllen wollen, drang plötzlich im Jahre 1348 die Kunde durch das Land, Waldemar sei wieder da, er sei nicht gestorben, er habe nur eine

Pilgerreise nach dem gelobten Lande unternommen gehabt und sei jetzt zurückgekehrt, um sein Land zu retten. Es hatte sich nämlich ein Pilger beim Erzbischof von Magdeburg gemeldet, der sich für den todtgeglaubten Markgrafen ausgab. Von einer Pilgerreise zurückgekehrt, mache er jetzt seine Rechte gegen Markgraf Ludwig wieder geltend. Unzählige Personen, welche den Markgrafen Waldemar gekannt hatten, erkannten ihn in dem Fremdling wieder. Der Erzbischof, viele benachbarte Fürsten, besonders Rudolf von Sachsen(-Wittenberg), erklärten sich für ihn. Das Volk fiel ihm allerorten jubelnd zu, durch Ertheilung von Privilegien und Freiheiten verschaffte er sich einen großen Anhang und bald hatte er fast das ganze Land bis auf Spandau, Frankfurt und (Treuen-) Brietzen in seiner Gewalt. Auch Kaiser Karl IV erkannte Waldemar an, nachdem ein von ihm eingesetztes Gericht ihn für den echten erklärt hatte. Unterdessen belagerte der Kaiser den Markgrafen Ludwig vergebens in Frankfurt, die treuen Bürger standen ihrem Fürsten wacker in der Vertheidigung zur Seite. Währenddem aber hatte die bayrische Parthei nach Ludwigs IV Tode in Deutschland einen neuen König in dem Grafen Günther von Schwarzburg aufgestellt. Da hielt es der schlaue Karl für rathsamer, sich mit dem Markgrafen Ludwig zu versöhnen, um denselben auf seine Seite zu ziehen. Deswegen mußte Waldemar fallen. Wie erst ein kaiserliches Gericht denselben für den echten erklärt hatte, so mußte jetzt ein anderes ihn für einen Betrüger erachten, und die Brandenburger wurden 1350 angewiesen, in Ludwig ihren rechten Herrn zu sehen. Der kaiserlichen Hülfe ledig, konnte sich Waldemar nicht mehr halten. Er zog sich nach Dessau zu seinen ascanischen Vettern zurück, hier lebte er bis zu seinem Tode in fürstlichen Ehren. Bald hatte Ludwig die ganze Mark Brandenburg wieder im Besitz.

Die Frage, ob der sogenannte falsche Waldemar ein Betrüger gewesen, der von der Gegenparthei des Ludwig aufgestellt sei, um diesem zu schaden, oder ob er wirklich der echte gewesen, ist immer noch nicht vollständig aufgeklärt. Gewichtige Gründe sprechen für das Letztere. Daß ihn Karl IV so bald aufgab, beweist nur, daß derselbe auch hierin nur nach seinem Vortheil handelte. Daß der Gegner des Markgrafen Ludwig ein Müllergeselle gewesen, mit Namen Jacob Rehbod, ist nicht bewiesen, und schon der Anflug von Hohn, der in dieser Behauptung liegt, zeigt auf das Deutlichste, daß dieselbe von seinen Feinden ausgegangen ist.

Um dieselbe Zeit wie Waldemar (1351) trat auch Markgraf Ludwig vom Schauplatze ab. Er hatte bisher nur Leiden, keine Annehmlichkeiten, zu kosten gehabt, müde der Regierungssorgen legte er daher seine Würde nieder und übergab sie seinen Brüdern. Nur einen Antheil an der Kurstimme behielt er sich vor. Er starb in Bayern im J. 1361.

[Ludwig II der Römer 1351—1365 und Otto der Finner 1360—1373.]

Ludwig II und Otto, die Brüder Ludwigs I, regierten gemeinschaftlich, doch nahm erst seit 1360 Otto thätigen Antheil an der Regierung, weil er bis dahin unmündig war. Ludwig führte seinen Beinamen von seinem Geburtsorte und Otto von seinem faulen und schlechten Lebenswandel. Das wichtigste Ereigniß unter Ludwigs II Regierung war das, daß durch das berühmte Reichsgesetz Karls IV, die sogenannte goldne Bulle, der Markgraf von Brandenburg als Erzkämmerer des deutschen Reiches in die Zahl der sieben deutschen Kurfürsten aufgenommen ward, welche das Recht hatten, den Kaiser zu küren oder zu wählen. Für das Land hatte dieser Umstand zur Folge, daß es als Kurfürstenthum eine freiere Stellung innerhalb des Reiches genoß, als die übrigen Herzogthümer, Graf- und Herrschaften. — Ein anderes wichtiges Ereigniß war der Abschluß einer Erbverbrüderung zwischen den bayrischen Markgrafen und den Luxemburgern. Karl IV hatte schon längst den Plan gehegt, seine Hausmacht durch den Erwerb der Mark Brandenburg zu vermehren. Als daher Ludwig II und Otto mit ihren Vettern, den Herzogen in Bayern, über die Erbschaft einiger bayrischer Landestheile in Streit gerathen waren, benutzte der schlaue Kaiser die gereizte Stimmung der Brüder und schloß mit ihnen im J. 1363 einen Vertrag, nach welchem beim unbeerbten Absterben der Markgrafen die Mark an Böhmen fallen und zunächst dem ältesten Sohne des Kaisers (Wenzel) und dessen männlichen Nachkommen zu Theil werden sollte. Wenzel nahm bereits die Erbhuldigung in den Marken entgegen. Noch ehe aber der Anfall der Marken an Böhmen stattfand, verkaufte Otto, seit dem Tode Ludwigs 1365 alleiniger Kurfürst, die Niederlausitz an Böhmen (1368), nachdem er sie schon einmal vorher an den Markgrafen von Meißen verpfändet gehabt hatte. Einen andern bedeutenden Landstrich, die Gegenden zwischen Elbe und Havel, hatte er schon im J. 1355 an den Erzbischof von Magdeburg überlassen. — Beschleunigt ward die Vereinigung Brandenburgs mit den luxemburgischen Erblanden durch das Verfahren Ottos, der das Land den Verträgen zuwider seinem Neffen zuzuwenden versuchte. Kaum hatte nämlich Kaiser Karl dies erfahren, als er rasch mit einem Heere erschien und den Kurfürsten zum Vertrage von Fürstenwalde zwang, in welchem sich dieser verpflichtete, noch bei Lebzeiten die Mark den Söhnen des Kaisers abzutreten. Dafür behielt er auf Lebenszeit die Kurwürde, empfieng eine Summe von 200,000 Goldgulden und ein Jahrgehalt. Auf einem Schlosse bei Landshut endete er später, den gemeinsten Lüsten ergeben, seinen sündhaften Lebenslauf.

So büßte das bayrische Haus nach 49jähriger Herrschaft die Mark ein. Die Regierung dieses Hauses hatte dem Lande nicht zum Segen gereicht. Der Wohlstand des Volkes war gesunken. Für die Ausbreitung deutschen Wesens nach Osten hin war nichts geschehen. Sittenlosigkeit, Roheit, Räuberei, Uebermuth des Adels hatten allmählich überhand genommen.

III. Die Mark Brandenburg unter den luxemburgischen Kurfürsten 1373—1415.

[Die Mark unter Karl IV 1373—1378.]

Der Kaiser hatte die Mark für seinen ältesten Sohn Wenzel bestimmt. Derselbe war aber erst 12 Jahre alt, und so übernahm Karl selbst die Regierung. Auf einer feierlichen Versammlung zu Tangermünde erklärte er die »ewige« Verbindung Brandenburgs mit dem böhmischen Reiche und versprach alles Getrennte wieder mit den Marken zu vereinigen. War Karls kaiserliches Regiment für das übrige Deutschland kein glückliches, so hatten die Bewohner seiner Erbländer um so mehr Ursache mit ihm zufrieden zu sein. Er zeigte sich in jeder Hinsicht als ein Vater seiner Unterthanen und glänzt für die damaligen Zeiten als ein seltenes Beispiel eines Fürsten, der seine Lande wahrhaft zu beglücken bemüht war. Durch Bündnisse mit den benachbarten Fürsten suchte er der heimgesuchten Mark die äußere Ruhe zu verschaffen, die ihr zu ihrem Wiederaufblühen nöthig war. Nicht weniger sorgte er für die innere Ruhe und Sicherheit. Mit aller Kraft und mit kaiserlicher Autorität trat er dem Raubwesen entgegen, zahlreiche Raubritter ließ er als warnendes Beispiel an den Bäumen aufhängen. Um Handelsverbindungen für seine Erbländer anzuknüpfen, machte er selbst eine Reise nach Lübeck. Besonders suchte er die Stadt Tangermünde zu einem Emporium des Handels zu erheben. Auch baute er daselbst eine schöne Hofburg. Die gesunkene Rechtspflege suchte er durch strenge Verordnungen wieder herzustellen. Dabei wurden Städte und Dörfer gegründet. Zudem suchte er der Mark, seinem Versprechen gemäß, die verloren gegangenen Gebiete möglichst wiederzuerwerben. So erlangte er z. B. die Städte Straßburg, Fürstenwerder, Zehdenick, Liebenwalde u. a. von Mecklenburg zurück. Nicht zu verwundern ist es daher, wenn schon in der kurzen Zeit der Regierung Karls IV Ruhe und Sicherheit in die Marken zurückkehrte und Handel und Gewerbthätigkeit einen neuen Aufschwung nahmen. Leider wurde dies nach dem im J. 1378 erfolgten Tode des Kaisers wieder anders, unter seinen Nachfolgern wurden die hoffnungsvollen Keime besserer Zustände wieder erstickt und die Marken sanken tiefer als je.

[Siegismund und Jobst von Mähren 1378—1415.]

Nach Karls IV Tode erhielt nicht Wenzel, welcher deutscher Kaiser wurde, sondern sein zweiter Sohn Siegismund die Mark Brandenburg mit Ausnahme der Neumark, welche Johann, Karls dritter Sohn, bekam. Doch behielt Siegismund auch die Neumark bis zum Jahre 1388 und nahm sie auch wieder im J. 1396 bei Johanns Tode in Besitz. Siegismund war zwar ein tapferer, geistreicher Fürst, aber seine Verschwendung und leichtsinnige Lebensweise verdunkelte diese seine guten Eigenschaften wieder. Da er meistentheils am Hofe seines Schwiegervaters des **Königs** von Ungarn und Polen lebte, so vernachläſſigte er die Regierung der Mark. Schon 1385 wollte er ſich der Verwaltung derſelben entäußern, doch legten die Stände Widerſpruch ein. Aber im J. 1388 ſetzte er ſeinen Willen durch und verpfändete für eine Geldſumme Brandenburg nebſt der Kurwürde an ſeine Vettern, die Markgrafen **Jobſt** und **Procop** von **Mähren**. Jobſt (Procop nahm an der Regierung keinen Antheil) hatte weiter kein Intereſſe an der Mark, als nur ſo viel Geld als möglich aus ihr herauszupreſſen. Zu dieſem Zwecke verpfändete er eine Maſſe Städte und Burgen an den Adel, ſo an die **Quitzows Köpenick, Rathenow, Frieſack**, an die **Puttlitze Lenzen**, an die **Rochows Potsdam**, an die **Arnims Angermünde, Liebenwalde, Bieſenthal** u. ſ. w. Da aber Jobſt nur ſelten ſelbſt in der Mark war, ſo ſetzte er Statthalter ein, welche auf das Gewiſſenloſeſte ſchalteten. Die Folge davon war, daß nicht nur im Innern das Raubweſen überhand nahm, ſondern daß auch die benachbarten Fürſten über die Mark herfielen und Theile derſelben an ſich riſſen. Damals giengen Stücke der Altmark (Klötze) an Braunſchweig, Wernigerode und die Grafſchaft Möckern an Magdeburg, der ganze nördliche Theil der Uckermark mit Prenzlow, Boitzenburg, Templin an Pommern, Zehdenick an Mecklenburg verloren. Kaum daß die Städte Brandenburg, Berlin, Kölln, Rathenow, Nauen, Spandau u. a. ſich durch ein Bündniß der innern und äußern Räuber erwehren konnten. — Höchſt beklagenswerth war auch der Verkauf der **Neumark**. Siegismund war ſtets in Geldverlegenheiten. Schon 1384 hatte der deutſche Orden mit Einwilligung Wenzels **Schievelbein** erkauft. Nach Johanns Tode verkaufte Siegismund zunächſt Stadt und Gebiet **Dramburg**, ſpäter aber, im J. 1402 das ganze noch übrige Land für 63,200 ungariſche Gulden. Das Wiedereinlöſungsrecht behielt er ſich freilich für ſich und ſeine Erben vor, doch das wollte wenig beſagen. Der Orden ſicherte ſich durch Erhöhung der Wiederkaufsſumme.

Im J. 1411 ſtarb Jobſt von Mähren und nun nahm Siegismund, der unterdeſſen den deutſchen Kaiſerthron beſtiegen hatte, das Land wieder für ſich in Beſitz. Aber er kam nicht ſelbſt, ſondern er ſchickte einen Statthalter, aber einen beſſeren, als Jobſt von Mähren welche beſtellt hatte. Der neue Statthalter war **Friedrich VI, Burggraf von Nürnberg**, aus dem Hauſe Hohenzollern, und mit ihm kam der erſte des Geſchlechtes nach Brandenburg, unter welchem das Kurfürſtenthum ſich zu einer ungeahnten Höhe erheben ſollte.

[Zuſtände in der Mark unter den Bayern und Luxemburgern.]

Bei den unaufhörlichen Kämpfen, in welchen die bayriſchen Markgrafen verwickelt geweſen, und bei der ſchlechten Regierung, welche die Marken unter den Luxemburgern, mit Ausnahme der kurzen Zeit unter Karl IV, genoſſen hatten, iſt es erklärlich, daß die Bewohner Brandenburgs nicht die Fortſchritte in der Kultur gemacht hatten, die man mit

Recht hätte erwarten können, wenn Fürsten, wie die Ascanier selbst, deren Nachfolger gewesen wären. Das brandenburgische Volk war in der Bildung hinter den andern Völkern Deutschlands zurückgeblieben und galt diesen als roh und ungeschliffen. Uebrigens hatte das Deutschthum jetzt auch in dem Lande jenseit der Oder (Neumark) feste Wurzel gefaßt, slavische Sprache und slavisches Wesen verschwand immer mehr und ward am Ende dieser Periode nur noch wenig bemerkt. Die Geistlichkeit zeichnete sich nicht mehr durch den frommen Eifer aus, der sie zur Zeit der Ballenstädter und besonders in den früheren Zeiten derselben beseelt hatte. Durch fromme Schenkungen bereichert, war sie in Ueppigkeit und Wohlleben versunken. Ein Drittheil sämmtlicher Dörfer war in ihrem Besitz, die übrigen zwei Drittheile gehörten dem Adel. Derselbe zeichnete sich durch Unmäßigkeit, Fehde- und Raublust sehr unvortheilhaft aus, auch der Städter lebte in Luxus. Die Ueppigkeit der Lebensweise zeigte sich besonders bei Festlichkeiten; Weihnachten, Pfingsten, Fastnachten, Hochzeiten und Kindtaufen wurden über alle Maßen verschwenderisch begangen. Der Bauer indessen lebte dürftig. Alle Stände thaten sich durch Aberglauben hervor, der Wunder- und Reliquienglaube ward von der Geistlichkeit geflissentlich genährt. Das Schulwesen lag ganz und gar darnieder. — Auf welche Weise der übermüthige Adel zur Zeit der Luxemburger wirthschaftete, beweist das Beispiel von den Brüdern Hans und Dietrich von Quitzow. Sie trieben die Räubereien im Großen. Ganze Viehheerden trieben sie im Verein mit magdeburgischen Raubrittern weg. Wer sich nicht mit ihnen abfand, bekam ihre Rache zu fühlen. Viele Städte suchten ihre Gunst, um sie nicht zu Feinden zu haben. Den Markgrafen Jobst gewannen sie durch reiche Geschenke zur Nachsicht gegen ihre Unbill. Durch die vierundzwanzig festen Burgen, welche sie ihr eigen nannten, hielten sie das ganze Land in Furcht und Gehorsam, ganze Familien und Genossenschaften zahlten ihnen Abgaben, um so vor ihren Räubereien geschützt zu sein. Kein Wunder war es daher, wenn auch beim Volke der Sinn für Recht und Gesetz allmählich schwand, und auch von den unteren Schichten das Beispiel, welches ihnen die Hohen und Vornehmen gaben, nachgeahmt ward, so daß Rohheit und Uebermuth immer mehr Platz griffen.

Zweiter Abschnitt.
Geschichte des Kurfürstenthums Brandenburg unter den Hohenzollern bis zum großen Kurfürsten. 1415—1640.

I. Brandenburg bis zur Reformation.

[Die Hohenzollern und ihr Besitzthum in Franken.]

Das Geschlecht der Hohenzollern hat seinen Namen von der Burg Zollern oder Hohenzollern, südlich der Stadt Hechingen in Schwaben. Als ältester bekannter Ahnherr der Hohenzollern gilt der schwäbische Graf Thassilo, ein Zeitgenosse Karls des Großen. Die ersten Grafen indessen, welche den Namen Zollern führten, sind die Grafen Burchardt und Wezel, Zeitgenossen Kaiser Heinrichs IV; beide kamen in den damaligen Partheikämpfen um. Burchardt hinterließ die Söhne Friedrich I und Adalbert, von denen der erstere wieder sechs Söhne hatte, unter diesen Friedrich II, Ahnherrn des ersten zollernschen Burggrafen von Nürnberg. Als erster Burggraf von Nürnberg aus diesem Geschlechte wird Graf Friedrich III genannt. Er hatte durch seine Gemahlin Sophie, die Tochter des letzten Burggrafen aus dem österreichischen Geschlechte derer von Räz, die fränkischen und österreichischen Eigengüter dieser Familie geerbt und nannte sich als Burggraf Friedrich I († 1200). Seine beiden Söhne waren die Burggrafen Friedrich II und Konrad I, die Ahnherren der noch bestehenden schwäbischen und fränkischen Linie, eine Scheidung, welche im Jahre 1226 stattfand. Es erhielt nämlich Friedrichs II Sohn Friedrich die angestammte Grafschaft und die zollernschen Familiengüter, Konrad I aber die Burggrafschaft und die neuerworbenen Besitzungen. Unter den Nachkommen und Nachfolgern Konrads I, welche durch weise Sparsamkeit und kluge Benutzung der Verhältnisse immer mehr an Länderbesitz, Macht und Ansehen gewannen, sind besonders zu nennen Friedrich III, welcher durch Heirath Baireuth, ein Besitzthum des letzten Grafen von Meran, erwarb und unter König Rudolf I (von Habsburg) eine einflußreiche Rolle spielte. Ferner Friedrichs III Sohn Friedrich IV, der vom Grafen von Dettingen 1331 die Stadt Anspach kaufte, Friedrich V, der Eroberer genannt, welcher im Jahre 1363 von Kaiser Karl IV nebst seinem Hause in den Reichsfürstenstand erhoben ward und endlich sein Sohn Friedrich VI. — Die Fürstenthümer Anspach (Onolzbach) und Baireuth waren ursprünglich größten Theils slavisches Gebiet, welches hauptsächlich in Folge der Gründung des Bisthums Bamberg durch Kaiser Heinrich II (1007) allmählich germanisiert wurde. Beide Fürstenthümer entwickelten sich aus dem Burggrafenthum Nürnberg heraus. Unter den Söhnen des Burggrafen Friedrich I tritt zuerst eine Theilung der burggräflichen Gebiete in die oberhalb des Gebirges (später Baireuth) und in die unterhalb des Gebirges (später Anspach) hervor. Unter Friedrich VI (Friedrich I) wurden beide Gebiete wieder vereinigt (1420).

[Friedrich VI als Statthalter in der Mark.]

Burggraf Friedrich hatte dem Kaiser Siegismund sehr wichtige Dienste geleistet. Er hatte nämlich sehr lebhaften Antheil an der Wahl desselben zum deutschen Kaiser genommen, ja er soll ihm sogar früher einmal in einem Türkenkriege das Leben gerettet haben. Auf seinen Wunsch verlieh ihm daher der Kaiser im Jahre 1411 die Statthalterschaft in der Mark Brandenburg, er ward »oberster und gemeiner Verweser und Hauptmann.« Zur Entschädigung für die Kosten der Verwaltung Brandenburgs verschrieb ihm Siegismund außerdem 100,000 Goldgulden. Bis zur Zahlung dieser Summe sollte Friedrich im Besitze der Mark verbleiben. Die Würde eines Kurfürsten und Erzkämmerers des Reiches behielt Siegismund sich und seinen Erben vor.

Im J. 1412 erschien Friedrich in der Mark und forderte die Huldigung »zu seinem Gelde«. Aber der Adel verweigerte sie ihm unter dem Vorwande, die Mark sei unter Karl IV auf ewige Zeiten mit Böhmen vereinigt worden und suchte bei Pommern Hülfe. Zwar wurde Friedrich am Kremmer Damm (1412) geschlagen, aber als seine Gemahlin (»die schöne Else«) aus Franken Truppen herbeigeführt hatte, bekam die Sache eine andere Wendung. Im Bunde mit einigen benachbarten Fürsten begann er (»der Tand von Nürnberg«, wie man ihn höhnisch nannte,) den Kampf von Neuem. Von dem Landgrafen von Thüringen hatte er sich eine Kanone geliehen, die sogenannte »faule Grethe«. Dieselbe brachte er bei der Belagerung der festen Burgen des aufrührerischen Adels zur Anwendung. So wurden die Festen der Quitzows, des Gans von Puttlitz und anderer gebrochen. Dietrich von Quitzow, der einst geäußert, »und wenn es ein ganzes Jahr Burggrafen vom Himmel regnete, würde ich mit ihnen fertig werden,« mußte fliehen und kam später in der Fremde um; sein Bruder Hans wurde gefangen, doch später begnadigt. Nachdem die gefürchteten Quitzows überwunden, wagte es niemand mehr, gegen den neuen Statthalter aufzutreten, und bald war im Lande wieder eine Ruhe und Sicherheit zu finden, wie sie seit langen Jahrzehnten nicht geherrscht hatte.

[Friedrichs Erhebung zum Kurfürsten.]

Damals war innerhalb des deutschen Reiches eine sehr bedenkliche Spaltung eingetreten. Johann Huß nämlich, ein böhmischer Professor, war gegen die Verderbniß der katholischen Kirche aufgetreten und hatte in Böhmen einen großen Anhang für seine Bestrebungen gewonnen. Schon längst war auch das Bedürfniß, die Kirche »an Haupt und Gliedern« zu reformieren, selbst von hohen Kirchenfürsten anerkannt worden, und auch der Kaiser beschloß hierzu mitzuwirken. Deßhalb ward ein sogenanntes Concil (Kirchenversammlung) nach Costnitz (Constanz) berufen, auf welchem auch die Lehren des Huß einer näheren Prüfung unterworfen werden sollten. Burggraf Friedrich hatte an allen kaiserlichen Bestrebungen und besonders auch an denen, die sich auf das genannte Concil bezogen, neuen regen Antheil genommen. Zum Dank für seine treuen Dienste überließ ihm daher der Kaiser im Jahre 1415 zu Costnitz die Mark Brandenburg nebst der Kurwürde zu erblichem Eigenthum. Die Gründe hierfür giebt Siegismund selbst an, »weil sich die kaiserlichen Geschäfte merklich gehäufet, so daß er, der Kaiser, nicht in die Marken kommen könne: weil die Zahl der Kurfürsten voll gemacht werden müsse und nicht gemindert werden dürfe; weil Friedrich während des Pfandbesitzes durch Macht, Verstand und rühmliche Thaten, mit aufgewandten großen Kosten die Mark in guten Stand gesetzet und sich dadurch die Liebe der Unterthanen erworben.« Uebrigens solle es dem Kaiser, falls er oder sein Bruder Wenzel von Böhmen männliche Erben bekäme, frei stehen, das Kurfürstenthum gegen Erlegung von 400,000 ungarischen Goldgulden wieder an sich zu bringen. Dazu war bei der fortwährenden Geldverlegenheit Siegismunds freilich wenig Aussicht vorhanden. — Schon im October nahm Friedrich als Kurfürst zu Berlin im »hohen Hause« die Erbhuldigung der märkischen Stände entgegen. Nachdem nun auch das Kurfürstencollegium seine Zustimmung zu der Erhebung Friedrichs gegeben und dieser die Fürsten von Anhalt vertragsmäßig wegen etwaiger Ansprüche auf Brandenburg befriedigt hatte, erfolgte den 18. April 1417 zu Costnitz auf offenem Markte vor einer glänzenden Versammlung von weltlichen und geistlichen Fürsten und Großen die feierliche Belehnung mit der Kurmark Brandenburg durch den Kaiser. Von einem kaiserlichen Wiederkaufsrechte war nicht weiter die Rede.

So waren die Geschicke der brandenburgischen Länder rechtlich mit demjenigen eines Geschlechtes verknüpft, welches bestimmt war, dem brandenburgischen Lande und Volke eine Reihe der trefflichsten Fürsten zu liefern. Daß aber die Erhebung der Hohenzollern nicht nur für Brandenburg, sondern auch für ganz Deutschland von der weitreichendsten Bedeutung gewesen, ja ein welthistorischer Act geworden, ist das Verdienst der hohenzollernschen Fürsten selbst, denn nimmermehr wäre aus der unscheinbaren Mark eine Weltmonarchie herausgewachsen, hätten dieselben nicht in Jahrhunderte langer treuer Arbeit den Staat gehoben und gemehrt.

[Friedrich 1 als Kurfürst 1415—1440.]

So sehr auch Friedrichs ganze Kraft der Mark von Nöthen war, so ward derselbe doch durch seine Stellung als Kurfürst des deutschen Reiches mannichfach für Geschäfte in Anspruch genommen, die ihn von seinem Kurfürstenthume abzogen. Besonders waren es die hussitischen Unruhen, in welche er verwickelt ward. Er hatte zu Costnitz gerathen, dem Reformator Johann Huß, welchem der Kaiser dahin und wieder zurück nach Prag freies Geleit versprochen hatte, das gegebene Wort zu halten. .Statt dessen wurde Huß zu Costnitz verbrannt. Und als Huß' Anhänger (die Hussiten), hierüber ergrimmt, die Waffen gegen Siegismund (der nach Wenzels Tode auch König von Böhmen geworden) ergriffen, so hatte auch ihnen gegenüber Friedrich dem Kaiser zur Milde gerathen. Allein er drang mit seinem Rathe nicht durch. Dennoch konnte sich der Kurfürst, als Fürst des Reiches seinen Verpflichtungen gegen den Kaiser nicht entziehen. Bereits im Jahre 1420 führte er demselben gegen die Hussiten Hülfstruppen zu, ohne Erfolge erlangen zu können. Einige Jahre später ward er an die Spitze des ganzen kaiserlichen Heeres von 130,000 Mann gestellt. Aber wie er fürchtete, so geschah es. Die Deutschen vermochten den begeisterten Angriffen der wilden Hussitenschaaren nicht zu widerstehen. Bei Riesenberg in Böhmen erlitt der Kurfürst im J. 1431 eine völlige Niederlage, das gesammte deutsche Lager fiel in die Hände der Feinde. Diese aber, nicht zufrieden damit, ihr Land von ihren Gegnern befreit zu haben, fielen jetzt in die umliegenden Länder sengend und brennend ein. Unter ihrem Anführer Procop dem Großen hausten sie auch in der Mark auf eine grauenvolle Weise; alles floh vor ihnen in die festen Städte, von denen sich einige, besonders Bernau, ruhmvoll vertheidigten (1433), bis Markgraf Friedrich, des Kurfürsten Sohn, herbeieilte und die Feinde aus den Grenzen der Mark vertrieb. Bald darauf kam auf Friedrichs Rath endlich zu Basel ein Frieden zwischen Siegesmund und den Hussiten zu Stande, welcher diesen erbitterten Kämpfen ein Ziel setzte.

War Friedrich in seinem Kampfe gegen die Böhmen nicht glücklich gewesen, so war sein Bestreben, verloren gegangene Theile der Mark wieder mit derselben zu vereinigen, von mehr Erfolg gekrönt. Wie wir sehen, war fast die ganze Uckermark in den Händen der Pommern. Friedrich erlangte dieselbe nach heftigen Kämpfen (Schlacht und Sieg bei Angermünde 1420) von den Herzogen Casimir und Otto von Pommern, bis auf die nördlichsten Striche, welche für immer bei Pommern blieben (Torgelow und Pasewalk) und bis auf die östlichen (welche erst seine Nachfolger wiedererwarben) zurück, namentlich die Städte Prenzlau, Boitzenburg, Templin, Angermünde (1427). Dagegen waren Friedrichs Ansprüche auf das Herzogthum Sachsen-Wittenberg, wo im J. 1422 der letzte Ascanier, Albrecht III, gestorben war, vom Kaiser nicht berücksichtigt worden, sondern dasselbe wurde dem Markgrafen von Meißen, Friedrich dem Streitbaren, verliehen.

Wie hoch Friedrich I in dem Ansehen der Reichsfürsten gestiegen war, ersieht man daraus, daß nach Siegismunds Tode (1436) die Kurfürsten sogar die Absicht hatten, ihn auf den Kaiserthron zu erheben. Allein der bescheidene Mann lenkte die Wahl auf Siegismunds Schwiegersohn Albrecht von Oesterreich, und als dieser bald darauf starb, wählte er noch einmal mit, nämlich Kaiser Friedrich III. Auf der

Rückkehr von dieser Wahl erkrankte er und starb zu Kabolzburg in Franken, im Kloster Heilsbronn bei Anspach liegt er begraben. Unter Friedrich I umfaßte die Mark Brandenburg nebst den fränkischen Fürstenthümern an 535 ☐M.

Friedrich I war ein Mann von hohen Anlagen, erfahren in allen ritterlichen Künsten, muthig und rasch entschlossen zur That, dabei aber klug und besonnen. Ein Freund der Wissenschaften, war er selbst hoch gebildet, zeichnete sich durch echte Frömmigkeit aus und hatte ein warmes Herz für seine Unterthanen, bei denen er nebst seiner Gemahlin Elisabeth (der »schönen Else«) sehr beliebt war.

[Friedrich II der Eiserne 1440—1470.]

Friedrich II, der Sohn Friedrichs I, setzte die Bestrebungen seines Vaters, die ehemals zur Mark Brandenburg gehörigen Gebiete zurück zu erwerben, mit Eifer fort. Im Jahre 1441 war der Kurfürst mit Mecklenburg wegen der Erbfolge in dem Fürstenthume Wenden in Kampf gerathen und hatte die Grenzstadt Lychen und das Kloster Himmelpfort erobert. Im Vertrage zu Wittstock (1442) blieben beide Ortschaften in Friedrichs Händen, auch erlangte Brandenburg das Erbfolgerecht in allen mecklenburgischen Landestheilen. — Auch Stücke der Niederlausitz gelangten wieder in Brandenburgs Besitz, indem die Herrschaften Cottbus und Peiz (jene im J. 1445, diese 1448) vom Kurfürsten käuflich erworben und von der Krone Böhmen im J. 1462 nebst der Herrschaft Teupitz (das Schenkenland) förmlich als böhmische Lehnsstücke an Friedrich abgetreten wurden. Von Magdeburg ward außerdem die Grafschaft Wernigerode wiedererworben (1449) und ein Erbvertrag erlangt, ebenso von Sachsen und Hessen. Die wichtigste Erwerbung Friedrichs war aber die Neumark. Schon Friedrich I hatte sein Augenmerk auf dies Land gerichtet gehabt, indem er behauptet hatte, die Neumark sei ein untrennbares Glied des brandenburgischen Kurstaates. Als nun der deutsche Orden in einen Kampf mit den preußischen Städten verwickelt wurde, mußte das Land unter des Kurfürsten Schutz gestellt werden. Da nun aber auch Polen am Kampfe gegen den Orden Theil nahm, verkaufte derselbe in seiner Bedrängniß im J. 1455 die Neumark für 40,000 Gulden an Friedrich. Doch sollte es dem Orden freistehen, das Land für 100,000 Gulden wieder zu erwerben, ein Recht, wovon niemals Gebrauch gemacht worden ist. Leider kam die Neumark nicht in ihrem ehemaligen Umfange an Brandenburg zurück. Sehr beträchtliche Theile zwischen Drage und Küddow waren von den Polen unterdessen dem deutschen Orden entrissen worden.

Nicht so glücklich war Friedrich in seinem Kampfe gegen Pommern. Dort war 1464 die Linie Pommern-Stettin ausgestorben. Der Kurfürst beanspruchte, auf seine Lehnshoheit gestützt, die Nachfolge. Aber der Herzog von Pommern-Wolgast machte sie ihm streitig. So kam es zum Kriege. Zwar drang Friedrich II bis vor Uckermünde, doch vermochte er die Stadt nicht zu erobern. Unter polnischer Vermittlung trat endlich ein Waffenstillstand ein, der aber erst unter Friedrichs II Nachfolger zu einem Frieden führte.

[Friedrichs II innere Wirksamkeit.]

Wie seinem Vater einst die deutsche Kaiserkrone angeboten worden war, so boten Friedrich II die polnischen Großen ihre Königskrone an, aber dessen graber rechtlicher Sinn bewog ihn, das Geschenk auszuschlagen, weil er den Großfürsten Casimir von Lithauen für den rechtmäßigen Erben Polens hielt. Dieselbe Ehrenhaftigkeit zeigte er, als ihn Georg Podiebrad, König von Böhmen, bewegen wollte, mit zu der Absetzung Kaiser Friedrichs III zu wirken. »Er sei dem Kaiser mit seinem Eide verpflichtet,« entgegnete der Kurfürst. »Er wolle lieber sterben, als meineidig werden.« Auf diese Weise wurden die ehrgeizigen Bestrebungen Georg Podiebrads, der selbst nach der Kaiserkrone trachtete, vereitelt.

Wie seinem Vater die Aufgabe zugefallen war, den übermüthigen Adel zum Gehorsam gegen die Fürstenmacht zu zwingen, so erreichte dies Kurfürst Friedrich II bei den Städten. Seit den unruhigen Zeiten unter den bayerischen und luxemburgischen Fürsten hatten dieselben, dadurch, daß sie auf ihre eigene Kraft angewiesen waren, ein hohes Selbstgefühl erlangt, welches sie zum Streben nach vollständiger Unabhängigkeit von der landesherrlichen Gewalt ermuthigte. Besonders waren es die Städte Berlin und Kölln a. b. Spree, welche sich durch Nichtbeachtung kurfürstlicher Befehle hervorthaten, ja dem Kurfürsten sogar einst den Einlaß in ihre Städte versagten. Als aber bald darauf Streit zwischen diesen beiden Städten ausgebrochen war, benutzte dies Friedrich, um seine kurfürstliche Autorität geltend zu machen. Mit einer Reiterschaar erschien er plötzlich vor Berlin, erzwang sich den Eintritt und zwang die Bürgerschaften beider Städte, auf ihre beanspruchte Selbständigkeit zu verzichten. Einen späteren Aufstand schlug er mit Waffengewalt nieder. Um aber sein Ansehn auch in der Folge zu wahren, legte er den Grund zu einer Burg in Kölln a. b. Spree, die er im J. 1451 nach ihrer Vollendung bezog. So war das fürstliche Ansehn bei allen Ständen des Landes befestigt und die Grundlagen für ein erfolgreiches Regiment gewonnen.

Verdient machte sich Friedrich II auch durch die Stiftung des Schwanenordens. Derselbe sollte ein ernsteres Streben unter der Ritterschaft seines Landes begründen, alle Selbsthülfe beseitigen und »Einigkeit und friedlichen Stand« aufrichten und befördern. Die Mitglieder mußten altem Adel angehören; leider gieng der Orden später wieder ein und erst in der neuesten Zeit ist davon die Rede gewesen, ihn zu erneuern.

Kurfürst Friedrich II hatte keine Erben, er legte im Jahre 1470 die Regierung nieder und behielt nur das Fürstenthum oberhalb des

Gebirges (Baireuth), starb aber schon das Jahr darauf auf der Plassenburg in Franken. Unter ihm hatte das Staatsgebiet einen Umfang von ca. 726 □M. erreicht. Auch er war, wie sein Vater, ein Mann von hoher Thatkraft. Sein persönlicher Muth trug ihm bei seinen Zeitgenossen den Beinamen »der Eiserne« ein. Vor allem aber zeichnete ihn eine tiefe Gottesfurcht vor andern deutschen Fürsten seines Zeitalters auf das Vortheilhafteste aus. Sein »Bekenntniß«, welches er kurz nach seinem Regierungsantritt niederschrieb, ist ein schönes Zeichen seines frommen Sinnes.

[Albrecht Achilles 1470—1486.]

Der Bruder Friedrichs II, Albrecht, kam nur selten in die Mark, welche er durch seinen Sohn Johann als Statthalter verwalten ließ. Er vergrößerte das Kurfürstenthum um zwei wichtige Gebiete. Wie wir nämlich oben sahen, war, als Friedrich II die Regierung niederlegte, der Krieg gegen die Pommern noch nicht beendet, sondern vorläufig nur ein Waffenstillstand abgeschlossen worden. Erst im J. 1472 wurden durch den Vertrag von Prenzlow die Streitigkeiten ausgeglichen. Brandenburg erhielt in demselben folgende bisher noch bei Pommern verbliebenen Theile der Uckermark: Lödenitz, Torgelow, Clempenow, außerdem Vierraden und Schwedt. — Unter Albrechts Regierung kamen auch die ersten schlesischen Gebiete an Brandenburg. Seine Tochter Barbara hatte nämlich von ihrem Gemahl, Herzog Heinrich von Glogau, dieses Herzogthum nebst Crossen ererbt. Trotzdem suchte Johann von Sagan, Heinrichs Oheim, diese Gebiete an sich zu reißen. Nachdem Johann von Sagan im J. 1478 zwischen Freistadt und Crossen von Albrecht und seinen fränkischen Truppen besiegt worden war, kam 1482 zu Camenz ein Vergleich zu Stande, in welchem dem Kurfürsten und seiner Tochter die Städte und Landschaften Crossen, Züllichau, Sommerfeld und Bobersberg (Fürstenthum Crossen), jedoch nur pfandweise bis zur Auszahlung von 50,000 Dukaten abgetreten wurden.*)

Sehr wichtig wurde Albrechts Regierung durch die Verleihung des sogenannten Hohenzollerschen Hausgesetzes (dispositio Achillea) 1473. In demselben wurde bestimmt, daß das Kurfürstenthum Brandenburg immer ungetheilt dem ältesten Sohne des Kurfürsten zufallen sollte, die fränkischen Fürstenthümer den beiden folgenden. Ueberlebten den Kurfürsten nur Brüder, so sollte der älteste derselben in der Kurwürde nachrücken. In den brandenburgischen und fränkischen Ländern sollten überhaupt nur höchstens drei regierende Herren sein, so daß die letzteren in nicht mehr als zwei Theile getheilt werden konnten. Der Hauptzweck dieses Hausgesetzes war die Verlegung der Hauptmacht des Hohenzollerschen Hauses nach Norddeutschland

---

*) Erst Joachim II erwarb 1537 das Eigenthumsrecht.

durch Begründung eines starken Kurstaates. So wurden spätere Theilungen der Mark verhütet und dadurch einer Schwächung der brandenburgischen Macht vorgebeugt.

Albrecht, wegen seiner Tapferkeit Achilles genannt, war ein ritterlicher Herr, in unzähligen Fehden und Kämpfen, besonders auch mit der Reichsstadt Nürnberg, machte er sich weit und breit gefürchtet. Ein Freund Kaiser Friedrichs III, spielte er in Deutschland eine hervorragende Rolle, indem ihm der Kaiser die wichtigsten Reichsgeschäfte übertrug. Auf seiner Burg Kabolzburg in Franken hielt er einen prächtigen Hof. Bei den Märkern, die er wegen ihrer geringeren Bildung den Franken nachsetzte, war er nicht beliebt, zumal sein Sohn Johann bedeutende Summen dem Lande entziehen und nach Franken senden mußte. Dazu kam noch, daß er in Brandenburg eine neue Steuer, die Bierziese, einzutreiben versuchte, statt deren ihm aber die Stände 100,000 Gulden bewilligten. Durch den Widerstand, welchen ihm Städte, besonders Nürnberg geleistet, war er zu einer gewissen Geringschätzung des Bürgerthums und Städtewesens überhaupt verleitet worden; doch ist hervorzuheben, daß er auch die Uebergriffe des Adels zurückzuweisen wußte. So gab er neue strenge Verordnungen wider die »Landbeschädiger«, wie er den räuberischen Adel nannte. Vor seinem Tode, welcher 1486 erfolgte, wohnte er noch der Wahl Maximilians I zum römischen König in Frankfurt bei. Unter ihm erreichte das Kurfürstenthum eine Größe von ca. 767 OM.

[Johann Cicero 1486—1499.]

Ehe Johann Kurfürst wurde, hatte er schon lange Jahre als Statthalter seines Vaters in den Marken regiert. Als solcher hatte er eine keineswegs leichte Stellung. Bei den großen Summen, welche der prachtvolle Hofhalt seines Vaters in Kabolzburg verschlang, blieb für ihn selbst sehr wenig von den Einkünften des Landes übrig, so daß er mit seiner Gemahlin nicht selten in bittere Verlegenheiten gerieth. Dennoch war er ein wahrer Vater des Volkes. Nach Kräften sorgte er für die Wohlfahrt des Landes. Auch war er der erste Hohenzoller, welcher seinen Aufenthalt bleibend im Kurfürstenthum nahm, da die fränkischen Fürstenthümer nach dem Hohenzollerschen Hausgesetz an seine beiden jüngeren Brüder gefallen waren. Es war das ein Grund mehr, daß sich Johann nicht wie sein Vater als Franke, sondern als Märker fühlte. Für den Eifer, mit dem er sich der Wohlfahrt des Landes annahm, bewiesen sich die Stände dankbar. Sie bewilligten ihm die Bierziese freiwillig, welche sie seinem Vater verweigert hatten, nur die Städte Gardelegen, Salzwedel und Stendal stemmten sich gegen dieselbe, aber der Aufstand, den sie machten, wurde mit Gewalt gedämpft. In seinem Bestreben für die Segnungen des Friedens suchte er Handel und Gewerbthätigkeit zu heben, auch entstand unter ihm in Berlin die erste Apotheke und die erste Buchdruckerei. Auch faßte er den Plan, in Frankfurt a. d. Oder eine Universität zu gründen, doch ehe noch dieser sein Plan ins Leben getreten war, starb der Kurfürst. Wie er Bildung und Wissenschaft zu heben suchte, so zeichnete er sich selbst durch reiche Kenntnisse aus. Seinen Beinamen Cicero erhielt er in Folge einer lateinischen Rede, die er einst bei Schlichtung eines Streites zwischen den Königen von Polen und Ungarn gehalten hatte.

Die Mark Brandenburg vergrößerte Johann im J. 1490 durch den Kauf der Herrschaft, Stadt und Land Zossen von dem Ritter Georg von Stein für 16000 Gulden.

Die Herrschaft Zossen, früher zur Niederlausitz gehörig, war im J. 1359 von Ludwig dem Römer einem Herrn von Torgau verliehen worden. Später hatte Böhmen die Lehnsherrschaft darüber beansprucht, welches jetzt den Kauf bestätigte.

Mit Pommern schloß Kurfürst Johann, um die langwierigen Streitigkeiten mit diesem Lande über die Lehnshoheit zu beendigen, den Vergleich zu Pyritz, in welchem der Kurfürst der Lehnsherrlichkeit entsagte und die Ortschaften Clempenow, Torgelow, Stoltenberg, Bök (Vierraden und Löcknitz blieben bei Brandenburg) abtrat, dafür aber die Erbfolge in ganz Pommern zugesichert erhielt.

Johann starb im J. 1499 und liegt im Kloster Lehnin begraben. Bei seinem Tode hatte die Mark Brandenburg einen Flächeninhalt von 660 QM.

[Joachim I Nestor, 1499—1535.]

Der Sohn Johanns, Kurfürst Joachim I, von seinen Zeitgenossen als Kenner der Wissenschaften und weiser Fürst Nestor genannt, war bei des Vaters Tode erst 15 Jahre alt. Seine Jugend suchte der Raubadel zu benutzen, um nach der Art und Weise früherer Zeiten in der Mark zu wirthschaften. Dies glaubte er um so ungestrafter thun zu können, als damals gerade Pest und Hungersnoth über die Marken hereingebrochen waren und dadurch eine gewisse Verwirrung der Zustände eingetreten war. Von Neuem seufzte das Volk unter der Plage der Wegelagerei und wiederholter Plünderung. Das Gebet der Bürger und Bauern lautete damals:

»Vor Köckeritze und Lüderitze,
Vor Krachten und vor Itzenplitze
Behüt uns, lieber Herre Gott!«

[Joachim steuert dem Raubwesen.]

Aber der junge Kurfürst war ein ganz anderer, als der räuberische Adel vermuthet hatte. Sofort wurden die schärfsten Verordnungen gegen das Unwesen erlassen. Da erfrechte man sich, Drohungen gegen den jungen Kurfürsten auszustoßen:

»Jochimke, Jochimke, höde dy,
Fange wy dy, so hange wy dy!«

Aber diese Einschüchterungen erreichten ihren Zweck nicht. Durch bewaffnete Schaaren ließ der Kurfürst die Wegelagerer, die ihm sogar nach dem Leben trachteten, aufgreifen und an dem nächsten besten Baum aufknüpfen. Zwar lief manche hohe Fürsprache für die abligen Schelme ein, doch Joachim berücksichtigte sie wenig und antwortete, er habe kein ablig Blut, sondern nur das von Räubern und Mördern vergossen. So dauerte es gar nicht lange und die Marken waren wieder so sicher wie unter den früheren Kurfürsten seines Hauses, besonders auch, nachdem Joachim im J. 1506 zu Cottbus mit Polen, den schlesischen Herzogen und dem Statthalter der Lausitz einen Vertrag zur gegenseitigen Unterdrückung und Ausrottung der »Landbeschädiger«, und Friedensbrecher geschlossen hatte.

[Joachims ferneres Regiment.]

Mit der Wiederkehr der Ruhe und der Sicherheit hob sich bald Handel und Verkehr, welchen Joachim durch die Einführung von gleichem Maß und Gewicht noch erheblich erleichterte. Die Universität Frankfurt ward im J. 1506 feierlich eingeweiht, es knüpfte sich die Hoffnung an sie, daß sie durch Verbreitung von Aufklärung und echter Wissenschaft dazu beitragen werde, daß das Kurfürstenthum Brandenburg auch in dieser Hinsicht einen ehrenvollen Rang unter den deutschen Ländern einnehme. Wie noth Aufklärung und echte Humanität (die Folge der Aufklärung) dem brandenburgischen Volke unter Joachims I Regierung noch that, beweist die schreckliche Judenverfolgung, welche damals in der Mark ausbrach. Einige Juden wurden nämlich beschuldigt, geweihte Hostien gestohlen und mit dem Heiligthume mannichfachen Frevel verübt zu haben. Auf der Folter, durch die gräßlichen Schmerzen sinnlos gemacht, bekannten sie die wahnwitzigsten Dinge. So wollten Einige Christenkinder ermordet und ihr Blut zu Arzneien verwendet haben. Eine große Menge von anderen Juden wurde als Mitschuldige genannt. Das Volk glaubte alles und ergötzte sich in Berlin an dem schrecklichen Schauspiele der öffentlichen Hinrichtung einer Masse unglücklicher Hebräer. Sämmtliche Juden mußten die kurfürstlichen Lande verlassen. Diese Vorgänge werden nicht dadurch gerechtfertigt, daß sich die Mehrzahl der Israeliten durch schmutzigen Schacher und übertriebene Geldgier beim Volke verhaßt gemacht hatte. — Mit seinen Regierungspflichten nahm es Joachim I sehr genau. Er reiste selbst im Lande umher, um überall selbst zu sehen, wo »zu helfen und zu rathen« sei, und gab eine Dorf- und Städteordnung. Wie richtig er jeden Stand nach seinen Vorzügen zu würdigen wußte, beweist sein Ausspruch: »Der Adel ist mein Haupt, der Bürger mein Herz, und der Bauer der starke Fuß, der Haupt und Herz und mich selbst trägt.« Seine dauerndste Einrichtung ist die Errichtung des Kammergerichts, durch welche er dem Lande eine bessere Rechtspflege verschaffte. Dasselbe sollte, nach seinem Befehl, unpartheiisch richten, alle Weitläufigkeiten vermeiden und besonders den Ausweg gütlichen Vergleichs zu versuchen nicht außer Acht lassen.

Die Jahrhunderte langen Streitigkeiten mit Pommern, die sich trotz des Vertrages von Pyritz auch unter Joachims Regierung fortgesponnen hatten, wurden endlich für immer beendigt. Im Vertrage zu Grimnitz (1529) ward die Erbfolge Brandenburgs in ganz Pommern bestätigt, dagegen sollten die Herzoge von Pommern berechtigt sein, sich unmittelbar vom Kaiser belehnen zu lassen, nur solle Brandenburg immer zugleich mit die Belehnung für Pommern empfangen.

An äußeren Erwerbungen fügte Joachim seinen Staaten die **Herrschaft Ruppin** zu.

Dieselbe war theils von Albrecht dem Bären, theils von dessen Nachfolgern den Slaven entrissen worden. Sie umfaßte außer dem Lande zwischen Rhin und Dosse noch einen Theil des früheren Landes Löwenberg. Die Herren von Ruppin waren Vasallen der Markgrafen gewesen, hatten sich aber in den unruhigen Zeiten des 14. Jahrhunderts fast unabhängig gemacht, bis die Hohenzollern ihre Lehnsherrlichkeit wieder mehr betonten. Der letzte Herr von Ruppin war Wichmann, der 1524 unbeerbt starb. Joachim zog daher die Herrschaft als eröffnetes Lehen ein, trotz des Widerspruches von Wichmanns Schwager, der deshalb sogar einen Prozeß beim Reichskammergericht gegen Brandenburg führte, ohne daß ihm dies etwas genutzt hätte.

Das Kurfürstenthum Brandenburg hatte nach der Erwerbung Ruppins nun eine Größe von 692 □M.

II. Brandenburg von dem Beginn der Reformation bis zur Erwerbung Preußens.

[Die Reformation. — Joachim I, Gegner der Reformation. — Joachims I Tod.]

Bekanntlich hatte am 31. October 1517 **Martinus Luther**, der kühne sächsische Mönch, die 95 Thesen gegen den Ablaßkram an die Schloßkirche von Wittenberg angeschlagen und damit den gewaltigen Kampf gegen die Mißbräuche der katholischen Kirche begonnen. Wie überall in Deutschland war auch in Brandenburg die Kirche ganz und gar verweltlicht und tief gesunken. Der Ablaßkrämer Tetzel hatte auch in den Marken sein Unwesen getrieben. Um so mehr Anhang und Zustimmung fand daher Luther bei den Brandenburgern, als er so mannhaft und kühn gegen das Ablaßwesen auftrat. Aber wenn die Reformation in Brandenburg auch einen günstigen Boden fand, so hatte sie doch gerade hier große Schwierigkeiten zu überwinden, ehe sie, was erst nach langen Jahren geschah, siegreich durchdrang. Derjenige nämlich, welcher den Ablaßkrämer Tetzel im Auftrage des Papstes durch Deutschland gesandt hatte, war des Bruder Joachims I, Erzbischof **Albrecht von Magdeburg** und Kurfürst von Mainz. Schon aus diesem Grunde wurde Joachim ein heftiger Gegner der Reformation. Es mißfiel ihm, daß ein einfacher Mönch es wagen konnte, mit solchem Freimuth, wie es Luther that, gegen ein Mitglied seines Hauses, gegen seinen eigenen Bruder, aufzutreten. Noch bestärkt ward der Kurfürst in seinem Widerwillen gegen die neue Lehre, als er sah, daß durch die Schuld solcher, die es mit der Kirchenverbesserung nicht aufrichtig meinten, auch der bürgerlichen Ordnung im deutschen Reiche Gefahr drohte (Bilderstürmer, Bauernkriege). Es war dies zwar wohl eine Folge, aber nicht die Schuld der Reformation, doch begriff Joachim nicht, daß ähnliche Erscheinungen bei jeder großen Umwälzung der Verhältnisse zu Tage treten. Dabei war der Kurfürst einer Kirchenverbesserung durchaus nicht abgeneigt, nur erwartete er sie von oben herab durch die kirchlichen Gewalten, auf einem allgemeinen Concil; das Auftreten Luthers dagegen erschien ihm als ein Hohn auf alle kirchliche und weltliche Gewalt. Nach dem Reichstag zu Worms, auf dem er Luther durch Güte zum Widerruf zu bewegen suchte, und auf welchem Luthers Lehre verworfen wurde, verbot Joachim I bei strengen Strafen die Verbreitung reformatorischer Schriften in seinen Landen und den Uebertritt zur neuen Kirche, und auch in den folgenden Jahren ließ er nicht von seiner Heftigkeit und seinem Eifer gegen die Reformation ab. Vom Nürnberger Religionsfrieden (1532) sagte er, er wolle lieber Land und Leute verlieren, lieber sterben und verderben, als in diesen Frieden willigen. Noch auf seinem Sterbebette nahm er seinen beiden Söhnen das Versprechen ab, festzuhalten an den Lehren und Einrichtungen der alten Kirche. So starb Joachim 1535 als der letzte brandenburgische Kurfürst katholischen Glaubens. Er war streng und gerecht gewesen, doch stand er nicht über den Vorurtheilen seiner Zeit. An der geistlichen Wohlfahrt seines Volkes glaubte er durch Festhalten an der alten Lehre zu arbeiten, an seiner leiblichen Wohlfahrt hat er es wirklich gethan. Das Kurfürstenthum erreichte unter ihm, wie schon bemerkt, eine Größe von 692 □M.

[Ausbreitung der evangelischen Lehre in Brandenburg. — Kurfürstin Elisabeth.]

Trotz des Verbotes des Kurfürsten Joachim I, zu der neuen Lehre überzutreten, fand dieselbe doch raschen Eingang in die brandenburgischen Lande. Bald zählte sie zahlreiche Anhänger aus allen Ständen. Freilich konnte eben wegen des Verbotes der Uebertritt zum Lutherthum nicht öffentlich geschehen. Besonders als die neue Lehre trotz des katholischen Erzbischofs Albrecht in Magdeburg eingedrungen war, fand sie auch in der Mark immer weitere Verbreitung. Viele Städte und Ortschaften nahmen bereits jetzt schon eine Umgestaltung der kirchlichen Einrichtungen innerhalb ihrer Mauern vor, ohne sich äußerlich von der katholischen Kirche loszusagen, weil sie das kurfürstliche Verbot fürchteten. Die Gemahlin des Kurfürsten selbst, Elisabeth, ward eine begeisterte Anhängerin der lutherischen Lehre. Elisabeth war eine Tochter des Königs von Dänemark und ausgezeichnet durch Vorzüge des Körpers und des Geistes. Geboren im Jahre 1485 war sie im Alter von 17 Jahren dem Kurfürsten Joachim vermählt worden. Derselbe hatte sich aber allmählich immer mehr und mehr von ihr abgewandt. Frühzeitig wandte sie sich, durchdrungen von der Wahrheit der lutherischen Lehre, dem Evangelium zu und nahm heimlich das Abendmahl in beiderlei Gestalt. Der Zorn ihres Gemahls, als derselbe dies erfahren hatte, kannte keine Grenzen; er drohte der Kurfürstin wegen ihres Ungehorsams mit harten Strafen. Da entfloh sie im J. 1528 nach Torgau zu dem Kurfürsten von Sachsen, ihrem Oheim von mütterlicher Seite, welcher ihr das Schloß Lichtenburg in der Nähe von Torgau zum Wohnsitz einräumte. Von hier aus verkehrte sie ungestört mit den Reformatoren Luther und Melanchthon in Wittenberg. Erst nach dem Tode Joachims kehrte sie auf den Wunsch ihrer Söhne nach Brandenburg zurück, wo sie in Spandau ihren Sitz nahm. Sie starb 1555 im Schlosse zu Berlin, nachdem sie die Freude erlebt hatte, die Reformation im Kurfürstenthum vollständig durchgeführt zu sehen.

[Joachim II Hector und Johann (von Küstrin) 1535—1571. — Einführung der Reformation.]

Trotz des von Albrecht Achilles gegebenen Hausgesetzes hatte Joachim I die Marken testamentarisch zwischen seinen beiden Söhnen Joachim und Johann getheilt. Jener bekam die Kurmark und die Kurwürde, dieser die Neumark, wozu Crossen und Cottbus nebst Peiz mitgerechnet wurden. Joachim II, wegen seiner Tapferkeit in einem Kriege gegen die Türken von seinen Zeitgenossen Hector genannt, ließ das väterliche Testament »wegen brüderlicher Liebe« in Gültigkeit treten. Der neue Kurfürst residirte in Berlin, Johann nahm seinen Sitz in Küstrin und wird daher gewöhnlich Johann von Küstrin genannt. — Das Wichtigste unter der Regierung dieser beiden Fürsten war die öffentliche Durchführung der Reformation in den brandenburgischen Ländern. Schon bei Lebzeiten ihres Vaters waren beide Fürsten von ihrer edlen Mutter Elisabeth und durch den persönlichen Einfluß Luthers und des Bischofs Mathias von Jagow von Brandenburg in dem Vorsatze bestärkt worden, sich einst der neuen Lehre zuzuwenden. Der rasch entschlossene Johann hielt sich durch das seinem Vater gegebene Versprechen nicht für gebunden und führte gleich nach seinem Regierungsantritt die Reformation in der Neumark ein, trat auch dem schmalkaldischen Bunde, der bekanntlich zum Schutze der evangelischen Lehre von einer Anzahl deutscher Städte und Fürsten geschlossen worden war, bei; der bedächtigere Joachim II aber behielt äußerlich, aus Rücksicht für seinen Schwiegervater, den eifrig katholischen Herzog Georg von Sachsen, und seinen Oheim Albrecht von Mainz, bei dem er erzogen war, das katholische Bekenntniß noch eine Zeit lang bei. Erst im Jahre 1539 trat er öffentlich zur protestantischen Kirche über und empfieng aus den Händen des Bischofs Mathias von Jagow das Abendmahl unter beiderlei Gestalt. Das Beispiel des Kurfürsten hatte das öffentliche lutherische Bekenntniß der Stände zur Folge. Um sich von dem kirchlichen Zustande seines Landes zu überzeugen, ließ Joachim eine allgemeine Kirchenvisitation halten, durch welche freilich eine große Unwissenheit nicht nur der Laien, sondern auch der Geistlichkeit zu Tage trat. Um derselben zu steuern, ließ der Kurfürst auf den Rath Luthers einen kurzen Begriff der christlichen Lehre verfassen. Wie dies auch in andern Ländern der Fall gewesen war, giengen nun die zahlreichen Klöster nach und nach ein, das Klostergut wurde entweder als kurfürstliches Eigenthum eingezogen oder zur Gründung von wohlthätigen Anstalten und von Schulen verwendet. Uebrigens wurden vorläufig beim Gottesdienste viele äußere katholische Gebräuche, wie Messe, Prozessionen, Meßgewänder u. s. w. beibehalten, weil der Kurfürst ein Freund von äußerer Pracht war und deswegen dieselben nicht missen wollte. Weil in keiner Weise ein Gewissenszwang, weder gegen die Anhänger der neuen Lehre, noch gegen die der alten geübt ward, so gieng das wichtige Ereigniß der Kirchenverbesserung ohne alle innere Störung vor sich, hatte aber auch dafür um so festeren Bestand.

[Bedeutung und Folgen der Reformation für den brandenburg-preußischen Staat.]

Die Folgen der Einführung der Reformation sind für die brandenburg-preußische Monarchie von der allergrößten Bedeutung geworden, und zwar sowohl was die innern Zustände, als auch was die äußern Machtverhältnisse des Staates betrifft. Vor der Reformation war Brandenburg hinter dem Bildungsgrade der meisten übrigen deutschen Länder zurückgeblieben. Besonders zeichnete sich der benachbarte Meißner in vieler Hinsicht gegen den Bewohner der Mark vortheilhaft aus. Ueberhaupt galt der Letztere in ganz Deutschland als ein Mensch von geringer Bildung und rohen Sitten. Ganz anders wurde dies, als die Reformation eingeführt war. Ueberall entstanden neue Schulen, welche bald die Bildung unter dem Volke verallgemeinerten. Ja allmählich ist Preußen in dieser Beziehung den meisten übrigen Völkern weit vorausgeeilt, und von allen großen Staaten steht jetzt unser Vaterland anerkanntermaßen als derjenige da, welcher sich eine allgemeine und gründliche Volksbildung am angelegensten sein läßt. Die Folge dieser geistigen Neubelebung des brandenburgischen und ganzen norddeutschen Volkes durch die Reformation war es auch, daß von jetzt an auch Kunst und Wissenschaft in Norddeutschland mehr und mehr ihren Sitz aufschlugen, während vor der großen Kirchenspaltung dieselben mehr im südlichen und westlichen Deutschland zu finden waren; alle großen Dichter zum Beispiel und die meisten hervorragenden Gelehrten, welche seit der Kirchenverbesserung den deutschen Namen verherrlicht haben, sind Protestanten gewesen und auf dem geistesfreien protestantischen Boden erwachsen, und selbst die katholische Wissenschaft hat sich an dem protestantischen Geiste gekräftigt. So wurde also Norddeutschland und besonders Preußen nach der Reformation allmählich der Hauptsitz deutscher Bildung und Wissenschaft. — Noch sichtbarer sind die Folgen, welche die Reformation für Brandenburg gehabt hat, in Bezug auf die äußeren Machtverhältnisse geworden. Hatte sich der Staat schon durch die Einziehung der Stifter Brandenburg, Havelberg und Lebus, welche seit dem J. 1550 dadurch vorbereitet ward, daß stets brandenburgische Prinzen zu ihren evangelischen Bischöfen

(Administratoren, welche nur die weltliche Gewalt in den Stiftern ausübten) bestellt wurden, bedeutend gekräftigt (alle brei 1598 beim Regierungsantritt Joachim Friedrichs), so hätte auch die spätere Vereinigung des Erzbisthums Magdeburg, welches ebenfalls über 100 Jahre lang durch brandenburgische Administratoren verwaltet worden war, als weltliches Herzogthum mit Brandenburg ohne die Reformation nicht erfolgen können. Ferner hat die Reformation den Plan Kaiser Karls V, die Alleinherrschaft über Deutschland zu erlangen, verhindert, da es der evangelische Glaube war, der einer Anzahl deutscher Fürsten den Muth gab, sich den Planen des Kaisers zu widersetzen. Wäre dieser Plan dem Kaiser gelungen, so wäre Brandenburg nicht im Stande gewesen, so gewaltig an Macht und äußerm Umfang zu wachsen, als dies geschehen ist. Endlich wurde Preußen, nachdem die Kurfürsten von Sachsen zum Katholizismus übergetreten waren, der natürliche Hort und Mittelpunkt aller protestantischen Bestrebungen in Deutschland, ein Umstand, welcher zur Erhöhung des Einflusses und Ansehens der brandenburgischen Kurfürsten und der spätern Könige von Preußen nicht wenig beitrug. So wurzelt also der brandenburg-preußische Staat in seinen Grundprinzipien so recht eigentlich im Protestantismus, während er sich durch Duldsamkeit auch von seinen andersgläubigen Staatsangehörigen treue Anhänglichkeit zu verschaffen weiß.

[Joachims II Wirksamkeit als Reichsfürst.]

Joachim suchte Politisches und Kirchliches auseinander zu halten und blieb daher auch nach seinem Uebertritt zur neuen Lehre ein Anhänger des Kaisers. An dem schmalkaldischen Bunde nahm er daher nicht Theil, obgleich ihn Landgraf Philipp von Hessen auf einer Zusammenkunft beider zu Jüterbog 1545 selbst hierzu zu bereden versucht hatte. Die Wirksamkeit des schmalkaldischen Bundes erschien dem Kurfürsten als eine Auflehnung der Vasallen gegen ihren Oberherrn. Deswegen bewog er auch seinen Bruder Johann wieder von dem Bunde zurückzutreten und vereinigte beim Ausbruche des Krieges sein Heer mit dem Kaisers, ohne jedoch persönlich am Kampfe Theil zu nehmen. Auch nach der Schlacht bei Mühlberg (1547) trat Kurfürst Joachim mehr vermittelnd auf. Durch seine kräftige und kühne Fürsprache rettete er dem gefangenen Kurfürsten Johann Friedrich von Sachsen das Leben. Aber bald begann auch Joachim die verderblichen Plane des Kaisers zu durchschauen, zumal als derselbe gegen sein Versprechen auch den Landgrafen Philipp von Hessen in Haft nahm; daher fühlte er sich berufen, als ein »vorsichtiger Reichsfürst« der bedrängten evangelischen Kirche hülfreich zur Seite zu stehen. Das vom Kaiser verliehene sogenannte Interim nahm er nur in der von Melanchthon und Moritz von Sachsen umgeänderten milderen Form an. Neue Verdienste um das allgemeine Wohl erwarb sich Joachim durch seine Vermittlung beim Abschluß des Passauer Vertrages (1552) zwischen Moritz und dem Kaiser, nach welchem die Schlichtung der

Religionsstreitigkeiten einer spätern Kirchenversammlung vorbehalten bleiben sollten. Vorher hatte er im Verein mit Moritz auf kaiserlichen Befehl Magdeburg belagert, um an dieser Stadt wegen Verweigerung der Annahme des Interims die Reichsacht zu vollstrecken. Die kirchlichen Unruhen in Deutschland wurden endlich 1555 durch den **Augsburger Religionsfrieden** vorläufig beendet. Durch sein kluges Verfahren in allen diesen Streitigkeiten aber hatte sich Kurfürst Joachim ein hohes Ansehn im Reiche erworben.

[Erbvertrag wegen Liegnitz, Brieg und Wohlau. — Erwerbung des Erbfolgerechts in Preußen. — Innere Regierung Joachims II und Johanns.]

Durch Waffengewalt vergrößerte Joachim sein Gebiet nicht, dagegen schloß er 1537 mit dem Herzoge **Friedrich II** von **Liegnitz, Brieg** und **Wohlau** einen sehr wichtigen Erbvertrag ab. Im Falle des Aussterbens der herzoglichen Linie sollten die genannten Fürstenthümer an Brandenburg fallen, erlösche aber das Geschlecht der Hohenzollern, so sollten die gesammten brandenburgischen Besitzungen, welche böhmische Lehnsstücke wären, an Liegnitz kommen. Es waren dies die Lande Crossen (nebst Züllichau, Sommerfeld und Bobersberg), Cottbus mit Peitz, Zossen und Teupitz. Der König von Böhmen, als Oberlehnsherr des Herzogs, erklärte zwar diesen Vertrag für ungültig, doch mußte über zwei Jahrhunderte später Friedrich der Große die durch denselben erworbenen Ansprüche Preußens auf Schlesien mit dem Schwerte glücklich durchzufechten. Eben so wichtig für Brandenburg war, daß Joachim von Polen die Mitbelehnung über das Herzogthum Preußen und das Erbfolgerecht in diesem Lande zu erlangen wußte (1569), wovon weiter unten die Rede sein wird.

Der inneren Regierung seines Landes widmete Joachim große Sorgfalt. Handel und Gewerbe hoben sich auch unter ihm stetig. Viel that er auch für die Hebung der Rechtspflege. Weniger zu loben ist er aber wegen seines großen Aufwandes, welcher große Summen verschlang. Durch eine glänzende Hofhaltung, prachtvolle Turniere, kostspielige Feste aller Art, große und üppige Jagden that sich der Kurfürst nicht gerade vortheilhaft hervor. Auch durch seine kostspieligen Bauten legte er dem Lande bedeutende Geldopfer auf. Außer vielen Lustschlössern baute er in Berlin einen Dom, Spandau ließ er befestigen. Daher kam es, daß Joachim häufig in Geldverlegenheit gerieth. Er war dann genöthigt, sich an die Stände zu wenden, welche ihm auch häufig aushalfen, doch mußte er ihnen dafür das Versprechen geben, nichts Wichtiges ohne ihren Beirath zu unternehmen. Den unter seinem Vater vertriebenen Juden gestattete Joachim II die Rückkehr. Einer derselben, mit Namen **Lippold**, welcher ihm durch häufige Geldvorschüsse aushalf, ward von ihm sogar zum Münzmeister gemacht. Derselbe machte sich aber beim Volke durch Hochmuth und Wucher sehr verhaßt. Beliebt war dagegen der edle Kanzler des Kurfürsten, **Lambert Distelmayer**, dessen

Bemühungen auch der Kurfürst die Mitbelehnung über Preußen zu verdanken hatte.

Während aber Joachim sich durch Fröhlichkeit des Gemüthes, Gutmüthigkeit, Freigebigkeit, Milde und Versöhnlichkeit auszeichnete, war sein Bruder Johann das reine Gegentheil. Derselbe war streng und abstoßend, äußerst sparsam und haushälterisch. Seine Hofhaltung war einfach und bürgerlich, er selbst trug sich schlicht. Zu seinem Minister Barthold von Mandelsloh äußerte er, weil derselbe auch in der Woche seidene Strümpfe trug: »Barthold, ich habe auch seidene Strümpfe, ziehe sie aber nur Sonntags an.« Nichts desto weniger trug er sehr zur Hebung des öffentlichen Wohles bei; den Namen »Vater der Armen«, den man ihm gab, verdiente er in der That. Um sich von den Bedürfnissen seines Landes und Volkes selbst zu überzeugen, reiste er unerkannt umher. Beide Brüder starben im J. 1571, innerhalb zehn Tagen. Die Neumark fiel nach Johanns Tode wieder an die Kurmark zurück.

[Johann Georg 1571—1598.]

Kurfürst Johann Georg, Joachims II Sohn, zeichnete sich durch Strenge, Gewissenhaftigkeit und Sparsamkeit aus; das lustige verschwenderische Treiben an seines Vaters Hofe war ihm verhaßt gewesen, deshalb entfernte er sofort, als er zur Regierung gelangt war, die verschwenderischen Diener Joachims. Der Wucherer Lippold, welcher sich große Reichthümer erworben hatte, wurde verhaftet. Zwar konnte ihm nichts Verbrecherisches bewiesen werden, aber dennoch wurde er auf gräßliche Weise hingerichtet. Seine Glaubensgenossen wurden abermals des Landes verwiesen. Rühmlich war die Sorgfalt und der Eifer, den Johann Georg auf die Ordnung der Finanzverhältnisse verwendete. Er fand eine für die damaligen Zeiten bedeutende Schuldenlast vor. Dieselbe tilgte er durch weise Sparsamkeit unter Beihülfe der Stände, welche hierzu bedeutende Summen bewilligten. Auch für Ordnung in der Verwaltung, für Recht und Gerechtigkeit und für die Hebung des Handels sorgte der Kurfürst auf väterliche Weise. Namentlich geschah dies durch Schiffbarmachung der Flüsse. Auch legte der Kurfürst Salzwerke und Eisenhämmer an. Aber dadurch hob er die Gewerbthätigkeit besonders, daß er eine Menge betriebsamer Niederländer, welche wegen ihres Glaubens aus ihrem Vaterlande vertrieben worden waren, in seine Staaten zog und sie theils in den Flußniederungen, theils in Städten, wie Stendal, Crossen, Züllichau u. s. w. ansiedelte, wo sie sich durch Errichtung von Fabriken verdient machten. Auch das Schulwesen hob sich unter Johann Georgs Regierung nicht unbedeutend; damals wurde z. B. das Gymnasium zum grauen Kloster in Berlin gegründet, was noch bis auf den heutigen Tag blüht. Die Bauten des Kurfürsten, besonders der prächtige Schloßbau zu Berlin, trugen ihm allgemeine Bewunderung ein. Um große Politik kümmerte sich Johann Georg wenig, er richtete seine Aufmerksamkeit nur auf die Hebung des Wohlstandes und des Wohlbefindens seines Landes, doch war er keineswegs gewillt, sein Ansehen nach Außen hin geradezu vermindern zu lassen. Er that die Aeußerung: »Wirft mich jemand in den Kriegssattel, so soll er Mühe haben mich wieder herauszubringen.«

Die Grenzen des Kurfürstenthums erweiterte Johann Georg 1575 durch den Erwerb der Herrschaften Beeskow und Storkow.

Diese Herrschaften, zur Niederlausitz gehörig, hatten früher mit derselben schon unter brandenburgischer Herrschaft gestanden. Schon Friedrich II hatte die Anwartschaft darauf von der Krone Böhmens erhalten. Später hatte sie ihr damaliger Inhaber Ulrich von Bieberstein an den Bischof von Lebus, Dietrich von Bülow, verkauft. Als Abministrator des Stiftes Lebus vereinigte der Kurfürst das Ländchen mit den Kurstaaten.

Die Erbverträge mit den pommerschen Herzogen, sowie mit Sachsen und Hessen wurden unter Johann Georg erneuert. In seinem Testamente vermachte derselbe die Neumark seinem jüngern Sohne Christian. Die Marken erreichten unter Johann Georg einen Flächeninhalt von 715 □.M.

[Joachim Friedrich 1598—1608.]

Joachim Friedrich war bereits 50 Jahre alt, als er zur Regierung kam. Das von seinem Vater hinterlassene Testament, als im Widerspruche mit dem Hausgesetze des Albrecht Achilles stehend, erkannte er nicht an. Markgraf Christian ward dafür mit dem Fürstenthume Baireuth entschädigt, da der alte Markgraf Georg Friedrich von Ansbach und Baireuth keine Erben hinterließ. Derselbe schloß nämlich 1598 mit dem Kurfürsten den sogenannten Hausvertrag von Gera ab. In demselben wurde das Hausgesetz vom J. 1473 bestätigt. Die Kurwürde und die gesammte Mark Brandenburg sollten auf ewige Zeiten dem Erstgebornen des Kurhauses zukommen, ebenso nach dem Aussterben der herzoglichen Linie in Preußen dieses Herzogthum. Die Brüder des Kurfürsten sollten die Fürstenthümer Ansbach und Baireuth, der zweite Sohn desselben das Fürstenthum Jägerndorf in Schlesien (ein Besitzthum des Markgrafen Georg Friedrich) erhalten. Der letztere Theil dieses Vertrages kam nicht zur Ausführung, da der König von Böhmen Jägerndorf nach Georg Friedrichs Tode als erledigtes Lehen einzog.

Die Regierung Joachim Friedrichs ist für Brandenburg um deswillen von besonderer Bedeutung geworden, weil er die Verwaltung des Landes ganz und gar reformirte. Während nämlich früher die Regierungsgeschäfte der Kurfürsten sich darauf beschränkt hatten, die fürstlichen Rechte wahrzunehmen und die Oberaufsicht über die Angelegenheiten der einzelnen Landestheile zu führen, Geschäfte, welche sie durch Landeshauptleute und Vögte ausführen ließen, im Uebrigen aber die Stände, die städtischen Behörden und Gewerke, die Geistlichkeit (Kirche und Schule) u. s. w. ihre Angelegenheiten selbständig verwaltet hatten, hatten sich die Befugnisse der Landesherren nach Einführung der Reformation durch die Ausdehnung der Landeshoheit sehr erweitert. Mit der Sorge um die Angelegenheiten des Kirchenwesens, welche jetzt die Fürsten in ihrer Eigenschaft als oberste Bischöfe ihres Landes hatten, verknüpfte sich noch diejenige des Kriegswesens, da jetzt nicht mehr in Kriegsfällen die Ritterschaft aufgeboten ward, sondern die Werbung von Söldnern aufkam. Dazu kam, daß das Staatsgebiet, besonders nach der Erwerbung Preußens, allmählich einen Umfang erhielt, der ohnedem schon die Verwaltungsgeschäfte des Kurfürsten erheblich vermehrte. Es machte sich in Folge all dieser Umstände das Bedürfniß einer strenger geregelten und vereinfachten Verwaltung geltend und deswegen ernannte Joachim Friedrich ein stehendes Geheimrathscollegium, welchem er die Sorge für die einzelnen Theile der Verwaltung übergab (Kriegswesen, Finanzen, Handel und Gewerbe u. s. w.). Es ist diese Einrichtung die Grundlage zu der später vielfach verbesserten preußischen Staatsverwaltung geworden. —

Sonst ist auch noch aus der Regierung dieses Kurfürsten hervorzuheben, daß er durch Verordnungen der Ueppigkeit und dem Luxus in Kleidertrachten zu steuern suchte. Für das Schulwesen sorgte er unter anderm durch Gründung des Joachimsthalschen Gymnasiums, welches hernach nach Berlin verlegt ward; in der Kirche wurden unter ihm die Prozessionen abgeschafft. Seine Gemahlin Katharina war ihren Zeitgenossen ein leuchtendes Vorbild in allen weiblichen Tugenden, echter Frömmigkeit und Einfachheit. Zur Verabreichung unentgeltlicher Arzneien an arme Kranke gründete sie die noch bestehende Schloßapotheke in Berlin.

[Johann Siegismund 1608 - 1619. — Der Jülichsche Erbschaftsstreit.]
Zu beiden Seiten des Niederrheines lagen die Herzogthümer Jülich, Cleve und Berg. Mit diesen Herzogthümern waren noch die Grafschaften Mark und Ravensberg vereinigt worden. Seit 1521 hatten alle diese Länder nur einen Herrn. Nun hatte Herzog Wilhelm im Jahre 1559 mit kaiserlicher Einstimmung die Bestimmung getroffen, daß, falls männliche Erben fehlen sollten, seine sämmtlichen Lande ungetheilt der älteren Tochter und deren Erben zufallen sollten. Da nun sein einziger Sohn, welcher blödsinnig war, voraussichtlich keine Nachkommenschaft hinterließ, seine älteste Tochter aber, die Gemahlin des Herzogs Albrecht Friedrich von Preußen, die Mutter von Johann Siegismunds Gemahlin war, so war diese die rechtmäßige Erbin der jülichschen Ländermasse. Als aber der blödsinnige Herzog im J. 1609 starb, trat auch der Pfalzgraf Wolfgang Wilhelm von Neuburg als Erbe auf, indem er behauptete, er habe als Sohn der ältesten noch lebenden Tochter Herzog Wilhelms nähere Anrechte. Um den Schiedsspruch des Kaisers Rudolf II, der das Land gern für sich selbst in Besitz genommen hätte, zu umgehen, vereinigten sich zu Dortmund beide Bewerber zur einstweiligen gemeinschaftlichen Regierung, auch versprach

Johann Siegismund dem Pfalzgrafen seine Tochter. In Düsseldorf beim Verlobungsfeste brach der Streit aufs Neue aus, da der Pfalzgraf als Mitgift das ganze brandenburgische Recht auf die Erbschaft beanspruchte. Bei diesem Streite gab der Kurfürst seinem Gegner sogar eine Ohrfeige. Um sich bei den meist katholischen Bewohnern der Herzogthümer Anhang zu verschaffen, trat Wolfgang Wilhelm zum katholischen Glauben über. Dadurch gewann er auch die Unterstützung der Spanier, welche damals den südlichen Theil der benachbarten Niederlande (Belgien) besaßen. Der Kurfürst dagegen erklärte seinen schon längere Zeit vorbereiteten Uebertritt zum reformierten Glaubensbekenntniß und erlangte dadurch eine engere Verbindung mit dem reformierten Holland unter Moritz von Oranien. So kam es zum Kriege. Die jülichschen Länder wurden der Schauplatz der Kämpfe zwischen der katholischen Liga (Spanier, Bayern, Cölner) und der protestantischen Union (Holländer), bis unter Vermittlung englischer und französischer Gesandter der Vergleich zu Xanten zu Stande kam. In demselben ward ausgemacht, daß Cleve, Mark und Ravensberg an Brandenburg, Jülich und Berg dagegen an Neuburg fallen sollten. Dieser Vergleich ward in mehreren späteren Uebereinkommen (1647 zu Düsseldorf und 1666 zu Cleve) im Wesentlichen bestätigt.

[Johann Siegismunds Confessionswechsel. — Erwerbung Preußens. — Tod Johann Siegismunds.]

Man hätte glauben sollen, daß Lutheraner und Reformierte in gegenseitigem festen Zusammenhalten den Katholiken nach der Reformation gegenüber gestanden hätten. Aber dies war leider nicht der Fall. Der Haß zwischen den Anhängern dieser beiden evangelischen Bekenntnisse gegen einander war größer, als zwischen Katholiken und Protestanten. Lutherische und reformierte Prediger verfluchten und verketzerten sich gegenseitig von den Kanzeln herunter, anstatt daß sie zu gegenseitiger Liebe und Duldung hätten ermahnen sollen. Ja es war in Berlin sogar so weit gekommen, daß sich in der Nicolaikirche Geistliche von den verschiedenen Bekenntnissen geprügelt und auf offener Straße mit Steinen geworfen hatten. Wie in den meisten katholischen Ländern, so waren auch in Brandenburg die Reformierten von allen öffentlichen Aemtern ausgeschlossen. Der Kurfürst aber hatte sich innerlich allmählich zum reformierten Glauben bekehrt und trat deshalb im J. 1613 öffentlich »um der Ruhe seines Gewissens halber« zur reformierten Kirche über. Unter dem Volke entstand über diesen Glaubenswechsel eine große Aufregung. Zwar versprach Johann Siegismund, er wolle keinen Unterthanen in Glaubenssachen öffentlich oder heimlich zwingen, nichts destoweniger legte sich die Aufregung nicht so bald; an einigen Orten entstanden sogar tumultuarische Auftritte, und auch die Stände zeigten auf das Deutlichste ihre Unzufriedenheit mit dem Geschehenen. Erst ein wiederholtes Versprechen des Kurfürsten, der doch nur für sich selbst in Anspruch nahm, was er jedem seiner Unterthanen gestattete, in geistlichen Dingen keine Veränderungen weiter vornehmen zu wollen, beschwichtigte allmählich die Aufregung. Der bedeutendste Staatszuwachs, den das Kurfürstenthum jemals bis dahin erhalten hat, fand im Jahre 1618 unter Johann Siegismund statt, es war dies der des Herzogthums Preußen, von dem wir gleich ausführlicher reden werden. Johann Siegismund brachte, vom Schlage gerührt, seine letzten Lebenstage im Hause seines Kammerdieners Freitag zu, er starb im Jahre 1619. Unter ihm erreichte das kurfürstliche Staatsgebiet eine Größe von 1472 □M.

[Rückblicke. Sitten und Gebräuche in der Mark unter den ersten Hohenzollern.]

In größter Zerrüttung hatten die Hohenzollern das Land vom Kaiser Siegismund zu Lehen erhalten, aber eine Reihe trefflicher Fürsten aus diesem Hause hatte die Marken auf eine Stufe der Macht und des Ansehens erhoben, die sie nie zuvor erreicht gehabt hatten. Brandenburg nahm in Folge der Tüchtigkeit seiner Fürsten eine der ehrenvollsten Stellungen innerhalb des deutschen Reiches ein. Störungen der öffentlichen Sicherheit und des Verkehrs durch räuberischen Adel hatten nach den Zeiten der Quitzows nur vorübergehend unter Joachim I stattgefunden. Slavische Sitte und Sprache war vollständig verschwunden, auch in den östlichsten Theilen der Neumark hatte das Deutschthum die Herrschaft erlangt, nur in den Herrschaften Cottbus und Peiz hatte sich das Wendenthum erhalten und ist daselbst bis auf den heutigen Tag noch nicht ganz verschwunden. Durch die Sorgfalt der Fürsten waren Handel und Gewerbe immer mehr zur Blüthe gelangt, doch war in Folge dessen auch Luxus und Verschwendung nicht selten auch beim Bürgerstand eingerissen. Kostbare Kleider, mit Gold und Edelsteinen besetzt, waren nichts Ungewöhnliches, so daß mehrere Male Verordnungen gegen das Uebermaß des Luxus erlassen wurden. Ueppige Schmausereien auf Kindtaufen, an Hochzeiten u. s. w. waren auch jetzt noch üblich, Feuerwerke und Maskeraden stellte man mit Vorliebe an, und der kurfürstliche Hof gieng in dieser Beziehung den Unterthanen mit seinem Beispiel voran. In den Strafen zeigt sich das Zeitalter grausam und barbarisch, wozu die von Kaiser Karl V erlassene peinliche Halsgerichtsordnung nicht wenig beitrug; Foltern, Hinrichtungen durch Rädern von unten, Zerreißen von Pferden, Zwicken mit glühendem Eisen u. s. w. waren etwas Gewöhnliches. Trotzdem daß durch die Reformation das Volk gegen früher auf eine bessere Bildungsstufe gelangt war, war doch der Aberglaube noch weit verbreitet. Man glaubte an Wahrsagerei und Hexen (häufige Hexenverbrennungen), Jagd-, Spiel-, Sauf- und Lügenteufel. Joachim II selbst flüchtete einst auf den Kreuzberg, um daselbst den ihm prophezeiten Untergang Berlins abzuwarten. Auch kamen bereits die Künste der Astrologie (Sterndeuterei) und der Alchymie (Goldmacherei) auf.

III. Preußen und Brandenburg bis zum großen Kurfürsten.

[Die alten Preußen.]

Ehe wir in der Geschichte des Kurfürstenthums fortfahren, ist es nöthig, erst die des Herzogthums Preußen kurz nachzuholen.

Die alten Preußen gehörten nebst den Lithauern und Kuren zu der esthischen Völkerfamilie, welche zwar weder Germanen noch Slaven, wohl aber diesen beiden Nationen verwandt waren. Die Preußen wohnten zwischen Ostsee, Weichsel und Drewenz bis an die Grenze des späteren Lithauens und zerfielen in mehrere Stämme, deren Namen noch heutzutage in den Bezeichnungen der Landschaften, die sie inne hatten, wiederklingen. Die hauptsächlichsten waren die Pomesanier, die Pogesanier, die Warmienser (Ermland), die Natanger, die Barten (Bartenstein), die Nadrowiter (Nadrauen), die Sambiter (Samland) und Scalowiter (Schalauen). Wie andere heidnische Stämme des europäischen Nordens zeichneten sich die Preußen durch eine ungestüme und zähe Tapferkeit aus. Selten hat ein Volk seine Freiheit und Selbständigkeit mit solcher Ausdauer vertheidigt, als dies die Preußen gethan haben. Es mag dies mit dem Umstande zusammenhängen, daß ihre bürgerlichen Einrichtungen einen religiösen Charakter hatten, und daß sie mit ihrer Freiheit zugleich ihren von den Vätern ererbten Glauben vertheidigten. Ihre Hauptgötter waren Perkunos, der Gott des Lichtes, Potrimpos, der Fruchtbringende und Pilullos, der Schreckenbringende. Diese drei wurden in einem heiligen Haine zu Romow verehrt. Die heiligen Feste fielen mit dem Wechsel der Jahreszeiten zusammen. Besonders Wälder und Seen waren den Gottheiten geweiht. Auch bei den Preußen zogen die Priester, wie bei den Germanen, mit in den Kampf und feuerten die Streitenden zur Tapferkeit an. Ueberhaupt spielten die Priester bei den Preußen eine Hauptrolle, sie hatten als Richter und Gesetzgeber mehr Einfluß als die Fürsten und hielten in dem Volke den Fanatismus für den alten Glauben rege.

[Bekehrungsversuche der Preußen. — Der deutsche Orden.]

Die ersten Bekehrungsversuche der Preußen wurden vom heiligen Adalbert, Bischof von Prag, unternommen, aber sie scheiterten an der kriegerischen Wildheit des Volkes; Adalbert wurde im J. 997 vor Culm erschlagen. Keinen besseren Erfolg hatte Bruno von Querfurt, der im J. 1009 mit 18 seiner Gefährten im Osten des Landes getödtet ward. Indem es sich auch die polnischen Fürsten angelegen sein ließen, das Christenthum und damit ihre Herrschaft unter den Preußen zu verbreiten, geriethen sie mit denselben in heftige Kämpfe. Das Kriegsglück schwankte zwischen den beiden Völkern hin und her, als es den Preußen im Anfange des 13ten Jahrhunderts sogar gelang, eins der polnischen Theilfürstenthümer, Masovien, zum Tribut zu zwingen Unterdessen war in dem Lande westlich der Weichsel, in Pommerellen, das Kloster Oliva (bei Danzig) gegründet worden. Von hier aus suchte der Mönch Christian das Christenthum auch jenseit der Weichsel auszubreiten. Pabst Innocenz III ernannte ihn daher 1214 zum ersten Bischof in Preußen. Aber Christian gewann bald die Ueberzeugung, daß das Heidenthum der Preußen nur mit dem Schwert vertilgt werden könne. Deshalb wandten sich Herzog Konrad von Masovien, dessen Land durch die Plünderungen der Preußen fortwährend zu leiden hatte, und Bischof Christian an den Hochmeister des deutschen Ordens Hermann von Salza (Langensalza) um Hülfe.

Der deutsche Orden war im J. 1190 in Palästina gegründet worden. Er sollte nach dem Vorbilde der Templer und Johanniter die Vertheidigung des heiligen Landes gegen die Ungläubigen mit der Pflege kranker Pilger verbinden.

Unter dem Hochmeister Hermann von Salza war dieser Orden zu großem Ansehn gelangt, sein Hauptsitz aber nach Venedig verlegt worden, weil die Ungläubigen Palästina den Christen bereits wieder entrissen hatten. Gern nahm daher der Hochmeister den Vorschlag Christians und Konrads entgegen, Ritter zu den Preußen zur Bekehrung derselben zu senden, weil er voraussah, daß sich daselbst dem Orden ein weites Feld erfolgreicher Thätigkeit aufthun werde. Unter dem tapfern Hermann Balk sendete Hermann von Salza zunächst eine kleine Anzahl von Ordensmitgliedern, welche sich das ihnen von Konrad geschenkte Culmerland erst von den Preußen erobern sollten. Die deutschen Ordensbrüder trugen auf dem weißen Mantel ein schwarzes Kreuz, woran noch jetzt die preußischen Farben erinnern. Durch Wiedererbauung zerstörter Burgen, wie Culm, und durch Gründung neuer, wie Thorn, Marienwerder, Elbing u. s. w., suchten sich die Ritter zunächst einen sichern Halt zu verschaffen. Darauf begannen sie im J. 1233 gegen die Preußen den Krieg. Bei der verzweifelten Gegenwehr derselben dauerte es fünfzig Jahre (bis 1283), ehe das ganze Preußenland unterworfen und mit Gewalt zum Christenthume bekehrt worden war. Zahlreiche Schaaren deutscher Adliger mit ihren Reisigen hatten den Orden bei der Besiegung der Heiden unterstützt.

[Blüthe und Verfall des deutschen Ordens.]

Nach der Unterwerfung Preußens erhielt dieses Land sehr bald durch zahlreiche Einwanderungen von Kolonisten aus allen Gauen des deutschen Reiches ein durchaus deutsches Gepräge. Städte und Dörfer wurden gegründet und bald sproßte ein neues frisches Leben auf den Trümmern des untergehenden preußischen Volkes. Besonders waren es die Städte, welche unter dem Schutze des Ordens zu großer Macht und Wohlhabenheit gediehen. Nach Christians Tode wurde 1243 das Land in drei Bisthümer eingetheilt, nämlich Culm, Pomesanien und Ermland, wozu später noch ein viertes kam, Samland. Nun wurde auch der Hauptsitz des Ordens von Venedig (und Marburg) nach Preußen verlegt und zwar in die seit dem J. 1276 erbaute prachtvolle Marienburg (1309). Hier wohnte nun der Großmeister mit seinem Hofstaat, hier wurden auch die Hauptversammlungen der Ordensritter (Capitel) abgehalten. Der Hochmeister regierte als Landesherr unter Beirath des Ordenscapitels. Die obersten Beamten waren die Comthure. Die glänzendste Zeit des Ordens in Preußen war unter Winrich von Kniprode (1351—1382). Unter ihm fand eine musterhafte Verwaltung des Landes Statt, Ackerbau, Volksbildung und Rechtspflege machten große Fortschritte. Aber bald traten auch schon Zeichen des Verfalles ein. Stolz und Ehrsucht griff unter den Mitgliedern des Ordens um sich, je höher derselbe an Macht stieg; die alte Demuth verschwand und Zänkereien und Intriguen traten an die Stelle der Einigkeit. Verschwendung, Lüderlichkeit und Widerspenstigkeit gegen den Ordensmeister trat allenthalben hervor. Adel und Städte schlossen unter sich Bündnisse zur Erkämpfung größerer Freiheiten und bereiteten auf diese Weise dem Orden gefährliche Verlegenheiten. Unterdessen hatte derselbe zwar auch das Land westlich der Weichsel (Pommerellen) gewonnen, wozu hundert Jahre später noch die Neumark kam, aber die Lithauer vermochte er in einem länger als hundert Jahre währenden Kampfe nicht zu unterwerfen. Als nun vollends 1386 Polen und Lithauen unter Wladislaw Jagiello zu einem Reiche vereinigt wurden, war dem Orden jede Aussicht auf Unterwerfung Lithauens benommen. Durch die große Schlacht bei Tannenberg (1410), welche er gegen Polen verlor, gerieth er bereits an den Rand des Verderbens. Indessen traten die Partheiungen innerhalb des Ordens immer gefahrdrohender zu Tage. Durch einen großen Bund der Städte, welcher mit Polen gemeinschaftliche Sache machte, bedrängt, vom deutschen Reiche ohne Hülfe gelassen, sah sich die Ritterschaft endlich zur Unterwerfung unter Polen genöthigt. Im Frieden zu Thorn (1466) war sie gezwungen, Westpreußen mit Danzig, Thorn, Elbing, Marienburg und Ermland an Polen abzutreten und für Ostpreußen die Lehnsoberhoheit dieses Reiches anzuerkennen.

[Preußen als weltliches Herzogthum. — Anfall Preußens an Brandenburg.]

Durch die Wahl deutscher Fürstensöhne zu Hochmeistern suchten von jetzt an die Ritter das Interesse deutscher Fürstendynastien für ihre Sache zu erwerben. Deswegen wählten sie im Jahre 1511 den Markgrafen **Albrecht von Brandenburg-Ansbach** zum Hochmeister, den Enkel Albrechts Achilles. Auf die Hülfe vertrauend, welche ihm der Kaiser versprochen, verweigerte Albrecht dem Könige von Polen den Lehnseid, war aber in dem Kriege, welcher nun entbrannte, nicht glücklich. Auf einer Reise, welche Albrecht nach Deutschland unternommen hatte, um daselbst Bundesgenossen zu suchen, rieth ihm Luther, welchen der Hochmeister in Wittenberg aufsuchte, Preußen in ein weltliches Herzogthum zu verwandeln. Diesen Rath befolgte Albrecht. Im Jahre 1525 wurde Albrecht zu Krakau als erblicher weltlicher Herzog mit Preußen vom König von Polen belehnt. Da auch in Preußen die neue Lehre bereits zahlreiche Anhänger gefunden hatte, so sah das preußische Volk diese Veränderung gern. Der Ritterorden ward aufgelöst und seine Mitglieder wurden durch Ländereien entschädigt. Auf Herzog Albrecht folgte in der Regierung des Herzogthums sein Sohn **Albrecht Friedrich** 1568. Da außer diesem von der fränkischen Linie der Hohenzollern nur noch ein Bruder Herzog Albrechts am Leben war, so suchte Kurfürst **Joachim II von Brandenburg**, auf den Rath seines Kanzlers **Lambert Diestelmayer**, von Polen die Mitbelehnung über Preußen zu erlangen, was trotz der Schwierigkeiten, die Polen machte, endlich besonders auch durch Bestechungen polnischer Reichstagsmitglieder gelang. Nun war aber Albrecht Friedrich, nachdem er sich mit der Prinzessin **Marie Eleonore von Jülich-Cleve-Berg** verheirathet hatte, in unheilbaren Blödsinn verfallen, deswegen ward ihm vom König von Polen in der Person seines Oheims, des Markgrafen **Georg Friedrich**, ein Vormund bestellt, welchem nach dessen Tode Kurfürst Joachim Friedrich und nach dessen Hinscheiden Johann Siegismund in der Vormundschaft folgte. Im Jahre 1611 wurde Johann Siegismund nebst seinen Brüdern förmlich mit Preußen belehnt und als im Jahre 1618 Herzog Albrecht Friedrich, ohne Erben zu hinterlassen, starb, ward das Herzogthum Preußen für immer mit dem Kurstaate Brandenburg vereinigt.

[Georg Wilhelm 1619—1640. — Söldnerwesen.]

Als **Georg Wilhelm**, Johann Siegismunds Sohn, zur Regierung gelangte, war eben der Krieg ausgebrochen, der Deutschland dreißig Jahre lang verwüsten sollte. In solchen Zeiten ist es ein Unglück, wenn ein Fürst an der Spitze eines Landes steht, der den schwierigen Verhältnissen in keiner Weise gewachsen ist. Ein solcher Fürst war Georg Wilhelm. Ohne jede Energie wußte er niemals, wenn eine Forderung an ihn herantrat, eine rasche Entscheidung zu treffen, unentschieden schwankte er zwischen den verschiedenen Partheien hin und her, zum Nachtheil des Landes. Eifrig reformiert besaß er ohnedies nicht die volle Liebe seiner lutherischen Unterthanen, welche immer noch wegen des Uebertrittes des Kurhauses zum reformierten Glauben verstimmt waren. Sein Rathgeber, der katholische österreichisch gesinnte **Adam von Schwarzenberg**, stand an der Spitze der Geschäfte, während der Kurfürst mehr den Freuden der Tafel oblag. Daß Georg Wilhelm nicht im Stande war, seinem Lande auch nur die nöthigste Sicherheit zu verschaffen, zeigte sich gleich am Anfange seiner Regierung, indem er nicht vermochte, die Mark und besonders seine Residenzstadt

Berlin vor dem Unfug englischer Söldnerschaaren, welche dem neuerwählten Könige Friedrich von Böhmen zu Hülfe zogen, zu schützen. Nach der Erfindung des Schießpulvers und Anwendung desselben im Kriege hatten nämlich die gepanzerten Ritterheere ihre Bedeutung verloren und das Fußvolk war mehr in den Vordergrund getreten. In Folge dessen diente die Ritterschaft meistens nicht mehr selbst, sondern schickte bei etwaigem kriegerischen Aufgebot gewöhnlich des Waffendienstes ungewohnte Leute als Stellvertreter, oder fand sich auch mit Geld ab. Mit diesem Gelde warben die Fürsten nun Söldnerschaaren, welche den Krieg als ihren Beruf ansahen (Kriegshandwerk). Wurden solche Söldner nach Beendigung eines Krieges wieder entlassen, so kehrten sie meistens nicht wieder zu ihren früheren Beschäftigungen zurück, sondern trieben sich, an eine ungebundene Lebensweise gewöhnt, raubend und stehlend im Lande umher. Am berühmtesten von allen Söldnern wurden die sogenannten deutschen Landsknechte. Auf welche Weise in Brandenburg das Söldnerwesen einem andern Systeme Platz machte, werden wir weiter unten sehen.

[Ursache des dreißigjährigen Krieges; Ausbruch desselben.]

Durch den Augsburger Religionsfrieden war die Spannung zwischen den Katholiken und Protestanten in Deutschland nicht beseitigt worden. Die katholische Parthei hatte das Bestreben, den verlornen Einfluß wieder zu gewinnen. In diesem Bestreben wurde sie wesentlich unterstützt durch den von dem Spanier Ignaz von Loyola gegründeten Jesuitenorden, der es sich zur Aufgabe machte, die protestantischen Länder wieder zum Katholizismus zurückzuführen. Die Jesuiten wußten sich in alle einflußreichen Stellen in den verschiedenen deutschen Ländern, deren Fürsten katholisch waren, einzudrängen und übten bald einen verderblichen Einfluß aus. Besonders machte sich derselbe beim Kaiser selbst bemerkbar. Bald begannen die Unterdrückungen evangelischer Unterthanen von Seiten katholischer Fürsten. Die protestantischen Fürsten hatten sich deshalb bereits im J. 1608 zu einem Bunde vereinigt, der sogenannten Union, welcher die evangelischen Rechte gegen die Uebergriffe der katholischen Fürsten und des Kaisers vertheidigen sollte. Diesem Bunde trat bald darauf der katholische Bund der Liga gegenüber unter Anführung des Herzogs Maximilian von Bayern. So stand man sich kampfgerüstet gegenüber und es bedurfte nur eines Funkens, um den Zwiespalt zur hellen Flamme anzufachen. Der Krieg brach im Jahre 1618 in Böhmen aus.

Die protestantischen Böhmen hatten vom Kaiser Rudolf II den sogenannten Majestätsbrief erhalten, in welchem ihnen freie Religionsübung zugestanden worden war. Diesen Majestätsbrief hatte auch Rudolfs Nachfolger, Kaiser Matthias, bestätigt. Nichtsdestoweniger waren gegen den klaren Inhalt des Briefes auf Befehl des Erzbischofs von Prag die neugebauten protestantischen Kirchen zu Klostergrab und

Braunau jene niedergerissen, diese geschlossen worden. Auf ein Bittschreiben folgte eine harte Antwort von dem Kaiser. Weil man aber glaubte, der Kaiser wisse von derselben nichts, sondern sie rühre von den kaiserlichen Räthen zu Prag her, drang den 23. Mai 1618 ein bewaffneter Haufe von Abgeordneten der protestantischen Stände und von Prager Bürgern auf das Schloß zu Prag (Hradschin) und warf in seiner Erbitterung nach altböhmischer Sitte die kaiserlichen Räthe Martinitz und Slawata, nebst dem Secretair Fabricius Platter zum Fenster hinaus in den Schloßgraben, ohne daß dieselben bedeutende Beschädigungen davon getragen hätten. Dies Ereigniß sieht man als den Ausbruch des dreißigjährigen Krieges an, der vom Jahre 1618 bis 1648 Deutschland auf das Gräßlichste verwüstete.

[Siege der Katholiken; Georg Wilhelms Partheilosigkeit.]

Die Böhmen sagten sich nun von Oesterreich los, besonders weil sie von Matthias' Nachfolger, dem eifrig katholischen Kaiser Ferdinand II, noch ärgere Bedrückungen erwarteten. Zu ihrem König erwählten sie das Haupt der Union, den Kurfürsten Friedrich V von der Pfalz. Der Kaiser aber wandte sich um Hülfe an die Liga. Während aber Friedrich mit nutzlosem Gepränge in Prag die Zeit vergeudete, rückte Maximilian von Bayern mit einem ligistischen Heere heran und schlug 1620 den neuen böhmischen König in der Schlacht am weißen Berge bei Prag. Schrecklich war das Blutgericht, welches über das unglückliche Böhmen verhängt ward. Viele hervorragende Männer wurden öffentlich hingerichtet, an 30,000 Familien wanderten aus; viele von ihnen wandten sich auch nach Preußen. Wer zurückblieb mußte den katholischen Glauben annehmen. Der Majestätsbrief ward von Ferdinand eigenhändig zerschnitten. König Friedrich floh geächtet über Breslau nach Küstrin, von hier begab er sich nach Berlin. Aus Furcht vor dem Kaiser nahm ihn Georg Wilhelm nur ungern auf, bis er ihm, durch die Drohungen Ferdinands geschreckt, das Gastrecht aufkündigte. Friedrich floh nun nach Holland.

Nun nahmen sich Markgraf Georg Friedrich von Baden Durlach, Herzog Christian von Braunschweig, Graf Ernst von Mansfeld und Christian IV, König von Dänemark, der Sache des vom Kaiser bedrohten Protestantismus an. Aber die trefflichen katholischen Feldherren Tilly, General der Liga, und Wallenstein, General des Kaisers selbst, führten den Krieg siegreich. Markgraf Georg Friedrich ward 1622 bei Wimpfen von Tilly geschlagen, ebenso Herzog Christian bei Höchst. Dann drangen die katholischen Heere nach Norddeutschland vor und Wallenstein besiegte 1626 den Grafen Ernst an der Dessauer Elbbrücke und Tilly den König Christian in demselben Jahre bei Lutter am Barenberge. Ja Wallenstein drang sogar in Jütland ein und zwang den König Christian zum Frieden. Da es ganz offenbar war, daß das Unterliegen der protestantischen Fürsten

die Sache der evangelischen Religion schädigen mußte, so wäre es wohl
für die beiden mächtigsten evangelischen Fürsten Deutschlands, die Kurfürsten von Sachsen und Brandenburg, an der Zeit gewesen, ihre Glaubensgenossen zu unterstützen. Dieselben blieben aber unthätig. Georg Wilhelm schwankte in seinen Entschlüssen hin und her. Es ist das jedenfalls
dem Einflusse des katholischen Adam von Schwarzenberg zuzuschreiben,
der den schwachen Fürsten endlich zur Partheilosigkeit zu überreden wußte.

[Heimsuchung der Marken; Unterdrückung des Protestantismus.]

Obgleich der Kurfürst bis jetzt neutral geblieben war, so hatte doch
die Mark Brandenburg schon mannichfache Trübsale durch Kriegsnoth
zu erdulden gehabt. Freilich war es gar nicht möglich, daß dieselbe als
ein Theil des deutschen Reiches bei einem Kriege verschont bleiben konnte,
der das ganze Reich erschütterte, auch wenn ihr Fürst nicht selbst kämpfend
Parthei nahm. Ja die Partheilosigkeit Georg Wilhelms war für das
Land schlimmer, als wenn er wirklich Parthei ergriffen hätte; da er nicht
die Macht hatte, fremde Truppen von dem Einmarsch in seine Staaten
abzuhalten, so kehrten sich die streitenden Theile auch nicht an seine Neutralität, sondern behandelten die Marken mehr als Feindes- denn als
Freundesland. König Christian IV ließ, ohne sich an des Kurfürsten
Stellung zu kehren, ein Heer durch das Kurfürstenthum nach Schlesien
ziehen, ebenso drang Wallenstein mit seinen Schaaren in das Brandenburgische ein. Auch der König von Schweden, Gustav Adolf, der damals gegen Polen Krieg führte, erkannte keine Neutralität des Kurfürsten an, zumal derselbe für Ostpreußen Polens Vasall sei, und durch-
zog ostpreußisches Gebiet. Nur hielt er bessere Mannszucht als Christian IV, Mansfeld und Wallenstein, deren Schaaren gleich Barbaren
hausten. Schon damals giengen eine Masse Dörfer in Flammen auf
und ungeheure Summen wurden den Bewohnern abgepreßt. Der Kurfürst hatte nur rührende Beschwerden, die nichts halfen. So war das
Kurfürstenthum unter einem schwachen Fürsten hülflos den Bedrückungen
fremder Kriegsvölker Preis gegeben. Als die Kaiserlichen das Uebergewicht über ihre Gegner gewannen, wurde der Kurfürst geneigt, sich
denselben anzuschließen. Zu einem festen Entschluß konnte er aber auch
jetzt noch nicht kommen.

Nach der völligen Unterwerfung seiner Gegner trat der Kaiser un-
verhohlen mit seinen Planen hervor. Er wollte die kaiserliche Gewalt
über Deutschland in eine unumschränkte und erbliche umwandeln und die
katholische Religion wieder zur Herrschaft bringen. Zu diesem Zwecke
gab er 1629 das sogenannte Restitutionsedict, nach welchem alle
seit dem Passauer Vertrage von 1552 eingezogenen früher katholischen
Kirchengüter der katholischen Kirche zurückgegeben werden sollten. Auch
Georg Wilhelm war durch dies Edict bedroht, da es sich bei ihm um
die Rückgabe der Bisthümer Brandenburg, Havelberg und Lebus handelte, zahlreicher Klöster und Kirchen nicht zu gedenken. Zu spät aber

sah er jetzt ein, welche Absichten der Kaiser auf Deutschland hatte. Dem Restitutionsedict sollte bald die Ausführung desselben folgen. Schon ward dasselbe an vielen Orten auf Befehl des Kaisers mit Waffengewalt durchgeführt und das ganze protestantische Deutschland war mit dem Untergang bedroht, als ein fremder König den verzweifelnden Protestanten Rettung brachte.

[Gustav Adolf; sein Bündniß mit Georg Wilhelm.]

Gustav Adolf, König von Schweden, landete 1630 auf der kleinen Insel Ruden an der pommerschen Küste mit 15000 Mann. Er war von dem glühenden Streben beseelt, die Sache seiner evangelischen Glaubensgenossen in Deutschland zu retten. Freilich verfolgte er auch den Plan, sich daselbst eine Herrschaft zu gründen, aber er mochte dieselbe in Deutschland zur Aufrechthaltung des Protestantismus für nöthig halten. Mögen aber auch seine Absichten gewesen sein, welche sie wollen, für uns Protestanten ist er der Retter unseres Glaubens gewesen, und uns ist er daher der protestantische Glaubensheld, dem wir in dankbarer Erinnerung für immer verpflichtet sind.

Als Gustav Adolf den deutschen Boden betreten, fiel er auf die Knie, dankte Gott für die glückliche Ueberfahrt und erflehte seine weitere Hülfe. Bald hatte er ganz Pommern den Kaiserlichen wieder abgenommen und die mecklenburgischen Herzoge, welche Wallenstein vertrieben, wieder eingesetzt. Darauf eroberten seine Truppen die Neumark. Der König hatte gehofft, daß sich die protestantischen Reichsfürsten sofort an ihn anschließen würden. Aber darin hatte er sich getäuscht. Die Uebermacht des Kaisers erschien denselben zu groß, als daß sie an Erfolge des schwedischen Königs glaubten. Auch die Kurfürsten von Brandenburg und Sachsen, welche Gustav Adolf zum Bündnisse aufforderte, giengen aus Furcht vor dem Kaiser nicht auf seine Anträge ein. Sie wollten getrennt von dem Kaiser und den Schweden in einen besondern Bund zusammentreten. Unterdessen aber belagerte der ligistische General Tilly das protestantische Magdeburg, welches sich den Schweden angeschlossen. Gustav Adolf wäre den Magdeburgern gern zu Hülfe geeilt, aber er konnte nicht wagen den Kurfürsten von Brandenburg und Sachsen mit ihren Festungen in seinem Rücken zu lassen. Deswegen zog er vor Berlin und nöthigte den schwankenden Georg Wilhelm mit Gewalt, ihm die Festung Spandau zu übergeben. Währenddem hatte aber Tilly die Stadt Magdeburg, die sich auf das Tapferste vertheidigte, mit Sturm genommen und auf das Schrecklichste zerstört. Die ganze Stadt war in Flammen aufgegangen, und 30000 Bewohner hatten ihren Untergang gefunden. Erschreckt über solches Schicksal einer evangelischen Stadt schloß endlich Gustav Adolfs Schwager, Kurfürst Georg Wilhelm, zur Rettung der evangelischen Sache einen förmlichen Bundesvertrag mit den Schweden ab. Graf Schwarzenberg wurde einstweilen vom Hofe entfernt und nach Holland geschickt. Diesem Bündnisse trat auch der Kurfürst von Sachsen bei. Bei **Breitenfeld**, unweit Leipzig, kam es bald darauf 1631 zur Schlacht zwischen den Verbündeten und Tilly. Derselbe wurde vollständig geschlagen und mußte nach Süddeutschland zurück.

[Gustav Adolfs Kriegszüge durch Deutschland; sein Tod.]

In raschem Siegeszuge eilte Gustav Adolf durch Thüringen nach Süddeutschland, überall ward er von der evangelischen Bevölkerung mit unermeßlichem Jubel als Retter begrüßt, überall thaten sich die Pforten der geschlossenen evangelischen Kirchen wieder auf. Nachdem der König Franken und Schwaben erobert, erzwang er den Uebergang über den Lech gegen Tilly, welcher hier seinen Tod fand, vertrieb den Herzog Maximilian, welcher vom Kaiser an Friedrichs V Stelle zum Kurfürsten erhoben war, aus seiner Hauptstadt **München** und bedrohte sogar **Wien**. Da in seiner Noth wandte sich der Kaiser wieder an Wallenstein, welcher auf Betrieb Maximilians und anderer deutscher Fürsten, welche gefürchtet hatten, der Kaiser möchte durch ihn zu mächtig werden, 1630 des Oberbefehls über die kaiserlichen Truppen enthoben worden war. Rasch hatte der erprobte General ein Heer von 40000 Mann geworben und zog dem Schwedenkönig entgegen. Beide standen sich drei Monate bei **Nürnberg** gegenüber, dann zog Gustav Adolf wieder nach Bayern, Wallenstein aber nach Sachsen, welches Land er auf das Gräßlichste plünderte. Durch die Bitten seines Bundesgenossen, des Kurfürsten von Sachsen, bewogen, kam Gustav Adolf mit seinem Heere Wallenstein nach, um die Kaiserlichen aus Sachsen zu vertreiben. So kam es 1632 bei **Lützen** zur entscheidenden Schlacht. Der König führte seine Truppen selbst an. An der Spitze eines Reiterregimentes traf ihn eine tödtliche Kugel. Er fiel, nochmals getroffen, vom Pferde. Aber sein Tod entflammte die Seinen zur grimmigsten Wuth, unwiderstehlich stürmten sie gegen die Kaiserlichen an und der Sieg neigte sich auf ihre Seite. Aber er war mit dem Tode des Heldenkönigs zu theuer erkauft. Wie ein Donnerschlag tönte die Kunde durch Deutschland, daß der Retter und Versechter des evangelischen Glaubens gefallen. Seine Leiche brachte man später nach Schweden. Ein Denkmal an der Stelle seines Todes mahnt uns bis auf den heutigen Tag, den König in dankbarer Erinnerung zu behalten, der für unser Heiligstes den Tod erlitten.

Gustav Adolf war ein großer Feldherr, ausgezeichnet durch Umsicht, Muth und Entschlossenheit, ein frommer Mensch, voll Demuth und Gottvertrauen, leutselig, einfach und sittenrein. Nichts begann er, ohne zuvor den Segen des Höchsten zu erflehen. Vor jeder Schlacht kniete er mit seinem Heere nieder und empfahl Gott seine Seele. Er war ein König vom Kopf bis zum Fuß, Schwedens größter Herrscher.

[Der Prager Friede. — Georg Wilhelms Tod.]

Nach Gustav Adolfs Tode trat Herzog **Bernhard von Weimar** an die Spitze des schwedischen Heeres, die diplomatischen Angelegenheiten aber lenkte der kluge Kanzler Axel Oxenstierna. Trotz seiner Klugheit vermochte derselbe nicht, die evangelischen Fürsten dauernd an Schweden zu fesseln. Die Schweden, welche nach der Schlacht bei Lützen fast ganz Süddeutschland wiedererobert hatten, wurden nämlich im J. 1634 bei Nördlingen wieder von den Kaiserlichen geschlagen und mußten nach Norddeutschland zurück. Da sich so die Wagschale des Krieges wieder auf die Seite des Kaisers zu neigen schien, so sagte sich Kurfürst Johann Georg von Sachsen von dem evangelischen Bündnisse los und trat 1635 im Frieden zu Prag auf die Seite Ferdinands. Dafür trat ihm dieser die beiden Lausitzen als böhmische Lehen ab. Wohl wäre es jetzt für Brandenburg an der Zeit gewesen, Sachsens Stelle einzunehmen, an die Spitze der evangelischen Stände Deutschlands zu treten, und so die bedrängte Sache zu retten, aber Georg Wilhelm war viel zu ängstlich und unentschlossen, er trat vielmehr auf den Rath des wieder zurückgekehrten Schwarzenberg dem Prager Frieden bei und ließ auf diese Weise auch seinerseits die evangelische Sache im Stich. Bei dieser Gelegenheit wurde übrigens dem Kurfürsten die Anwartschaft auf Pommern abermals bestätigt.

Schrecklich trieben es jetzt dafür die Schweden unter Banner, als sie nach dem Siege bei Wittstock in der Priegnitz wieder das Uebergewicht in Norddeutschland erhalten hatten, in den Landen des abgefallenen Kurfürsten. Städte, Dörfer und Kirchen wurden verbrannt, die Einwohner unter den ausgesuchtesten Martern (Schwedentrank) alles Eigenthums beraubt. Dazu wüthete Hungersnoth und Pest. Hausten aber die Schweden als Feinde auf das Aergste, so trieben es die Kaiserlichen als Freunde nicht besser, die Leiden der unglücklichen Bewohner der Marken stiegen auf einen Grad, den sie weder früher erreicht hatten, noch jemals nachher wieder erreicht haben. In der höchsten Noth flüchtete 1639 der Kurfürst nach Preußen, doch starb er schon das Jahr darauf, zum Glück für das Land. Seine Regierung hat nur Unglück über Volk und Land gebracht; sein Hauptfehler war aber nur der, daß er den Zeitverhältnissen nicht gewachsen war. Ein Segen für Brandenburg war es, daß die göttliche Vorsehung dem schwachen Vater einen starken Sohn geschenkt hatte, welcher die schrecklichen Folgen des dreißigjährigen Krieges durch eine weise Regierung wieder auszugleichen mußte.

Dritter Abschnitt.

Geschichte des Brandenburg-Preußischen Staates vom großen Kurfürsten bis zu Friedrich dem Großen.

I. Friedrich Wilhelm der große Kurfürst, 1640—1688.

[Friedrich Wilhelms Jugend.]

Friedrich Wilhelm, Georg Wilhelms Sohn und Nachfolger, war am 16. Februar 1620 zu Berlin geboren. Unter der Leitung seiner vortrefflichen Mutter erhielt er eine sehr sorgfältige, auf echt religiösen Grundlagen beruhende Erziehung. Dieselbe ward am Hofe des Herzogs von Pommern vervollständigt. Als er das Alter von vierzehn Jahren erreicht hatte, ward er zu seiner weitern Ausbildung nach Holland gesendet. Hier bezog er im J. 1634 die Universität Leyden, doch wurden seine Studien daselbst leider bald durch das Auftreten der Pest gestört; später lebte er besonders zu Arnheim und im Haag und genoß hier den Umgang geistreicher Männer, welche auf seinen Charakter veredelnd einwirkten. Holland stand damals in jeder Beziehung in der Zeit seiner Blüthe, kein Land Europas kam ihm gleich an Reichthum, blühendem Handel, Kunst und Wissenschaft, nirgends war der Gemeinsinn und Patriotismus, hervorgerufen durch die langen Freiheitskämpfe gegen die spanischen Unterdrücker, so ausgebildet, wie hier. So war die holländische Republik ein redendes Beispiel, was auch ein kleines Volk durch weise Benutzung seiner Hülfsquellen und aufopfernde Hingabe seiner Bürger zu leisten vermag. Natürlich war es demnach, daß sich in diesem Lande dem Kurprinzen eine Fülle nützlicher Beobachtungen darbot, welche zu verwerthen er später, nachdem er zur Regierung gelangt war, wohl verstanden hat. Nun hatte allerdings der ungemeine Reichthum in den Städten der Niederlande theilweise ein üppiges und schwelgerisches Leben hervorgerufen, aber um so mehr war auf diese Weise dem jungen Prinzen Gelegenheit geboten, seine Willenskraft gegen die Verlockungen jugendlicher Leidenschaften zu stählen. Und diese Gelegenheit benutzte er: er lernte sich beherrschen. Auch im Kriegsdienst übte sich der Kurprinz in den Niederlanden. Die Kämpfe gegen die Spanier waren nach Ablauf eines zwölfjährigen Waffenstillstandes im Jahre 1621 wieder aufgenommen worden und währten ununterbrochen bis zum allgemeinen westfälischen Frieden. Nun kehrte Friedrich Wilhelm, obwohl er gern noch länger in Holland verweilt hätte, auf Schwarzenbergs Betrieb in sein Vaterland zurück und trat nach seines Vaters Tode den 20. November 1640 die Regierung des Kurstaates an.

[Friedrich Wilhelms erste Regierungshandlungen: seine Vermählung.]

Wie wir sehen, waren die brandenburg-preußischen Länder bei Friedrich Wilhelms Regierungsantritt in der allertraurigsten Verfassung. Der Kurfürst fand Schwierigkeiten vor, die zu überwinden zu groß für die Kräfte eines Einzelnen schienen. Aber sein kühner Heldenmuth, sein eiserner Wille, seine trotz seines jugendlichen Alters tiefe Menschenkenntniß, seine Kunst aus allen, auch den scheinbar ungünstigsten, Verhältnissen für sich den größtmöglichsten Vortheil zu ziehen, machten es ihm möglich, alle ihm entgegen stehenden Schwierigkeiten zu überwinden und den Staat im Laufe seiner Regierungsjahre auf eine Höhe und Macht zu erheben, welche im J. 1640 niemand für möglich gehalten hätte.

Durch die schwankende und unselbständige Politik Georg Wilhelms war das kurfürstliche Ansehen nach Innen und Außen ungemein gesunken. Um dasselbe wieder zu heben, war es nöthig, daß der Kurfürst seinem Willen und seinen Befehlen nöthigen Falls mit Gewalt Geltung zu verschaffen vermochte. Dazu brauchte er aber Soldaten. Nun standen in den verschiedenen Festungen des Landes zwar brandenburgische Truppen, dieselben waren aber mit ihrem Eide dem Kaiser, und dem Kurfürsten nur nebenbei durch Handschlag verpflichtet, es waren dies also vielmehr kaiserliche als kurfürstliche Truppen. Friedrich Wilhelm befahl allen Befehlshabern, die Truppen für ihn allein in Eid zu nehmen; diejenigen, welche dem Befehl zuwider waren, wurden entlassen. Zwar mißbilligte Schwarzenberg diesen Schritt, allein schon hatte er einsehen gelernt, daß die Zeit seines allmächtigen Einflusses auf die brandenburgischen Verhältnisse vorüber sei. Uebrigens starb Schwarzenberg bereits im J. 1641, ehe er noch völlig in Ungnade gefallen war. Seine Gesinnungsgenossen, die Commandanten Rochow zu Spandau, Goldacker zu Peiz u. s. w., verließen die kurfürstlichen Lande, worauf Friedrich Wilhelm ihre wichtigen militärischen Posten den Händen treuer Anhänger anvertraute. Der Kurfürst bildete nun zunächst eine Truppenmacht von allerdings nur 3000 Mann, aber es war dies das erste stehende Heer in Brandenburg und nur von ihm allein abhängig. Hiermit wurde Friedrich Wilhelm der erste Gründer des preußischen Heeres, denn aus diesen 3000 Mann hat sich allmählich im Laufe der Zeiten die preußische Heeresmacht, einer der Hauptpfeiler des Staates, herausgebildet.

Im J. 1647 vermählte sich der Kurfürst. Gustav Adolf hatte einst den Plan gehabt, seine einzige Tochter Christine mit dem damaligen Kurprinzen zu verheirathen. Wäre dies geschehen, so wäre Friedrich Wilhelm auf den schwedischen Thron gelangt. So glänzend diese Stellung für ihn gewesen wäre, so wäre es doch sehr zweifelhaft gewesen, ob diese Vereinigung Brandenburgs mit Schweden Deutschland zum Segen gereicht hätte. Aber Christine war jeder Ehe abgeneigt, und so wählte Friedrich Wilhelm die Prinzessin Luise Henriette von Oranien (geb. 17. November 1627), eine Frau, ausgezeichnet durch wahre Frömmigkeit, klaren Verstand und Schönheit, mit welcher er in der glücklichsten Ehe lebte.

[Die letzten Jahre des dreißigjährigen Krieges; westfälischer Friede.]

Um den Verheerungen seines Landes von Seiten der Schweden ein Ziel zu setzen, schloß der Kurfürst mit denselben den Waffenstillstand zu Stockholm (1641). In demselben räumte er ihnen die festen Punkte Driesen, Landsberg, Crossen, Frankfurt und Garbelegen ein; dafür gaben sie ihm aber das übrige Gebiet zurück, auch verpflichtete sich Friedrich Wilhelm, den Feinden Schwedens durch sein Land keinen Durchgang zu gestatten. Den über den Waffenstillstand aufgebrachten Kaiser wußte Friedrich Wilhelm zu beschwichtigen. Seine eigene Truppenmacht vermehrte er bis auf 8000 Mann. Auf diese Weise glaubte er bei dem bevorstehenden Friedensschluß ein entscheidendes Wort mitsprechen zu können. Einen ähnlichen Vertrag wie mit Schweden schloß er 1644 mit Hessen Kassel. Durch denselben erhielt er die von den Hessen im Cleveschen und der Grafschaft Mark besetzten Städte und Ortschaften zurück. Obgleich also der verderbliche Krieg bis zum Jahre 1648 ungeschwächt in Deutschland fortwüthete, so hatte doch Brandenburg durch des Kurfürsten kluges Verhandeln in den letzten Jahren des Kampfes verhältnißmäßig wenig zu leiden.

Bereits seit dem Jahre 1645 war zu Münster und Osnabrück zwischen den betheiligten Mächten wegen Abschluß des Friedens verhandelt worden. Brandenburgischer Hauptgesandter war bei diesen Unterhandlungen Graf Johann von Wittgenstein. Aber der Schwierigkeiten waren so viele, daß der lange und heißersehnte Friede erst am 24. October 1648 zu Stande kam (Westfälischer Friede). Friedrich Wilhelm hatte während der Verhandlungen besonders auch die Sache seiner reformierten Glaubensgenossen vertreten. Seinen eifrigen Bemühungen war es zuzuschreiben, daß die Reformierten mit den Katholiken und Lutheranern vollkommen gleiche Rechte erhielten.

[Brandenburgs Erwerbungen im westfälischen Frieden.]

Brandenburgs Erwerbungen im westfälischen Frieden waren folgende:

1) Hinterpommern.

Das Herzogthum Pommern, seit 1182 ein Bestandtheil des deutschen Reiches und in der Verbindung mit demselben allmählich auf friedliche Weise germanisiert, war während des Mittelalters verschiedene Male in die Linien Pommern-Stettin und Pommern-Wolgast getheilt gewesen, aber von dem letzten Herzoge seit 1625 wieder vereinigt worden. Am 20. März 1637 war Bogislaw XIV, letzter Herzog von Pommern, gestorben. Sein Herzogthum hätte sofort an Brandenburg fallen müssen. Aller Verträge aber und des unzweifelhaften Rechtes ungeachtet konnte dennoch die brandenburgische Besitzergreifung nicht Statt finden, da die Schweden augenblicklich Herren des Landes waren und die festen Plätze im Besitz hatten, auch nicht gewillt waren, dasselbe an Brandenburg auszuliefern. Während der ganzen Verhandlungen nun, welche dem Abschlusse des westfälischen Friedens vorweg giengen, war Kurfürst Friedrich Wilhelm bemüht, zu seinem Rechte in

Bezug auf Pommern zu gelangen. Da indessen die Schweden selbst das Land besitzen wollten, so mußte er sich im Frieden mit Hinterpommern mit einem ungefähren Flächeninhalt von 280 □M. begnügen, mit Ausnahme eines Streifen Landes von 2 Meilen Breite rechts der Oder (mit den Städten Garz, Damm, Gollnow, Greiffenhagen u. s. w.). Ganz Vorpommern und Rügen nebst dem eben genannten Streifen behielten die Schweden, so daß dieselben im Besitze der Obermündungen blieben, an denen dem Kurfürsten so viel gelegen war. Für Vorpommern erhielt nun aber Brandenburg im westfälischen Frieden folgende Entschädigungen:

2) **Das Bisthum Halberstadt als weltliches Fürstenthum.**

Das Bisthum war von Karl dem Großen, nach Andern von Ludwig dem Frommen gestiftet und nach dem Sturze Heinrichs des Löwen reichsunmittelbar geworden. Durch Kauf, Schenkungen und kriegerische Bischöfe war das Gebiet allmählich sehr erweitert worden. Vom Jahre 1511—1566 herrschten nach und nach vier Bischöfe aus dem Hause Brandenburg, unter denen die Reformation Eingang fand. Dann wurden Prinzen aus dem Hause Braunschweig zu Administratoren erwählt. Der letzte Administrator war der katholische Erzherzog Leopold Wilhelm von Oesterreich. Der Flächeninhalt des Bisthums betrug etwa 30 □M.

3) **Die Herrschaften Lohra und Klettenberg der Grafschaft Hohenstein.**

Hohenstein war eine Grafschaft an der Südseite des Harzes. Nach dem Aussterben der Grafen 1593 entstand um dieselbe zwischen verschiedenen Bewerbern ein Streit, der erst durch den westfälischen Frieden geschlichtet wurde. Die eigentliche Grafschaft (nebst dem früheren Stifte Ilefeld) fiel an das braunschweigische Haus, ebenso die frühere Abtei Walkenried. Die Herrschaften Klettenberg (mit Benedenstein und Ellrich) und Lohra (mit Bleicherode) fielen als Halberstädtische Stiftslehen an Brandenburg.

4) **Das Bisthum Minden als weltliches Fürstenthum.**

Das Bisthum war von Karl dem Großen gegründet und durch Heinrichs des Löwen Aechtung reichsunmittelbar geworden. Die Reformation fand 1526 Eingang. Während der Anwesenheit der Schweden in Deutschland hatten diese das Stift meist im Besitz. Der Flächeninhalt desselben betrug 24 □M.

5) **Das Bisthum Cammin als weltliches Fürstenthum.**

Dasselbe war von dem Apostel der Pommern Otto von Bamberg gegründet worden und ist niemals zur Reichsunmittelbarkeit gelangt, sondern die Bischöfe waren nur die ersten Landstände der Herzoge von Pommern-Wolgast. Im J. 1541 fand die Reformation Eingang. Seit 1560 wurden die Administratoren aus dem herzoglichen Hause Pommern-Wolgast gewählt. Brandenburg bekam das Recht, das Bisthum in Hinterpommern einzuverleiben. Es umfaßte etwa 50 □M.

6) **Das Erzstift Magdeburg als weltliches Herzogthum.**

Das Erzbisthum war im J. 968 vom Kaiser Otto dem Großen gegründet worden. In zahlreichen Kämpfen mit den benachbarten Fürsten hatten die Erzbischöfe das Stiftsgut beträchtlich zu mehren gewußt. Seit dem J. 1513 waren über hundert Jahre lang brandenburgische Prinzen Erzbischöfe und Administratoren des Erzstiftes. Nach Christian Wilhelms, Sohnes des Kurfürsten Joachim Friedrich, der im dreißigjährigen Kriege wider den Kaiser aufgetreten war, Aechtung, wurde Prinz August von Sachsen Administrator. Demselben wurde im Prager Frieden das Erzstift auf Lebenszeit überlassen, nachdem er die Aemter Querfurt, Jüterbog, Dahme und Burg an Sachsen abgetreten (Fürstenthum

Querfurt). Das Amt Burg erwarb indessen der Kurfürst im J. 1687 von Sachsen dadurch wieder, daß er für dasselbe auf die Lehnshoheit über die drei andern Aemter verzichtete. Da Augusts Administratur im westfälischen Frieden bestätigt wurde, so konnte Brandenburg das Erzstift erst nach Augusts Tode (1680) einziehen, es umfaßte 109 ☐M.

[Folgen des dreißigjährigen Krieges für Brandenburg.]

Als die Kunde von dem abgeschlossenen Frieden wie Engelsbotschaft durch die deutschen Gauen schallte, lagen dieselben furchtbar verwüstet und verarmt. Ackerbau und Gewerbe lagen darnieder, Kunstfleiß und Handel waren verschwunden. Dagegen hatte die Verwilderung der Sitten, die Verderbtheit der Bildung und Sprache mächtig zugenommen. Wie das alles für das gesammte Deutschland gilt, so ins Besondere auch für die brandenburgischen Staaten. Durch den Frieden ward zwar die religiöse Gleichstellung der Katholiken und Protestanten ausgesprochen, aber auch die politische Ohnmacht Deutschlands besiegelt. Indem nämlich im westfälischen Frieden die Selbständigkeit der deutschen Fürsten anerkannt und ihnen sogar das Recht eingeräumt wurde, mit auswärtigen Mächten Verträge abzuschließen, wurde das deutsche Reich factisch aufgelöst, bestand nur dem Namen nach noch in Form eines lose zusammenhängenden Staatenbundes und hatte nicht mehr die Macht, der Uebermacht fremder Staaten, namentlich des französischen, mit Erfolg entgegenzutreten. Insofern waren also die unmittelbaren sowohl als auch die weitern Folgen des dreißigjährigen Krieges für ganz Deutschland wie für die brandenburg-preußischen Staaten höchst traurige und beklagenswerthe. Und doch hätte Preußen nicht zu der Größe und Macht gelangen, hätte nicht in so herrlicher Weise sich entwickeln können, wäre dieser westfälische Friede nicht gewesen. Wie aus den Ruinen neues Leben sprosst, so wuchs und kräftigte sich der Staat Friedrich Wilhelms auf den Trümmern des alten deutschen Reiches, dessen schönste Bausteine dem neu aufstrebenden Bau allmählig eingefügt wurden. Genau genommen kann man sogar erst seit dem westfälischen Frieden von der Möglichkeit eines brandenburg-preußischen Staates reden, weil erst durch ihn die Reichsfürsten Selbständigkeit erlangt haben; bis dahin waren die einzelnen brandenburgischen Gebiete nicht Glieder eines brandenburgischen Staatsganzen, sondern Glieder, Provinzen des deutschen Reiches. Naturgemäß mußte mit der Erlangung der Selbständigkeit dem Kurfürsten die Nothwendigkeit klar werden, die einzelnen Länder, die durch die factische Auflösung des deutschen Reiches ihren Mittelpunkt verloren hatten, enger zusammenzuschließen, wozu früher das Bedürfniß gar nicht vorhanden gewesen war. Bis dahin gab es z. B. zwischen der Mark Brandenburg, dem Herzogthum Preußen, der Grafschaft Mark u. s. w. kein engeres Band der Gemeinschaft, nur die Person des Fürsten war ihnen gemein (Personalunion), der Gedanke, ein und demselben Staate anzugehören, war den Bewohnern der einzelnen Länder ganz fremd, zumal noch obendrein jedes Land seine besondere Verwaltung, sein besonderes Steuerwesen u. s. w. hatte; auch die Rechte des Fürsten waren in den verschiedenen Ländern verschieden. Daß aber Friedrich Wilhelm so rasch und entschieden die Nothwendigkeit erkannte und seine einzelnen Länder zu einem einigen Ganzen zu verbinden wußte, ist sein hohes Verdienst. Er ist somit der eigentliche **Gründer des einheitlichen preußischen Staates** geworden, und alle seine Nachfolger haben den Weg weiter verfolgt, den er zuerst eingeschlagen hat.

[Vermehrung des stehenden Heeres; absolutes Regiment Friedrich Wilhelms.]

Die Hauptaufgabe, welche Friedrich Wilhelm nach Wiederherstellung des Friedens zu lösen strebte, war die Bildung eines stehenden Heeres, damit seine Länder bei einem künftigen Kriege nicht wieder, wie dies im dreißigjährigen Kriege geschehen war, wehrlos dem eindringenden Feinde preisgegeben seien. Ein solches stehendes Heer war um so nöthiger, da der Kurfürst mit klarem Bewußtsein den Plan verfolgte, einen mächtigen Staat zu gründen. Wir sahen oben, daß Friedrich Wilhelm bereits kurz nach seinem Regierungsantritt eine Truppenmacht von 3000 Mann geschaffen hatte. Dieselbe war bereits im Jahre 1646 bis auf 8000 erhöht. Durch die rastlosen Bemühungen seiner Generale Georg von Derfflinger (der keineswegs ein früherer Schneidergeselle, sondern Offizier in österreichischen und schwedischen Diensten war, ehe er kurfürstliche Dienste nahm) und von Sparr brachte der Kurfürst sein Heer bis zum Jahre 1655 bereits auf 26000 Mann und 72 Kanonen, indem er für dasselbe die schwedischen Einrichtungen zum Muster nahm. Wie weise Friedrich Wilhelm durch die Gründung dieses Heeres gehandelt hat und von welchem unendlichen Nutzen dasselbe für das Wachsthum des kurfürstlichen Einflusses und die Vergrößerung des Staates geworden ist, zeigte sich in den Kriegen, in welche der Kurfürst während seiner Regierungszeit mannichfach verwickelt wurde. Um aber die für die Gründung und Vermehrung des Heeres nöthigen Mittel aufzubringen, mußte durch eine geregeltere Verwaltung und durch Hebung des darniederliegenden Ackerbaues, des Handels und der Gewerbe die Ertragsfähigkeit des Landes erheblich gesteigert werden. Auch führte der Kurfürst anstatt der Grundsteuer eine Verbrauchssteuer oder Accise ein, so daß, da durch dieselbe alle Gegenstände des täglichen Verbrauchs besteuert wurden, nicht nur alle Bewohner des Staates zu den Staatslasten herangezogen, sondern auch die Landeseinkünfte erheblich vermehrt wurden. Freilich widerstrebten die Stände, besonders die Ritterschaft, dieser neuen Einrichtung, deswegen wurde sie fürerst nur in den Städten durchgeführt, aber dadurch, daß Friedrich Wilhelm auch ohne Zustimmung der Stände seine Pläne, die er zum Heile des Staatsganzen für nöthig hielt, durchführte, wurde der Einfluß der Stände naturgemäß verringert, so daß sie der Kurfürst später gar nicht mehr befragte. Auf diese Weise ward nur allein der Wille des Fürsten in seinen Staaten maßgebend, nur allein sein Wille Gesetz, d. h. der brandenburg-preußische Staat ward unter dem großen Kurfürsten eine absolute Monarchie.

[Landesväterliche Sorge Friedrich Wilhelms.]

Friedrich Wilhelm war in jeder Weise darauf bedacht, den Wohlstand seines Landes, der durch den unheilvollen Krieg so schrecklich gelitten, wieder zu heben, aufrichtig lag ihm das Wohl seines Volkes am Herzen. Um eine genaue Einsicht in das, was dem Volke am meisten Noth that, zu erlangen, bereiste er selbst alle Landestheile. Um den Ackerbau zu heben, berief er Colonisten aus der Schweiz und den Niederlanden herbei und gab ihnen die durch den Krieg verwüsteten Landstriche. Ebenso großen Eifer widmete er dem Gedeihen von Handel und Verkehr, Gewerbe und Fabrikwesen. Hierin wurden seine Bemühungen von den besten Erfolgen begleitet. Besonders trug zum Aufschwung des inneren Verkehrs die Einführung des Postwesens, das seine erste Organisation im Jahre 1650 durch Michel Mathias erhielt, und die Herstellung des sogenannten Friedrich-Wilhelms- oder Müllrose-Kanal bei, welcher in den Jahren 1662—1668 von dem Kurfürsten angelegt wurde und die Oder mit der Spree verbindet. Durch eine sorgfältige Erziehung mit mannichfachen Kenntnissen ausgestattet, sorgte Friedrich Wilhelm auch eifrig für das Gedeihen der Künste und Wissenschaften. So gründete er die kurfürstliche, jetzt königliche Bibliothek zu Berlin, welcher er einen Saal im Schlosse einräumte, und begünstigte die Gründung neuer Schulanstalten (Friedrich-Werdersches Gymnasium zu Berlin). Bald machte sich in Folge dessen ein regeres geistiges Leben geltend. Im J. 1661 erschien die erste Zeitung und bereits 1650 hatte sich der erste Buchhändler, Rupert Völker, in Berlin niedergelassen. Ueberhaupt gab der Kurfürst zu allen wichtigen neuen Einrichtungen die Anregung; seine Klugheit und reiche Erfahrung ließen ihn immer das Richtige treffen, und bis an sein Lebensende war er unermüdlich in der Sorgfalt für das Gedeihen und Aufstreben seines Volkes. Sein hauptsächlichster Rathgeber war der Präsident Otto von Schwerin, in militärischen Angelegenheiten aber besonders sein Feldmarschall Derfflinger.

[Der schwedisch-polnische Krieg bis zum Vertrage von Labiau.]

Im Jahre 1655 gerieth Polen mit Schweden in einen Krieg, in welchen der Kurfürst mit verwickelt wurde, und aus dem er durch seine Klugheit für sich großen Vortheil zu ziehen mußte. Nachdem nämlich die Tochter Gustav Adolfs, Christine, die schwedische Königskrone niedergelegt hatte, machte König Johann Casimir von Polen gegen ihren Nachfolger Karl Gustav Ansprüche auf den schwedischen Thron. Polen war aber beim Ausbruche des Krieges sehr schlecht gerüstet und deswegen bewarb sich Johann Casimir um die Bundesgenossenschaft Friedrich Wilhelms, indem er ihm versprach, sich seines Lehnsrechtes über

Preußen zu begeben. Friedrich Wilhelm aber war nicht geneigt, den polnischen König offen zu unterstützen, da er es mit Karl Gustav nicht verderben wollte. Vielmehr war er bestrebt, durch eine kampfbereite Stellung zwischen den beiden streitenden Partheien im entscheidenden Augenblicke zu vermitteln und so für sich den größtmöglichen Vortheil aus den Verhältnissen zu ziehen. — Nun hatte aber der König von Schweden, ohne zuvor den Kurfürsten zu befragen, sein Heer von Pommern aus durch die kurfürstlichen Staaten gegen Polen marschieren lassen und benahm sich auch sonst, da er siegreich in Polen vorrückte, übermüthig gegen Brandenburg. In Folge dessen schloß dasselbe mit den Ständen des polnischen Preußens 1655 zu Marienburg ein Vertheidigungsbündniß für den Fall eines schwedischen Angriffs. Da aber die von den Westpreußen versprochenen Hülfstruppen ausblieben, und Karl Gustavs Uebermacht Friedrich Wilhelm feindlich gegenüber trat und schon Königsberg bedrängte, so sah sich dieser gezwungen, um sein Herzogthum Preußen zu retten, mit den Schweden 1656 den Vertrag zu Königsberg zu schließen, in welchem er der Verbindung mit Polen entsagte, den Schweden ein Hülfsheer zu stellen versprach und Ostpreußen (nebst dem Bisthum Ermeland) von der Krone Schweden zu Lehen nahm. Unterdessen aber hatte sich Johann Casimir mit Hülfsgeldern des Kaisers ein Heer verschafft und rückte gegen die brandenburgisch-schwedischen Truppen heran. Um den Kurfürsten noch fester an sich zu ketten, versprach ihm der König von Schweden noch einen bedeutenden Theil des westlichen Polens (Posen, Kalisch, Lenczicz u. s. w.). Trotz der ärgsten Drohungen Johann Casimirs hielt der Kurfürst am Bündnisse mit Schweden fest und schlug im Verein mit den schwedischen Truppen die Polen in der dreitägigen blutigen Schlacht bei Warschau (18—20. Juli 1656). Die Tapferkeit der brandenburgischen Truppen und der Muth und die Umsicht seiner Generale, besonders Derfflingers, zeigten sich in diesen drei Tagen im schönsten Glanze. Zum Lohne erlangte nun Friedrich Wilhelm in dem Vertrage zu Labiau (10. November 1656) die Aufhebung des Lehnsverhältnisses des Herzogthumes Preußen von Schweden, er solle fortan »höchster, unabhängiger und eigenmächtiger« Regent von Preußen und Ermeland sein.

[Der Vertrag zu Wehlau und der Friede zu Oliva.]
Als der Kaiser sich des bedrängten Polens annahm und auch Dänemark an Schweden den Krieg erklärte, so daß Karl Gustav sich gegen diesen letzteren Feind, der seine Erbländer bedrohte, wenden mußte, gerieth Friedrich Wilhelm in große Gefahr, dem nun durch seine Bundesgenossen wieder mächtig gewordenen König von Polen zu unterliegen. Deswegen ließ er sich auf Unterhandlungen ein. Dem Umstande, daß die schwedischen Waffen in Schleswig-Holstein und Jütland im Glücke waren, hatte der Kurfürst es zu verdanken, daß seine Bundesgenossenschaft immer noch für wünschenswerth erachtet ward, so daß die Friedensbedingungen

für ihn günstig ausfielen. Im Frieden zu Wehlau (19. Sept. 1657) gab Friedrich Wilhelm Ermeland an Polen zurück, erhielt aber Preußen als ein von Polen unabhängiges Herzogthum, »der Kurfürst und seine männlichen Erben sollen das Herzogthum Preußen als oberste Herren mit unumschränkter Gewalt haben, besitzen und regieren.« Dafür sollte er für die Dauer des Krieges den Polen mit 6000 Mann beistehen. Außerdem erhielt der Kurfürst noch in demselben Jahre durch den Vertrag zu Bromberg die Herrschaften Lauenburg und Bütow als polnische Lehen, auch ward ihm zum Unterpfand für die von Polen versprochenen Entschädigungsgelder die Starostei Draheim verschrieben.*) Da nun aber die Schweden Miene machten, Friedrich Wilhelm »für seinen Abfall zu züchtigen«, so schloß derselbe auch mit Holland und Dänemark ein Schutz- und Trutzbündniß gegen Schweden. Der Kurfürst selbst führte ein Heer gegen Schweden und General Derfflinger befehligte die Brandenburger den 25. November 1659 in der siegreichen Schlacht bei Nyborg auf der Insel Fühnen, nach welcher die Verbündeten auf holländischen Schiffen durch den berühmten Admiral Ruyter übergesetzt worden waren. Endlich verstand sich Schweden zum Frieden. Derselbe ward den 3. Mai des Jahres 1660 im Kloster Oliva bei Danzig abgeschlossen. Dem Kurfürsten wurde in demselben der souveräne Besitz von Preußen allseitig anerkannt. Daß dieses Herzogthum nunmehr völlig unabhängig geworden war, ist für die Weiterentwickelung der hohenzollernschen Macht von den weitreichendsten Folgen gewesen. — Während des ganzen Krieges hatten sich die brandenburgischen Truppen überall mit der größten Tapferkeit geschlagen und dem Lande Ehre und Ruhm eingebracht.

[Widerspenstigkeit der preußischen Stände.]

Die Rechte der Stände im Herzogthume Preußen waren viel ausgedehnter als in andern Ländern. Das straffe Regiment Friedrich Wilhelms hatte, so lange Preußen noch ein polnisches Lehnsherzogthum war, nicht recht durchdringen können, weil den Ständen die Berufung auf den polnischen König frei stand, ein Recht, von dem sie so oft Gebrauch machten, als der Kurfürst ihnen eine unbequeme Maßregel anordnete. Als nun Friedrich Wilhelm souveräner Herzog wurde, waren die ostpreußischen Stände hiermit sehr unzufrieden, weil sie die strenge Herrschaft des Kurfürsten fürchteten und für ihre übermäßigen, die landes-

---

*) Die Herrschaften Lauenburg und Bütow waren bereits im Besitze des Markgrafen Waldemar gewesen. Später im Besitze von Pommern-Wolgast, wurden sie im J. 1325 an den deutschen Orden verkauft, der sie nach der Schlacht bei Tannenberg an Casimir IV von Polen abtreten mußte. Von diesem wurden sie an Erich II von Pommern-Wolgast verliehen, aber nach dem Aussterben der pommerschen Herzoge als eröffnete Lehen eingezogen. Beide Herrschaften hatten zusammen eine Größe von 34 □M. — Die Starostei Draheim bei Tempelburg, am Dratziger See, zwischen Westpreußen und Hinterpommern umfaßte 3 □M.

herrliche Gewalt beschränkenden Rechte besorgt waren. Sie verweigerten
deswegen die Huldigung und die Bewilligung der Steuern. Als der
Kurfürst nichts desto weniger neue Steuern ausschrieb, schickten sie Gesandte
an den König von Polen, welche sich über das Verfahren Friedrich
Wilhelms beschweren und die Wiederaufnahme Preußens in den
polnischen Lehnsverband verlangen sollten. Der Kurfürst ließ hierauf
den Rädelsführer der widerspenstigen Stände, den Bürgermeister von
Königsberg, Hieronymus Rhode, gefangen nach der Festung Peiz
abführen, worauf die erschreckten Stände gegen die kurfürstliche Versicherung,
daß die landesherrliche Gewalt nicht gegen die Landesfreiheit
ausgedehnt werden solle, die Huldigung am 18. October 1663 zu Königsberg
leisteten. Dennoch hatte sich die Mißstimmung nicht gelegt,
besonders wollten die Ostpreußen von den erhöhten Steuern nichts wissen.
Ein Oberst von Kalkreuth stellte sich an die Spitze der Mißvergnügten
und trachtete dem Kurfürsten nach dem Leben. Zum Tode verurtheilt
ward er dennoch begnadigt und wieder auf freien Fuß gesetzt. Aber er
gieng nun nach Warschau und wirkte dort gegen den Kurfürsten und
für den Wiederanschluß Preußens an Polen. Da man dem Verlangen
Friedrich Wilhelms, den Verräther auszuliefern, nicht Folge leistete,
mußte ihn der kurfürstliche Gesandte in Warschau mit Gewalt aufgreifen
lassen und geknebelt nach Preußen senden. Hier starb er 1672 als
Hochverräther auf dem Schaffot. Dieses kräftige Auftreten Friedrich
Wilhelms hatte den beabsichtigten Erfolg. Die Mißvergnügten wurden
von weiteren Versuchen, den kurfürstlichen Befehlen zu widerstreben,
zurückgeschreckt, man beugte sich dem unerschütterlichen Willen des kräftigen
Fürsten, und so richtete Friedrich Wilhelm auch in Ostpreußen sein
absolutes Regiment auf und beseitigte die mittelalterlichen Rechte der
Städte und Ritterschaften, welche der Gründung eines einheitlichen und
kräftigen Staates durchaus feindlich waren.

[Krieg gegen Frankreich. — Vertrag zu Vossem.]

In den Friedensjahren, welche auf den polnisch-schwedischen Krieg
für Brandenburg folgten, blühte dieses Land unter der sorgsamen Regierung
Friedrich Wilhelms zu immer größerem Wohlstande auf. Die
Truppenmacht blieb fortwährend ein Gegenstand eingehender Sorgfalt
für den Kurfürsten und ihre Tüchtigkeit bewirkte, daß die verschiedenen
europäischen Mächte sich eifrig um die Gunst und die Bundesgenossenschaft
Brandenburgs bewarben. Dies that unter andern König Ludwig
XIV von Frankreich. Dessen eifrigstes Bestreben war es, seinem
Reiche in Europa das politische Uebergewicht zu verschaffen und die benachbarten
Länder, besonders Deutschland und Holland, zu schwächen.
Aber Friedrich Wilhelm durchschaute die Plane Ludwigs und war nicht
gewillt, sich mit ihm gegen sein eignes Vaterland zu verbünden, wie
dies so manche andere deutsche Fürsten, zum Beispiel die Bischöfe von
Cöln und Münster und der Kurfürst von Bayern thaten. Er wies

deswegen die ihm von Ludwig angebotene Bundesgenossenschaft, trotz
dessen glänzender Versprechungen zurück und verband sich vielmehr 1672
mit dem von Ludwig bedrohten Holland, zu welchem ihn obendrein verwandtschaftliche Bande und die Gleichheit des Glaubens hinzogen. In
diesem Bündniß versprach Friedrich Wilhelm den Holländern gegen die
Zahlung von Hülfsgeldern ein Heer von 20000 Mann zum Kampfe
wider Frankreich zu stellen. Auch den Kaiser, Dänemark und Hessen-Kassel wußte er auf seine und der Holländer Seite zu ziehen. Als
nun Ludwig XIV den Krieg gegen die Holländer begann und auf seinem Zuge gegen dieselben das brandenburgische Cleve besetzte, erklärte
Friedrich Wilhelm demselben den Krieg und stand bereits mit seinen
Truppen am Rheine, ehe nur das österreichische Heer zu seiner Unterstützung bereit war. Als dasselbe unter dem General Bournonville
ebenfalls erschien, führte dieser den Krieg gegen die Franzosen so lässig,
daß der Kurfürst nichts Entscheidendes auszurichten vermochte. Ja der
österreichische Feldherr hatte sogar geheime Instructionen empfangen,
welche ihm eine energische Kriegsführung untersagten. Unterdessen verwüsteten die Franzosen des Kurfürsten westfälische und rheinische Länder,
und weil auch die ihm von den Holländern versprochenen Hülfsgelder
ausblieben, so schloß Friedrich Wilhelm mit Frankreich den Vertrag
von Vossem (10. Juni 1673). Durch denselben sagte er sich von
dem Bündniß gegen Frankreich los und erhielt die von seinen Feinden
besetzten Länder mit Ausnahme einiger fester Plätze zurück.

[Neuer Krieg gegen Frankreich. — Einfall der Schweden in die Marken.]

Unterdessen aber hatten sich die Franzosen in der Rheinpfalz die
gräßlichsten Verwüstungen und Plünderungen zu Schulden kommen lassen.
Da in Folge dessen das deutsche Reich an Frankreich den Krieg erklärte,
so erschien Friedrich Wilhelm abermals im Felde. Derselbe hatte den
Vertrag von Vossem treulich bewahrt, bis er eben durch den Reichskrieg
verpflichtet ward, als Reichsfürst Truppen zu stellen. In dem Vertrage zu Berlin (1. Juli 1674) verband er sich mit dem Kaiser,
Holland und Spanien noch enger und versprach ein Heer von 16000
Mann zu stellen. Er erschien nun abermals am Rhein und war hier
die Seele des Krieges gegen die Franzosen. Seine Truppen erwarben
sich auch hier durch ihre ausgezeichnete Tapferkeit Ruhm und Ehre.
Ludwig XIV hatte mit Recht in dem Kurfürsten seinen furchtbarsten
Gegner erkannt, deswegen sann er auf Mittel, diesen seinen Hauptwidersacher vom Kriegsschauplatze zu entfernen. Er schloß mit den
Schweden ein enges Bündniß und vermochte dieselben 1674 in die
Marken einzufallen. Sie übten zwar anfangs keine Feindseligkeiten,
bald aber änderte sich das. Der schwedische Feldherr Wrangel schrieb
schwere Contributionen aus und ließ ganze Viehheerden wegtreiben. Noch
schlimmer ward dies, als Wrangel gestorben war und sein Bruder an
die Spitze des feindlichen Heeres trat. Da wurde der schändlichste

Unfug getrieben und die gräßlichsten Bedrückungen erinnerten an die schlimmsten Zeiten des dreißigjährigen Krieges. Damals war es, als die Bauern sich zusammenrotteten mit der Inschrift auf ihren Fahnen:
»Wir sind Bauern von geringem Gut,
Und dienen unserm gnädigsten Kurfürsten mit unserm Blut.«
Aber sie vermochten die Plünderungen nicht zu hindern. Ruhig war der Kurfürst im Winter des Jahres 1674—75 in Franken, wo er seine Winterquartiere hatte, stehen geblieben, indem er auf Hülfe von Seiten Hollands und des Kaisers hoffte. Als dieselbe aber ausblieb, beschloß er, sich auf seine eigenen Kräfte zu verlassen und zu versuchen die Feinde aus den Marken zu vertreiben.

[Die Schlacht bei Fehrbellin und ihre Bedeutung.]

Ende Mai brach der Kurfürst mit seinen Truppen aus Franken auf und erreichte in starken Märschen Magdeburg. Von hier zog er mit 5600 Reitern, 1000 Musketieren und 13 Kanonen gegen Rathenau. Unterwegs erfuhr er, daß der Anführer eines schwedischen Dragoner-Regimentes daselbst nichts von seiner Annäherung wisse. Durch kühnen Handstreich überfiel er Rathenau und nahm das ganze schwedische Regiment gefangen. Ehe Friedrich Wilhelm eine Schlacht wagen wollte, sollte zuvor sein Fußvolk, das ihm von Magdeburg her nachfolgte, bei ihm sein; als er aber erfuhr, daß die Schweden von seinem Herannahen Kunde erhalten hätten und auf Fehrbellin zögen, beschloß er sie eilig anzugreifen, ehe sie es vermutheten. Er schickte den Landgrafen von Hessen-Homburg mit einer Abtheilung Truppen vorweg, befahl ihm aber, sich vorläufig in kein Gefecht einzulassen. Derselbe hatte aber dennoch dem Versuche, sich mit dem Feinde zu messen, nicht widerstehen können und ward nun von der Uebermacht hart bedrängt. Er ließ den Kurfürsten um Hülfe ersuchen. »Wir müssen ihm secundiren,« rief Derfflinger, »sonst kriegen wir keinen Mann zurück.« Sofort bricht die Reiterei auf und eilt dem Kampfplatze zu, auf dem sich der Landgraf von Hessen-Homburg nur mit äußerster Anstrengung gegen die Uebermacht hielt. Mit Geschick trifft Friedrich Wilhelm seine Anordnungen, mit Kühnheit und Entschlossenheit werden dieselben von seinen Feldherren ausgeführt. Die Schweden kämpften sehr tapfer, vermochten aber nicht die Brandenburger zurückzuschlagen. Der Kurfürst selbst befand sich mitten im Gedränge; eine Kugel, welche über den Hals seines Pferdes hinweg flog, tödtete nur zwei Schritte von ihm seinen Stallmeister.*) Nach langem hin und her schwankenden Kampfe werden endlich die Schweden zum Weichen gebracht. Bereits des Morgens 10 Uhr sind sie im vollen Rückzuge auf Fehrbellin begriffen; 4000 Mann ließen sie auf

---

*) Die Erzählung, daß der Stallmeister Froben sein Pferd mit dem des Kurfürsten gewechselt habe, um die feindlichen Kugeln von diesem ab auf sich zu lenken, ist nicht verbürgt.

dem Schlachtfelde zurück und ihr Heer löste sich gänzlich auf, da es größten Theils aus geworbenen Deutschen bestand, welche jetzt andere Dienste nahmen. Durch einen kühnen Zug von wenigen Tagen waren die Marken von dem feindlichen Kriegsvolke befreit, aber wichtiger war der Umstand, daß durch diesen Sieg über das schwedische Heer, welches bis dahin für das beste in Europa gegolten hatte, recht eigentlich der Ruhm der brandenburgischen Waffen so zu sagen gegründet wurde. Denn es war dies der erste Sieg, den brandenburgische Truppen allein, nicht in Verbindung von Truppen anderer Mächte, erfochten. »Wenige Heerführer«, schreibt Friedrich der Große, »können sich eines Feldzuges, dem von Fehrbellin ähnlich, rühmen; der Kurfürst wurde von seinen Feinden gerühmt, von seinen Unterthanen gesegnet, und seine Nachkommen rechnen von jenem berühmten Tage den Beginn der bedeutsamen Stellung, zu welcher das Haus Brandenburg sich in der Folge emporgeschwungen hat.«

[Weitere Kämpfe gegen die Schweden; Frieden zu St. Germain.]

Noch einmal hatte der Kurfürst Gelegenheit sein Feldherrntalent und die Ueberlegenheit seines Heeres gegen die Schweden auf glänzende Weise zu beweisen. Nach der Schlacht von Fehrbellin hatte er ganz Pommern den Schweden entrissen (1676—78). Plötzlich fielen im Jahre 1678 16000 Schweden von dem damals schwedischen Liefland aus in Preußen ein und drangen bis Insterburg vor. Als der Kurfürst diese Nachricht erhielt, befand er sich in Westfalen, aber er war trotz seiner Kränklichkeit sofort bereit gegen die Feinde aufzubrechen. Mit nur 4000 Fußgängern und 6000 Reitern verließ Friedrich Wilhelm im Januar die Marken und marschierte bei einer gräßlichen Kälte in größter Eile nach Ostpreußen. Bei der Kunde von seiner Ankunft flohen die Schweden. Um sie einzuholen ließ er sein Fußvolk auf Schlitten vorwärts schaffen und gelangte über das zugefrorene frische Haff nach Königsberg, dann setzte er auch noch mit der Infanterie, beim Geschütze und 3000 Reitern über das Eis des kurischen Haffes. So holte er die Schweden in der Nähe von Tilsit ein, brachte ihnen eine völlige Niederlage bei und verfolgte sie noch fast bis nach Riga. Von 16000 Schweden kamen nur 1500 nach Riga zurück. — Leider blieben aber die Siege und Eroberungen Friedrich Wilhelms fruchtlos. Oesterreich sah das Emporkommen Brandenburgs mit Neid und Eifersucht, der Kaiser that den Ausspruch: »An der Ostsee soll kein neuer König der Wenden erstehen.« Einseitig trat er mit Frankreich in Friedensunterhandlungen und schloß mit diesem Reiche den Frieden zu Nymwegen ab (5. Febr. 1679), worin er den Kurfürsten preisgab. In Folge dessen war dieser genöthigt, ebenfalls mit Ludwig XIV zu unterhandeln, da er allein zu schwach war, es mit diesem mächtigen Könige aufzunehmen. Im Frieden zu St. Germain den 29. Juni 1679 mußte er sich den hochmüthigen Forderungen Ludwigs fügen und alle Eroberungen an die Schweden zurückgeben, nur den Streifen Landes auf dem rechten Oderufer, den Schweden von Hinterpommern besaß, durfte er mit Ausnahme der Städte Damm und Gollnow behalten. Gollnow wurde ihm nachträglich noch als ein mit 50000 Thalern lösbares Pfand zugestanden.*) Voll Ingrimm soll damals Friedrich Wilhelm gerufen haben: »Möge einst ein Rächer aus meiner Asche erstehen.« Und bei dem Friedensfeste gab er zur Predigt den Text: »Es ist gut auf den Herrn vertrauen und sich nicht verlassen auf Menschen.«

[Vertrag wegen der schlesischen Fürstenthümer. — Aufnahme französischer Protestanten.]

Trotz der Erbitterung, welche Friedrich Wilhelm gegen Ludwig XIV mit Recht hegte, hielt er es doch für nöthig, sich demselben wieder zu nähern, ja er schloß im Jahre 1682 sogar mit Frankreich einen Freundschaftsvertrag. Zwischen ihm und dem Kaiser war nämlich ein sehr gespanntes Verhältniß eingetreten. Im Jahre 1675 war der letzte Herzog von Liegnitz, Brieg und Wohlau gestorben. Nach dem Erbvertrag von 1537 hätte nun Brandenburg diese Länder erben müssen; der Kaiser aber hatte sie sofort besetzen lassen, und durch seine mannichfachen Kriegsunternehmungen war Friedrich Wilhelm verhindert worden, seine Ansprüche geltend zu machen, die Verhandlungen aber, welche der Kurfürst nach dem Frieden von St. Germain mit dem Kaiser wegen Eintritts in seine Rechte führte, hatten keinen Erfolg. Erst als der Kaiser die Hülfe des Kurfürsten gegen die Türken brauchte und ein neuer Krieg gegen Frankreich drohte, ließ er sich 1686 zu einer geringen Entschädigung herbei. Brandenburg gab seine Ansprüche an die schlesischen Fürstenthümer auf und erhielt dafür den Schwiebuser Kreis des Fürstenthums Glogau als böhmisches Lehen, welcher, 10 QM. groß, ein trauriger Ersatz für die bedeutenden schlesischen Herzogthümer war.

Das freundliche Verhältniß Brandenburgs zu Frankreich war nur von kurzer Dauer. Der Kurfürst, empört über das Unrecht, welches sich Ludwig gegen deutsche Gebiete erlaubte, wurde gegen denselben noch feindseliger gestimmt, als seine Vorstellungen, welche er ihm wegen der argen Bedrückungen der französischen Protestanten machte, nichts fruchteten. Im Jahre 1685 hob Ludwig das sogenannte Edict von Nantes auf, welches einer seiner Vorfahren, Heinrich IV, gegeben hatte und worin den französischen Protestanten freie Religionsübung zugesichert war. Durch die heftigsten Verfolgungen und Quälereien (Dragonaden) suchte Ludwig seine protestantischen Unterthanen gewaltsam zum katholischen Glauben zu bekehren. Da verließen Tausende und aber Tausende von fleißigen, betriebsamen Bürgern heimlich ihr Vaterland, weil ihnen die offene Auswanderung verboten war, um in fremden Ländern frei ihres Glaubens zu leben. Friedrich Wilhelm nahm wohl an 20000

---

*) Im Jahre 1693 wurde die Stadt gegen Erlegung der Pfandsumme von Schweden wieder eingelöst.

solcher französischer Auswanderer (Refugiés) in sein Land auf, unterstützte sie mit Geld und gestattete ihnen freie Religionsübung, eigene Kirchen und Schulen. Durch diese französischen Einwanderer sind die sogenannten französischen Colonien zu Berlin und an anderen Orten gegründet worden. Besonders durch Errichtung von Fabriken und Manufacturen in Seide und Wolle haben sich die eingewanderten Franzosen um den brandenburgischen Staat verdient gemacht.

[Friedrich Wilhelms Versuche zur Gründung einer Seemacht.]

Während seines Aufenthaltes in Holland war Friedrich Wilhelm Zeuge geworden, welchen Welteinfluß und welchen Reichthum auch ein kleines Volk durch betriebsamen Seehandel zu erreichen vermag. Es war in Folge dessen von jeher ein Lieblingsplan von ihm gewesen, auch Brandenburg zu einer Seemacht zu erheben. Deswegen hatte er auch so sehr nach dem Besitze der Odermündungen gestrebt. Während des schwedischen Krieges hatte der Kurfürst von dem Holländer Benjamin Raule eine kleine Flotille herrichten lassen. Diese wurde nach dem Kriege noch vermehrt. Durch glückliche Unternehmungen zur See gegen Spanien wußte sich Friedrich Wilhelm sogar schon Ersatz für eine ihm seit 1674 rückständige Subsidienschuld (aus dem Kriege gegen Schweden) zu verschaffen. Brandenburgische Schiffe brachten im Hafen von Ostende ein großes spanisches Kriegsschiff auf; in der Nähe des portugiesischen Hafens Lagos hielten sich sogar sechs kurfürstliche Fregatten mit Glück gegen zwölf spanische Gallionen. In Pillau suchte Friedrich Wilhelm einen Kriegshafen anzulegen und in Königsberg gründete er eine Gesellschaft für den Handel nach Afrika. In diesem Erdtheile hatte er nämlich 1681 einen Vertrag mit drei Negerhäuptlingen von der Goldküste abgeschlossen, welche versprachen, dem Kurfürsten ein Gebiet abzutreten. Hierauf war 1683 auf dem Berge Montfort zwischen Axim und dem Vorgebirge der drei Spitzen die **brandenburgische Flagge aufgepflanzt** worden. Bald darauf wurde auch die Veste **Großfriedrichsburg** gegründet. Im J. 1684 zeigten die Eingebornen von Accada und Taccarary im Lande Anta durch einen Abgesandten dem Kurfürsten ihre Unterwerfung an. Hier ward die **Dorotheenschanze** gegründet. Einige Jahre darauf gelangte auch die Festung Arguim zwischen dem weißen und grünen Vorgebirge, die von französischen Schiffen den Holländern abgenommen und geschleift worden war, durch Vertrag in brandenburgischen Besitz. Indessen war durch diese Erfolge die Eifersucht der Holländer erregt worden, und die afrikanische Handelsgesellschaft konnte deswegen zu keiner rechten Blüthe gelangen; nach dem Tode des großen Kurfürsten konnte nur durch namhafte Geldunterstützungen Friedrichs III ihrem gänzlichen Verfall noch für einige Zeit vorgebeugt werden. Die Colonien wurden unter Friedrich Wilhelms Nachfolgern an fremde Seemächte verkauft. So gieng dieses hoffnungsreiche Unternehmen wieder zu Grunde, immerhin aber bleibt dasselbe ein Beweis von der Großartigkeit des Strebens des großen Kurfürsten.

[Friedrich Wilhelms religiöse Richtung. Sein Tod. — Luise Henriette von Oranien.]

Friedrich Wilhelm war von mittelmäßiger Größe, doch regelmäßig gebaut. In seinem äußern Erscheinen zeigte er sich einfach, er war mäßig im Essen und Trinken, leutselig und von wahrhaft religiösem Sinn. Von Jugend auf war er gewohnt nichts anzugreifen, ohne sich vorher im Gebet zu Gott zu stärken. Auf allen seinen Reisen und Kriegszügen begleiteten ihn das neue Testament und die Psalmen, und auch im Felde mußten seine Truppen ihr Morgen- und Abendgebet verrichten. Die Folge dieses religiösen Sinnes war ein unerschütterliches Gottvertrauen. Der Einwirkung und Gnade des Höchsten schrieb er auch alle seine Erfolge zu. Eifrig war er dem reformierten Glaubensbekenntniß zugethan, und indem er selbst duldsam gegen Andersgläubige war, litt er auch in seinen Landen von andern keine Unduldsamkeit. Daher sein Eifer, die beiden protestantischen Confessionen in seinen Landen zu versöhnen. Er verbot das Eifern und Verketzern von den Kanzeln herab, hielt ein Religionsgespräch zwischen Theologen beider Confessionen ab und glaubte so eine Verständigung und vollständige Vereinigung herbeizuführen. Aber dieser Versuch scheiterte an dem strengen Eifer der Lutheraner. Darauf erließ er nochmals eine Verordnung gegen alles gegenseitige Verketzern und verlangte von den Geistlichen, daß sie sich durch ihre Unterschrift zur Beobachtung dieser Vorschrift noch besonders verpflichten sollten. Wer dies nicht that, wurde seines Amtes entsetzt. Dies Schicksal hatte auch der Liederdichter Paul Gerhardt, der auf seiner Flucht das bekannte Lied: »Befiehl du deine Wege« gedichtet haben soll. —

Des Kurfürsten Gemahlin Luise Henriette war ihm mit hingebender Liebe zugethan. Trotz ihrer schwächlichen Gesundheit begleitete sie ihn auf allen seinen Reisen und Zügen. In geistlichen Dingen war sie seine hauptsächlichste Rathgeberin. Ihre Sorgfalt für das Wohl der Armen und Waisen machte sie zu einer wahren Mutter derselben, sie ist die Gründerin des Waisenhauses zu Oranienburg. Als Dichterin des schönen Liedes: »Jesus meine Zuversicht« hat sie ihren Namen unsterblich gemacht. Luise Henriette starb, noch nicht 40 Jahre alt, im Jahre 1667. Nicht so beliebt beim Volke war des Kurfürsten zweite Gemahlin Dorothea, verwittwete Herzogin von Braunschweig.

Schon seit längeren Jahren hatte Friedrich Wilhelm Gichtbeschwerden gehabt. Dieselben giengen im Frühjahr des Jahres 1688 in Wassersucht über. Derselben erlag er den 29. April desselben Jahres. Noch am 17. April hatte er vor den versammelten geheimen Räthen seinen Sohn ermahnt, »vor allen Dingen Gott vor Augen zu haben, die Unterthanen herzlich zu lieben, treue Räthe zu hören und das Heft der Waffen nicht aus den Händen zu lassen.« Mit allem Fleiß solle er darauf bedacht sein,

»den Ruhm, welchen er ihm als ein Erbtheil überlasse, zu wahren und zu mehren.« Der Kurfürst starb als echter Christ mit den Worten: »Ich weiß, daß mein Erlöser lebt,« und die umstehenden Geistlichen sprachen: »Unsere Seele sterbe den Tod dieses Gerechten.« Friedrich Wilhelm brachte den Staat auf 2013 □M. mit 1,500000 E. Die Einkünfte des Staates vermehrte er um das Vierfache, das Heer, das er geschaffen, brachte er bis auf 26000 Mann.

II. Kurfürst Friedrich III (als König Friedrich I), 1688—1713.

[Friedrichs III Regierungsantritt. Des großen Kurfürsten Testament.]

Friedrich III, des großen Kurfürsten dritter Sohn (der älteste war 1649, der zweite 1674 gestorben), war den 22. Juli 1657 zu Königsberg geboren. Weil er einst als Kind von dem Arme seiner Wärterin gefallen war, war er verwachsen und persönlich unansehnlich geblieben. Die hieraus entstandene Schwächlichkeit seines Körpers scheint die Ursache gewesen zu sein, daß er ohne eine sorgfältige Erziehung blieb, doch hatte er sich namentlich in Sprachen erfreuliche Kenntnisse erworben. Während seines Jünglingsalters gerieth er in Mißverständnisse mit seiner Stiefmutter Dorothea. Die Folge davon war, daß auch das Verhältniß zwischen ihm und dem Vater erkaltete, so daß derselbe sogar an eine Enterbung seines Sohnes erster Ehe gedacht hat. Diese Absicht gab der große Kurfürst zwar auf die Fürsprache der Minister auf, doch hatte derselbe durch eine andere letztwillige Verfügung bestimmt, daß der Kurprinz nur in der Kurwürde und den Kurländern, die Söhne zweiter Ehe aber in den übrigen Ländern folgen sollten. Im Einverständniß mit dem Staatsrath erklärte aber der Kurfürst bei seinem Regierungsantritt das väterliche Testament für ungültig, als den Hausgesetzen zuwiderlaufend. Auch der Kaiser, von dem der Kurfürst schon als Kurprinz die Zusage der Unterstützung dabei für den Preis der Zurückgabe des Schwiebuser Kreises erhalten hatte, war mit dieser Erklärung einverstanden. Noch ehe nämlich im J. 1686 der Schwiebuser Kreis an den Kurfürsten abgetreten wurde, hatte sich bereits der Kurprinz gegen den kaiserlichen Gesandten Baron Freibag zu Gödens verpflichtet, den genannten Kreis gegen eine Geldsumme von 100000 Thalern wieder abzutreten. So trat Kurfürst Friedrich III gegen die testamentarische Bestimmung die Regierung der gesammten Lande seines Vaters an. Seine Stiefbrüder wurden durch Aemter und Würden entschädigt. Den Schwiebuser Kreis gab Friedrich im Retraditionsreceß zu Berlin 1694 seinem Versprechen gemäß gegen die Anwartschaft auf das Fürstenthum Ostfriesland zurück, doch erneuerte er dabei die Ansprüche auf die schlesischen Fürstenthümer, »das Recht an Schlesien auszuführen, wolle er seinen Nachkommen überlassen.« Handelte also Friedrich III durch die Ungültigkeitserklärung des Testaments gegen den ausgesprochenen Willen seines Vaters, so war es doch für die Entwickelung der brandenburg-preußischen Monarchie ein Glück, daß er so handelte. Ohnmöglich hätte sich der Staat zu der Macht und dem Einfluß entwickeln können, die er später erreichte, wenn er durch die vom großen Kurfürsten beabsichtigte Theilung geschwächt worden wäre.

[Friedrichs Prunkliebe. — Dankelmann.]

Als Regent zeigte Friedrich sehr bald dasselbe Streben, welches seinen Vater beseelt hatte: den Glanz und den Einfluß seines Hauses, wenn auch in anderer Weise als dieser, zu mehren. Gestützt auf die Staatskräfte und Mittel, welche der große Kurfürst gesammelt hatte, gelang ihm dies um so leichter. Er umgab sich mit einem durch Pracht und Ueppigkeit prunkenden Hofe, welcher nach dem Muster desjenigen Ludwigs XIV gebildet war. Wenn wir auch heutzutage das wahre Wesen eines fürstlichen Hofes in ganz andern Dingen sehen, als in Prunk und Pracht, so hatten doch zu damaliger Zeit nur diejenigen Höfe Ansehen und Einfluß, welche sich durch Entfaltung von Glanz auszeichneten. Der Kurfürst verfolgte daher durch Errichtung eines glänzenden Hofstaates, wozu ihn außerdem sein natürlicher Hang veranlaßte, einen tieferen Zweck, als blos äußerlich zu glänzen. Auch die andere Lehre seines Vaters, auf kluge Rathgeber zu hören, befolgte er. Freilich gieng er hierin häufig zu weit und ließ sich nicht selten auch von leichtsinnigen Günstlingen beherrschen. Nach seinem Regierungsantritt wurde bald der Lehrer seiner Jugend, Eberhard von Dankelmann, sein vorzüglichster Rathgeber. Zum Oberpräsidenten ernannt, war Dankelmann bald der eigentliche Leiter des Staates. Obwohl er aufrichtig bemüht war, das Wohl des Landes zu fördern und in seinem Freimuth sogar dem Kurfürsten Vorstellungen wegen seines großen Aufwandes machte, so erregte er sich doch durch sein schroffes, abstoßendes Wesen eine Menge Feinde am Hofe, die sich endlich zu seinem Sturze verbanden. An der Spitze der Gegner Dankelmanns stand Kolb von Wartenberg, ein Mann, den jener selbst erst emporgehoben hatte. Wartenberg wußte sich die Gunst Friedrichs zu erschmeicheln und Dankelmanns Fall herbeizuführen. Aber man begnügte sich nicht mit der Entlassung desselben, sondern brachte es auch dahin, daß er auf ganz unerwiesene Anschuldigungen hin in den Kerker geworfen ward. Erst in späteren Jahren erhielt er seine Freiheit wieder. An Dankelmanns Stelle war nun sein Verderber Wartenberg der allmächtige Günstling des Kurfürsten, der sich in dessen Gunst besser zu behaupten verstand, es aber auch bei Weitem nicht so aufrichtig mit dem Gemeinwohl nahm als jener, denn im Verein mit noch zwei andern Ministern, Wittgenstein und Wartensleben, wirthschaftete er so verschwenderisch und planlos, daß man diese drei Staatsmänner das dreifache Weh genannt hat.

[Kriegerische Verwickelungen Friedrichs III.]

Mit den bedeutendsten europäischen Mächten trat Friedrich in freundschaftliche Beziehungen und machte sich ihnen besonders dadurch wichtig, daß er ihnen häufig seine Truppen als Hülfsvölker lieh. Dies geschah zunächst bei dem Zuge, welchen Wilhelm von Oranien gegen Jacob von England unternahm. Wilhelm von Oranien, Erbstatthalter von Holland, hatte in den Jahren 1684 und 88 bereits mit dem großen Kurfürsten zum Schutze der protestantischen Sache in England gegen die Gewaltmaßregeln Jacobs II (Stuart) verhandelt. Der große Kurfürst versprach ein Heer von 8000 Mann im Clevischen zusammenzuziehen und dem Prinzen von Oranien zur Verfügung zu stellen. Nach Friedrich Wilhelms Tode kam Friedrich III 1688 mit dem Erbstatthalter selbst zu Minden zusammen. Hier versprach der Kurfürst gegen holländische Hülfsgelder durch ein Heer von 6000 Mann zum Sturze Jacobs II und zur Erhebung Wilhelms auf den Thron Englands mitzuwirken. Der Anführer dieser 6000 Mann war der Marschall (spätere englische Herzog) von Schomberg, welcher durch die Tapferkeit der Brandenburger in der Schlacht an der Boyne zur Entscheidung und Beendigung des Kampfes zwischen Wilhelm und Jacob II viel beitrug. Wilhelm bestieg nun 1689 als Wilhelm III den englischen Thron.

In demselben Jahre hatte Ludwig XIV gegen Deutschland wieder Krieg begonnen, um abermals Stücke dieses Reiches an sich zu reißen. Friedrich III stellte dem Kaiser zum Kriege gegen das übermüthige Frankreich 20000 Mann unter dem tapfern General Schöning. Friedrich selbst begab sich an den Rhein und zeigte sich während des ganzen Feldzuges seiner Vorfahren würdig. Besonders zeichnete er sich durch die Eroberung von Rheinbergen, Kaiserswerth und Bonn aus. Ludwig XIV hatte sich aber unterdessen, um dem Kaiser einen gefährlichen Feind im Rücken zu schaffen, mit den Türken verbündet. Da sandte Friedrich III auch zu diesem Kriege dem Kaiser 6000 Mann unter dem General Barfus, welche die Schlacht bei Salankemen (19. August 1691) mitgewinnen halfen und auch später bei Belgrad und Zenta sich auszeichneten. Trotz dieser kriegerischen Anstrengungen bekam der Kurfürst nicht den Lohn, den er hätte erwarten dürfen. Wie einst sein Vater wurde auch er im Kriege gegen Frankreich schlecht von seinen Bundesgenossen unterstützt, und in dem unglückseligen Frieden zu Ryswick wurden in Bezug auf Brandenburg nur die Friedensschlüsse von Münster (1648) und St. Germain (1679) bestätigt. Hätten alle deutschen Fürsten, den Kaiser nicht ausgenommen, ihre Schuldigkeit in diesem Kriege so gethan, wie sie Friedrich III gethan hat, so wäre in dem schmachvollen Frieden von Ryswick das Elsaß für Deutschland nicht verloren gegangen.

[Friedrichs III Duldsamkeit. — August Hermann Franke.]

Wie sein Vater, so machte auch Friedrich III sich allenthalben die Beschützung seiner Kirche und seiner Glaubensgenossen zur Gewissenssache. Bei den Verhandlungen war er für die freie Religionsübung der Protestanten in denjenigen Ländern, welche im Frieden zu Ryswick unter Frankreichs Herrschaft kamen, eingestanden, aber vergeblich. Abermals fanden Tausende von Reformierten aus Frankreich (Fürstenthum Oranien) und der Pfalz in Brandenburg bereitwillige Aufnahme. Auch die Einwanderung dieser gereichte dem Staate zu großem Vortheil. Durch ihren Gewerbfleiß, ihre vortrefflichen Einrichtungen in Bezug auf Jugendunterricht, Armen-, Kranken-, Wittwen- und Waisenverpflegungswesen, wurden sie ihren neuen Mitbürgern in den Marken ein leuchtendes Vorbild. — Auch die religiöse Duldsamkeit seines Vaters war auf Friedrich III übergegangen. So nahm er mehrere wegen ihrer Freimüthigkeit und religiösen Denkungsart von den strengen lutherischen Theologen verfolgte Männer, wie Christian Thomasius und August Hermann Franke, beide vorher Professoren an der Universität zu Leipzig, in seine Staaten auf. Schon längst hatte der Kurfürst den Plan gehegt, eine neue Universität zu gründen. Diesen Plan führte er jetzt aus. Thomasius und Franke erhielten die Erlaubniß in Halle Vorlesungen zu halten. Am 10. Juni 1692 erfolgte die förmliche Errichtung der neuen Universität, welche im J. 1694 vom Kaiser bestätigt wurde und bald zu bedeutender Blüthe gelangte. — Sein unerschütterliches Gottvertrauen bethätigte August Hermann Franke zu Halle durch ein großartiges Werk. Gerührt durch das große Elend der armen Bevölkerung, widmete er sich ganz der Erziehung und dem Unterricht der verwaisten Jugend. Mit geringen Mitteln gründete er das Pädagogium und später das so berühmt gewordene Waisenhaus, welches sich immer großartiger entfaltete, so daß es neben dem Pädagogium noch eine lateinische Schule, eine Töchterschule, ein Krankenhaus, ein Wittwenhospital, eine Apotheke, Buchdruckerei, eine Bibelanstalt zur wohlfeilen Herstellung der heiligen Schrift (Cansteinsche Bibelanstalt) u. s. w. umfaßt. August Hermann Franke war geboren zu Lübeck 1663, er starb 1729. Das Denkmal, welches ihm Friedrich Wilhelm III errichtet hat, trägt die Inschrift: »Er vertraute auf Gott.«

[Erwerbung der Preußischen Königskrone.]

Schon längst hatte Friedrich III das Verlangen nach der königlichen Würde und dem königlichen Namen gehabt. Dies war nicht bloßer Ehrgeiz. Der Umfang und die Macht des brandenburg-preußischen Staates war über diejenige eines bloßen Kurfürstenthums hinausgewachsen. Seit dem großen Kurfürsten stand Brandenburg-Preußen in der Reihe der europäischen Mächte und machte diese Stellung mit Erfolg geltend. Der kurfürstliche Name, nur auf die Zugehörigkeit eines Theiles des Staates zum deutschen Reiche berechnet, paßte nicht mehr, er entsprach nicht mehr den Machtverhältnissen der jungen Monarchie: die Königswürde mußte die Beziehungen zu andern Staaten erweitern und dem ganzen Staatswesen einen noch höheren Aufschwung verleihen.

— Dadurch nun, daß Wilhelm von Oranien 1689 den Thron von England und Friedrich August, Kurfürst von Sachsen, 1697 den von Polen erlangt hatte, war der alte Wunsch Friedrichs III aufs Neue wach geworden und bestärkt worden. Zur Erfüllung dieses Wunsches bot sich gerade damals eine gute Gelegenheit dar. Der Kaiser, ohne dessen Einwilligung Friedrich als Kurfürst des Reiches keine neue Würde annehmen konnte, steuerte auf einen großen Krieg los und brauchte deshalb die Hülfe und die Unterstützung Friedrichs. Dennoch hielt es bei der Eifersucht des Wiener Hofes auf das aufstrebende Preußen sehr schwer, die kaiserliche Einwilligung zu erhalten. Erst nach langen Unterhandlungen, welche der kurfürstliche Gesandte in Wien sehr geschickt leitete, und durch Bestechungen gelangte Friedrich zum Ziele. Am 16. November 1700 unterzeichnete Kaiser Leopold den sogenannten Krontractat. **In demselben erkannte der Kaiser den Kurfürsten als König in Preußen*) an.** Dafür versprach der nunmehrige König Oestreich für den bevorstehenden spanischen Erbfolgekrieg 10000 Mann Hülfstruppen zu stellen, in allen Reichsangelegenheiten dem Kaiser nicht zuwider zu sein, bei jeder Kaiserwahl seine Stimme dem habsburgisch-österreichischen Hause zu geben und aus seiner neuen Würde für seine Stellung als deutscher Reichsfürst keine neuen Ansprüche herzuleiten. Da Friedrich für seine deutschen Besitzungen die Oberhoheit des Kaisers anerkennen mußte, so haftete die neue Königswürde nur an dem außerhalb Deutschlands gelegenen souveränen Herzogthum Ostpreußen. Uebrigens war trotz der Opfer, zu welchen sich Friedrich verpflichtete, in Wien eine starke Parthei sehr unzufrieden mit der Einwilligung des Kaisers, besonders waren dies solche Männer, welche in kluger Voraussicht den Aufschwung Preußens ahnten. So sagte z. B. Prinz Eugen, der Kaiser solle die Minister hängen lassen, die ihm einen so treulosen Rath gegeben. Als König nannte sich Friedrich »Friedrich I.«

[Krönung Friedrichs und seiner Gemahlin.]

Nach erfolgter Unterzeichnung des Krontractates von Seiten des Kaisers veröffentlichte Friedrich ein Manifest an alle europäischen Mächte, worin er die Annahme der Königswürde rechtfertigte. Dann eilte er mit den königlichen Prinzen und seinem gesammten Hofe nach der Hauptstadt Preußens, nach Königsberg, um sich daselbst die Königskrone aufzusetzen und das Krönungsfest zu begehen. Am 17. Januar stiftete er den schwarzen Adlerorden, der bis auf den heutigen Tag der erste Orden Preußens ist; zur Erinnerung an diese Stiftung wird noch jetzt alljährlich das Ordensfest am 17. Januar feierlich begangen. Am darauf-

---

*) Nicht deswegen nannte sich Friedrich König in Preußen und nicht von Preußen, weil er nicht der Besitzer von ganz Preußen gewesen wäre, sondern es war dies der alte Kanzleistil. Auch der Kaiser nannte sich »in Germanien König.« Das »von« kam erst später auf.

folgenden Tage, dem 18. Januar, zog Friedrich nebst seinem Gefolge unter ungeheurem Pomp, nachdem er die Krone zuvor im Schlosse sich und seiner Gemahlin eigenhändig (zum Zeichen, daß er dieselbe keinem auf Erden, sondern sich selbst verdanke) aufgesetzt hatte, nach der Schloßkirche. Hier fand vor dem Altar des Herrn die feierliche Salbung der Stirn und des Pulses beider Hände statt, ebenso bei der Königin. Unter dem Geläute sämmtlicher Glocken der Stadt und unter dem Donner der Kanonen zog hierauf der Zug nach dem Schlosse zurück. Festlichkeiten aller Art für den Hof und das Volk folgten der feierlichen Handlung. Erst im März verließ der König Königsberg wieder. Sein Zug von hier nach Berlin war ein fortwährender Triumphzug, sein Einzug in seine Residenz Berlin gab an Pracht und Glanz dem Krönungszug in Königsberg nichts nach. Ein Dank- und Bußfest, das im ganzen Lande abgehalten wurde, beschloß die Feierlichkeiten, welche sich an die Krönung knüpften.

Die Anerkennung der neuen Königswürde von Seiten der europäischen Mächte erfolgte erst nach und nach. Sofort wurde sie anerkannt von Rußland, England, Oestreich, Dänemark, der Schweiz, den Niederlanden und auf des Kaisers Betrieb von den Fürsten des deutschen Reiches, aber von Schweden erst 1704, von Frankreich und Spanien erst 1713, von der Republik Polen erst 1764, dem Pabste aber war im Jahre 1786 Friedrich der Große immer nur noch — Markgraf von Brandenburg.

[Theilnahme Preußens am spanischen Erbfolgekriege. Friedrichs Erwerbungen.]

Nach dem Aussterben der Habsburger in Spanien hätten die östreichischen Habsburger in diesem Reiche nachfolgen müssen. Aber Ludwig XIV, um seinen Einfluß in Europa noch zu erhöhen, suchte seinen Enkel Philipp von Bourbon auf den spanischen Thron zu bringen. Daraus entstand zwischen Oestreich und Frankreich der sogenannte spanische Erbfolgekrieg 1700—1713, an dem auch England und Holland zu Gunsten Oestreichs Theil nahmen. König Friedrich sandte mehr Truppen als er versprochen hatte an den Rhein, nämlich statt 10000 schickte er 20000. Unter dem hernach so berühmten Fürsten Leopold von Dessau (der aber damals noch nicht der »alte«, sondern noch ein junger Dessauer war) kämpften die Preußen in allen großen Schlachten des Krieges ruhmvoll mit, so daß Prinz Eugen, der kaiserliche Oberbefehlshaber, an den König selbst einen Brief voll Lobeserhebungen über die tapfern Truppen schrieb. Wie in Deutschland in der Schlacht von Höchstedt (1704), so bedeckten sich die Preußen auch in Italien in den Schlachten von Cassano (1706) und Turin (1708) mit Ruhm. Besonders in letzterer Schlacht gaben sie die Entscheidung. »Der Fürst von Anhalt«, schrieb Eugen, »hat mit seinen Truppen bei Turin abermals Wunder gewirkt.« Auch bei Ramillies (1706) unter dem englischen General Marlborough kämpften preußische Truppen auf das Tapferste. Der spanische Erbfolgekrieg führte nur deshalb nicht zu Ludwigs vollständiger Vernichtung, weil die Verbündeten abermals unter einander in Zwist geriethen und sich theilweise vom Bündniß gegen Frankreich lossagten. So schloß man endlich den Frieden zu Utrecht (11. April 1713), welcher den Krieg beendigte, dessen Abschluß aber Friedrich I nicht mehr erlebte. Doch da das Verdienst der durch denselben gemachten Erwerbungen diesem Könige noch zuzuschreiben ist, so setzen wir das für Preußen Wichtige gleich hierher. In dem Frieden wurde die preußische Königswürde nochmals, auch von Frankreich und Spanien, anerkannt. Außerdem erhielt Preußen den **südlichen Theil des Herzogthums Geldern** (das sogenannte Oberquartier von Geldern).

Dasselbe hatte früher zu Jülich gehört, war aber später ein Theil des Herzogthums Burgund und noch später der spanischen Niederlande gewesen. Friedrich I hatte schon seit 1702 als Herzog von Cleve Ansprüche auf Obergeldern erhoben, welche ein früherer Herzog dieses Landes erworben hatte, aber erst im Frieden zu Utrecht fiel das beanspruchte Gebiet an Preußen. Es betrug etwa 24 □M.

Die übrigen Erwerbungen Friedrichs waren folgende:

1) Noch als Kurfürst erwarb Friedrich die lithauischen Herrschaften **Tauroggen und Serrey**.

Dieselben waren Friedrichs zweitem Sohne Ludwig von seiner Gemahlin, einer Prinzessin Radziwil, geschenkt worden; 1687 wurden sie an Brandenburg, allerdings als polnische Lehen, übergeben. Ihre Größe betrug 5 □M.

2) Ebenfalls noch als Kurfürst erkaufte er von Sachsen die **Erbvogtei über Stadt und Stift Queblinburg; die Reichsvogtei und das Reichsschulzenamt über die Reichsstadt Nordhausen** (peinliche Gerichtsbarkeit und Münze) und das **Amt Petersberg bei Halle**, alles für 300000 Thlr. Doch gab er die Rechte über Nordhausen gegen 50000 Thlr. an die Stadt zurück.

3) Die **Grafschaft Lingen**.

Dieselbe hatte früher dem Grafen von Tecklenburg gehört. Derselbe verlor sie, als er als schmalkaldischer Bundesgenosse geächtet wurde. Später kam sie an Philipp II von Spanien, der sie dem Prinzen Wilhelm von Oranien schenkte. Das oranische Haus behauptete sie bis zum Jahre 1702, in welchem sie Friedrich I beim Tode Wilhelms III (von England) als Erbe der oranischen Erbschaft (von seiner Mutter her) in Besitz nahm. Die Größe der Grafschaft betrug 11 □M.

4) Die **Grafschaft Mörs**.

Dieselbe gehörte ebenfalls zur oranischen Erbschaft, Friedrich nahm sie 1702 in Besitz. Zu ihr gehörte auch Crefeld. Sie hatte ein Areal von 6 □M.

5) Das **Fürstenthum Neufchatel mit der Grafschaft Valengin**.

Dieses Ländchen war ein oranisches Lehen der Familie Longueville. Als dieselbe im J. 1707 ausstarb, zog Friedrich das Ländchen als Erbe der oranischen Lehnsherrschaft als eröffnetes Lehen ein, es hatte 14 □M.

6) Die Grafschaft Tecklenburg.

Tecklenburg hatte mit Lingen eine Grafschaft gebildet und war später durch Erbschaft in den Besitz der Grafen von Solms-Braunfels gelangt. Von denselben erkaufte sie Friedrich I im Jahre 1707 für 250000 Thlr.

[Friedrichs Liebe zu den Künsten und Wissenschaften. Sein Charakter.]

Hatte Friedrich durch Gründung der Universität Halle bereits seinen Eifer für die Pflege der Wissenschaften bethätigt, so geschah dies außerdem noch durch die Stiftung der Akademie der Wissenschaften (1700), deren erster Präsident der größte Gelehrte damaliger Zeit, Gottfried Wilhelm Leibnitz war, dessen Rath bei der Einrichtung der Akademie maßgebend gewesen. Die Aufgabe derselben war die Erweiterung der wissenschaftlichen Kenntnisse und ihre Verbreitung durch Schriften, die Aussendung von Gelehrten zu Forschungen in den verschiedenen Zweigen des Wissens, die Anstellung astronomischer Untersuchungen u. s. w. Auch den Künsten schenkte Friedrich eine hervorragende Theilnahme. Durch glänzende Bauten verschönerte er Berlin, so verdanken ihm der Dom und das Zeughaus ihre Entstehung, das Schloß ließ er auf prachtvolle Weise umbauen. Auf der langen Brücke errichtete er die prachtvolle Reiterstatue des großen Kurfürsten (von dem berühmten Bildhauer Schlüter gearbeitet). Alle diese Gründungen und Bauten rief Friedrich keineswegs blos deswegen ins Leben, um äußerlich zu glänzen, sondern er war von wahrhafter Liebe für Kunst und Wissenschaft beseelt. Friedrich war außerdem von mildem Wesen, offenen Gemüthes, aber bei seiner Gutmüthigkeit ohne Festigkeit des Charakters. Nur allzu oft wurde das Vertrauen, welches er in seine Günstlinge setzte, von denselben getäuscht. Besonders war es der schon erwähnte Kolb von Wartenberg, der die Freigebigkeit des Königs aufs Schändlichste mißbrauchte und sich nebst seiner Gemahlin durch seinen Uebermuth die gerechte Feindschaft aller Vaterlandsfreunde zuzog. Als der König endlich der öffentlichen Meinung nachgab und Wartensleben entließ, gab er ihm noch einen beträchtlichen Jahrgehalt, obwohl sich derselbe im Dienste Friedrichs ein fürstliches Vermögen gesammelt hatte. Der große Aufwand Friedrichs, welcher an Verschwendung grenzte, hatte zur Folge, daß der Hof stets in Geldverlegenheit war. Deswegen wurden die Steuern erhöht, auch zu verschiedenen Malen eine allgemeine Kopfsteuer erhoben. Nichts desto weniger hob sich unter seiner Regierung der Wohlstand des Volkes ungemein, besonders war es die Industrie, welche durch die eingewanderten französischen und pfälzischen Protestanten einen großen Aufschwung genommen hatte, aber auch Handel und Ackerbau hat sich unter seiner Regierung stetig gehoben, so daß bei der erhöhten Steuerkraft des Landes seine Regierung für seine Unterthanen keine drückende war. Die ungeheuern Summen, welche die glänzende Hofhaltung des Königs verschlang, kamen dem Lande vielfach wieder zu Gute.

[Friedrichs I Gemahlinnen. Sein Tod.]

Friedrich I war dreimal vermählt, zuerst mit Elisabeth Henriette, Tochter des Landgrafen Wilhelm VI von Hessen-Kassel. Dieselbe starb bereits 1683. Seine zweite Gemahlin war **Sophie Charlotte**, Tochter des Kurfürsten Georg von Hannover, des nachmaligen Königs Georg I von England. Dieselbe wurde am 20. Oct. 1668 geboren, erhielt eine sorgfältige Erziehung und ward am 28. Sept. 1684 mit dem damaligen Kurprinzen Friedrich vermählt. Da damals der Kurprinz mit seiner Stiefmutter und in Folge dessen auch mit seinem Vater in gespanntem Verhältnisse lebte, so gestaltete sich ihr Leben in Berlin nicht nach ihrem Sinne; zudem waren ihr die steifen Förmlichkeiten des Hoflebens verhaßt. Sie bildete daher um sich einen vertraulichen Kreis, aus dem aller lästiger Hofzwang verbannt war. In diesen Gesellschaften, zu welchen besonders auch Gelehrte Zutritt erhielten, glänzte Sophie Charlotte durch den Umfang ihrer Kenntnisse und durch ihre geistreiche Unterhaltung. Dieselben wurden neben heiteren Gesprächen, Musik und jeder Art geselliger Unterhaltung auch durch die Behandlung wissenschaftlicher Fragen, besonders über Religion und Philosophie ausgefüllt. Der berühmteste Gelehrte, welcher an diesen geistreichen Gesellschaften Theil nahm, war der Philosoph **Leibnitz**, zu dem die Kurfürstin im gegenseitigen Austausch ihrer Ideen in ein freundschaftliches Verhältniß getreten war. Für ihren Landaufenthalt kaufte ihr Friedrich das Dorf Lietzow bei Berlin und ließ ihr daselbst ein Lustschloß bauen, welches ihr zu Ehren **Charlottenburg** benannt ward. Sophie Charlotte war aber nicht nur eine geistreiche Frau, sondern sie war auch eine gläubige Christin, voll edler Weiblichkeit und ausgezeichnet durch Adel der Gesinnung. Wie durch die Gründung der Akademie der Wissenschaften der erste Schritt darin geschehen ist, daß Preußen und besonders Berlin allmählich der Mittelpunkt aller geistigen Bestrebungen und Beziehungen Norddeutschlands geworden ist, so ist durch Sophie Charlotte zuerst ein feinerer Ton der Unterhaltung, eine feinere Lebenssitte, überhaupt der Sinn für höhere geistige Bestrebungen in die höheren Kreise Preußens eingebürgert worden. Leider starb die vortreffliche Frau bereits im Jahre 1705, erst 37 Jahre alt. — Die dritte Gemahlin Friedrichs war **Sophie Luise**, Tochter des Herzogs Friedrich von Mecklenburg-Schwerin. Mit derselben lebte der König nicht glücklich, sie war schwärmerisch lutherisch und wurde geisteskrank. Als sie einst von ihren Wärterinnen nicht gehörig beaufsichtigt wurde, gelang es ihr in die Gemächer des Königs zu bringen. Derselbe saß krank im Lehnstuhl. Die Königin stürzte in ihrem Wahnsinn auf ihn los, sie wurde zwar sofort entfernt, aber der schreckliche Auftritt hatte den König so erschüttert, daß er in Folge dessen am 25. Februar 1713 im Alter von 55 Jahren starb. Der Staat, dessen Ansehen er nach innen und außen vermehrt, hat unter ihm eine Größe von 2044 $\square$M. mit einer Einwohnerzahl von 1,730000 Seelen erreicht.

III. König Friedrich Wilhelm I, 1713—1740.

[Friedrich Wilhelms Jugendentwickelung.]

Friedrich Wilhelm, Friedrichs I und der Sophie Charlotte Sohn, wurde am 4. August 1688 zu Berlin geboren. In frühster Zeit ward er unter der Aufsicht seiner Mutter von einer französischen Protestantin, welche flüchtig nach Berlin gekommen war, der geistreichen Frau von Rocoulle, erzogen. Doch konnte dieselbe keinen Einfluß auf den Prinzen gewinnen, denn sehr frühzeitig zeigte sich an demselben ein starker Eigenwille, der sich mit zunehmender Körperkraft immer mehr entwickelte. Bald nahm seine Mutter auch wahr, daß der Sinn für Kunst und Wissenschaften in Friedrich Wilhelm entweder gar nicht vorhanden war, oder sich wenigstens nicht in der Weise entwickelte, wie sie es gewünscht hätte. Der Knabe wurde daher, nachdem er eine Zeit lang am Hofe seines Großvaters, des Kurfürsten von Hannover, zugebracht hatte, der Leitung des Generals von Dohna übergeben, eines Mannes, welcher bei einem stolzen strengen Wesen sich durch eine außerordentliche Thätigkeit und Ordnungsliebe auszeichnete, Eigenschaften, welche auf den Prinzen übergiengen. Die zweite Neigung, welche später in demselben vorherrschte, die zum Soldatenstande, wurde durch die ersten Feldherren seines Vaters, den Fürsten von Dessau und den Markgrafen Philipp entwickelt. Diese Neigung wurde dadurch noch vermehrt, daß Friedrich Wilhelm die Bekanntschaft der größten Generale ihrer Zeit, des Prinzen Eugen von Savoyen und des Herzogs von Marlborough machte, welche er während des spanischen Erbfolgekrieges bei der Belagerung von Doornik (Tournay), an der er Theil nahm, kennen lernte. Mit der Liebe zum Militär bildete sich in dem Prinzen jene soldatische Derbheit der Sitten und der Ausdrucksweise aus, durch welche er sich von andern Fürsten seiner Zeit und ihrem höfischen Wesen später so sehr unterschied. Die Folge des Umstandes, daß Friedrich Wilhelm der Kunst und den Wissenschaften keinen Geschmack abgewinnen konnte, war, daß sich seine Thätigkeit mehr und mehr auf dasjenige richtete, was ihm für unmittelbar nützlich erschien, auf das Praktische. Sinn für strenge Rechtlichkeit und eine tiefe Religiosität bildeten ebenfalls schon früh hervorstechende Eigenschaften Friedrich Wilhelms.

[Friedrich Wilhelms Regierungsantritt.]

Friedrich Wilhelm war als Kronprinz wenig hervorgetreten und hatte sich an den Regierungshandlungen nicht betheiligt. Dennoch muß er genaue Kenntniß von allem gehabt haben, was sich auf die Staatsangelegenheiten bezog. Denn sofort nach seines Vaters Tode ergriff er die Regierung mit einer Sicherheit und Kenntniß der Verhältnisse, welche sich nur auf die angegebene Weise erklären läßt. Die erste Regierungshandlung war, daß er sich aus dem Sterbezimmer durch die dicht gedrängte Schaar der zahlreichen Diener in sein Cabinet begab, sich die

Liste des königlichen Hofstaates vorlegen ließ und dieselbe mit den Worten: »Hiermit kassiere ich und hebe alle Hofämter meines Vaters auf,« durchstrich. Doch befahl er zugleich, daß sich keiner der Entlassenen von seinem Posten entfernen dürfe, ehe nicht der verstorbene König bestattet sei; denn es schien ihm kindliche Pflicht, den Vater in dessen Sinne zu beerdigen. Und auch diejenigen wenigen Beamten, welche er behielt, setzte er in ihrem Gehalte zurück. So wurden z. B. die Gehälter und Pensionen der »Stabs- und Generalstabsbeamten« von 276000 auf 55000 Thlr. herabgesetzt. Das ganze äußere Aussehen des Hofes war mit dem Regierungsantritt des neuen Königs verändert. Anstatt der prächtigen Livreen unzähliger Kammerherren, Lakaien und anderer Hofbeamten sah man von jetzt an nur Adjutanten im einfachen militärischen Rocke. Auch Künstler und Gelehrte, welche dem praktischen Sinne des Königs als überflüssig erschienen, wurden fortan am Hofe nicht mehr geduldet.

Friedrich Wilhelm sah seine Stellung als eine ihm von Gott verliehene an und hatte daher von derselben einen hohen Begriff. Es war ihm Gewissenssache, das Beste seiner Unterthanen zu fördern, er verlangte aber auch für seine Anordnungen, welche er in seiner durch Gottes Gnade ihm verliehenen Machtvollkommenheit erließ, unbedingten Gehorsam. Nicht selten geschah es, daß er sich denselben mit dem Stocke eigenhändig erzwang. Indem er sich aber für das Wohl seines Volkes gegen Gott verantwortlich fühlte, scheute er die Mühe nicht, überall selbst die Verwaltung seiner Beamten zu überwachen. Seine Strenge gegen die Beamten, welche er auf irgend einer Pflichtvergessenheit ertappte, übte bald einen sehr wohlthätigen Einfluß auf alle Zweige der Verwaltung aus.

[Der nordische Krieg.]

Gleichzeitig mit dem spanischen Erbfolgekriege wurde auch im Norden Europas ein Kampf geführt, welcher nicht weniger langwierig war als jener, der sogenannte nordische Krieg. Nach dem Tode König Karls XI von Schweden war nämlich dessen junger Sohn Karl XII im Jahre 1697 auf den Thron gelangt. Bei der Jugend Karls XII glaubten Dänemark und Polen die Zeit gekommen, sich auf Schwedens Kosten zu vergrößern. Jenes wollte den Herzog Friedrich von Holstein-Gottorf, Karls Schwager, unterdrücken, Polen unter August II (Friedrich August von Sachsen) wollte das damals schwedische Liefland und Esthland wieder an Polen bringen. Als dritter nahm Peter I (der Große), von Rußland am Bunde Theil. Derselbe wollte sein Reich durch schwedische Ostseeländer vergrößern, um es bis zur Ostsee auszudehnen. Karl XII, welcher im Jahre 1700 zunächst von den Dänen angegriffen ward, landete mit Blitzesschnelle auf der Insel Seeland und bedrohte Kopenhagen. Schon am 18. August verstand sich Dänemark zum Frieden von Travendahl in Holstein. Hierauf wendete sich der schwedische König gegen Rußland. Er landete

in Esthland und schlug mit nur 15000 Mann in der Schlacht bei
Narwa 40000 Mann Russen (30. November 1700). Nachdem er
hierauf Curland besetzt und die Sachsen 1701 an der Düna besiegt
hatte, drang er in Polen ein. Hier ließ er von den polnischen Großen
August II des Thrones entsetzen und an seiner Statt den Woywoden
von Posen Stanislaus Leszinski zum König wählen. Da August II
nichtsdestoweniger den Krieg gegen Schweden fortsetzte, so unternahm
Karl XII den kühnen Marsch nach Sachsen. Er drang bis Leipzig
vor, in dessen Nähe zu Altranstedt er 1706 mit den Abgesandten
des Kurfürsten Frieden schloß. In demselben zwang er Friedrich August
der polnischen Krone zu entsagen. Nun wandte sich der junge Held
wieder gegen Rußland. Peter I aber hatte die Jahre zwischen seiner
Niederlage bei Narwa und dem Wiedererscheinen Karls XII nicht ungenützt vorübergehen lassen. Er hatte sich ein gutes Heer gebildet,
Ingermanland erobert und daselbst seine neue Hauptstadt Petersburg
gegründet (1703). Karl XII hätte sich vielleicht mit Erfolg gegen den
Czaren gewendet, er ließ sich aber verleiten, einer Einladung des Ko-
sakenhetmans Mazeppa zu folgen und einen Einfall in die Ukraine
zu wagen. Hier aber ward sein Heer, geschwächt durch Mangel an
Lebensmitteln und Strapazen, von den Russen bei Pultawa besiegt
(9. Juli 1709). Mit den traurigen Resten seiner Truppen flüchtete
sich der schwedische König in die Türkei, welche er zum Kriege gegen
Rußland zu reizen wußte. Doch der bald wieder zwischen Peter und
dem Sultan abgeschlossene Friede vereitelte die Hoffnungen, welche er
auf diesen Krieg gesetzt hatte.

[Theilnahme Preußens am nordischen Kriege.]

Im Jahre 1710 hatten England, Oestreich und Dänemark in dem
sogenannten Haager Concert ausgemacht, daß alle deutschen Provinzen
der kriegführenden Staaten neutral sein sollten, um das deutsche Reich
vor der Theilnahme am nordischen Kriege zu sichern. Karl XII aber,
voll Mißtrauen gegen die Absichten der neutralen Mächte, verwarf von
Bender in der Türkei aus diesen Vertrag und führte daher selbst den
Verlust sehr wichtiger schwedischer Provinzen herbei. Ein Heer von
Dänen, Sachsen und Russen fiel nämlich nach Verwerfung des Haager
Concertes in das schwedische Pommern ein. Zwar siegte der schwedische
General Steenbock über dasselbe bei Gadebusch, doch mußte derselbe
sich bald darauf zu Oldesworth bei Tönningen mit dem Reste seiner
Truppen gefangen geben und da um dieselbe Zeit sich die Russen und
Polen gegen Stettin wandten, so schien Vorpommern für die Schweden
verloren zu gehen. In dieser Noth schloß der schwedische Statthalter
von Bremen und Verden auf Befehl Karls XII mit Preußen im J. 1713
den sogenannten Berliner Sequestrationsvergleich ab. Nach demselben sollte Preußen im Verein mit holsteinischen Truppen die Festung
Stettin besetzen, aber nach Erstattung der Kosten später wieder an

Schweden zurückgeben. Da aber der Commandant von Stettin die Uebergabe verweigerte, so ward diese Festung von den Russen erobert. Friedrich Wilhelm I schloß nun mit diesen 1713 den Sequestrationsvertrag zu Schwedt ab. Durch denselben wurde Stettin den Preußen übergeben, auch bekam der König die Berechtigung, Vorpommern bis zur Peene zu besetzen. Dafür sollte Friedrich Wilhelm 400000 Thlr. Belagerungskosten an Rußland und Sachsen bezahlen, im Uebrigen aber neutral bleiben. Da aber Karl XII diesen Vertrag verwarf und 1714 nach seiner Rückkehr aus der Türkei die Wiederauslieferung von Stettin ohne alle Entschädigung und Erstattung der 400000 Thlr. von Preußen verlangte, so verband sich dieses 1715 mit den bisherigen Feinden Schwedens. In dem nun folgenden Kriege zeichneten sich die Preußen abermals durch ihre Tapferkeit rühmlichst aus. Unter Leopold v. Dessau landeten sie bei dem Dorfe Groß-Stresow auf Rügen, eroberten diese Insel (15. November) und zwangen dadurch die Stadt Stralsund zur Capitulation (22. Dezember). Im folgenden Jahre ward auch das ihnen gehörige Wismar den Schweden entrissen, immer aber war der starrsinnige Karl XII noch nicht zum Frieden geneigt. Dieser ward erst abgeschlossen, als der König bei der Belagerung der norwegischen Festung Friedrichshall gefallen war (11. Dezember 1718). Im Frieden zu Stockholm (21. Januar 1720) erhielt Preußen Vorpommern bis zur Peene nebst den Inseln Usedom und Wollin und zahlte dafür an Schweden 2 Millionen Thaler. Durch den Frieden zu Nystedt (1721) erhielt dasselbe zwar den Rest von Vorpommern nebst der Insel Rügen von Rußland zurück, doch verlor es an Hannover die Herzogthümer Bremen und Verden. Das neuerworbene pommersche Gebiet hatte eine Größe von 96 □M.

[Friedrich Wilhelms Bemühungen um Jülich und Berg. Ende des jülichschen Erbschaftsstreites.]

Daß der Utrechter Friede, durch welchen der spanische Erbfolgekrieg beendigt ward, erst unter Friedrich Wilhelm I geschlossen wurde und was Preußen in diesem Frieden erwarb, haben wir bereits oben gesehen. Einige kleinere Erwerbungen in Franken (die Herrschaft Limburg) und in den Niederlanden bei Beendigung des oranischen Erbschaftsstreites in J. 1732 (Gravesand, Herstall, Turnhout) übergehen wir, zumal dieselben später für Preußen wieder verloren giengen. — Ein Lieblingsgedanke Friedrich Wilhelms war, die preußischen Erbansprüche auf Jülich und Berg doch noch zur Geltung zu bringen. Es stand nämlich das Aussterben der Linie Pfalz-Neuburg zu erwarten, da seit 1716 der kinderlose Karl Philipp über die pfälzisch-neuburgischen Lande regierte. Bereits im J. 1725 hatte der König Frankreich und England vermocht, sich für den Fall des Aussterbens der Neuburger Linie zu bemühen, daß Jülich und Berg an Preußen falle. Als im darauffolgenden Jahre Friedrich Wilhelm im Vertrage zu Königs-Wusterhausen die sogenannte pragmatische Sanction anerkannte, durch welche der kinderlose Kaiser Karl VI seiner Tochter Maria Theresia die Nachfolge in den österreichischen Erbländern sichern wollte, versprach seinerseits der Kaiser, die Schwierigkeiten, welche der preußischen Besitznahme Bergs und Ravensteins entgegenständen, zu beseitigen. Sollte das nicht geschehen, so sicherte der Kaiser dem Könige den Besitz eines andern Reichslandes von gleicher Größe zu. Geschähe auch dies nicht, so solle es sein, als wenn der Vertrag niemals geschlossen wäre. Trotz alledem gelang es nicht, die Linie Pfalz-Sulzbach, die nächst berechtigte Erbin Pfalz-Neuburgs, zum Aufgeben ihrer Erbrechte in Jülich und Berg zu bewegen, zumal es auch dem Kaiser mit seinem Versprechen nicht Ernst war. Der König, welcher sonst ein treuer Anhänger des Reichsoberhauptes war, fühlte sich dadurch, daß dasselbe sein Versprechen nicht hielt, ja sogar den Anfall der beiden Herzogthümer an Preußen zu hintertreiben suchte, schwer verletzt. Auf seinen Sohn zeigend soll er geäußert haben: »Hier steht einer, der wird mich rächen.« Friedrich Wilhelm starb vor dem letzten Kurfürst von Pfalz-Neuburg und sein Nachfolger, Friedrich der Große, überließ die Nachfolge in den Herzogthümern an Pfalz-Sulzbach, da er aus Rücksicht auf Frankreich seine Rechte nicht geltend machen wollte. Erst mit dem 1741 mit Pfalz-Sulzbach abgeschlossenen Vergleich ist der langwierige jülich-clevische Erbschaftsstreit beendigt.

[Sorge Friedrich Wilhelms um das Militärwesen.]

Friedrich Wilhelms Hauptsorge war auf die Vermehrung und Ausrüstung des Heeres gerichtet. In ihm hatte er die Grundlage und die Stütze der Monarchie erkannt. Bei dem Tode Friedrichs I belief sich die Anzahl der preußischen Truppen auf 38000 M. Schon im ersten Jahre seiner Regierung erhöhte der König dieselben auf 45000 Mann und bei seinem Tode war das Heer auf 83000 Streiter angewachsen. Es ist leicht einzusehen, daß eine so zahlreiche Armee nicht allein aus Landeskindern rekrutiert werden konnte. Preußische Werber hielten sich in den verschiedenen Ländern auf, um dem Könige die nöthigen Mannschaften aufzubringen. Zur Regelung der inländischen Aushebung ward für jedes Regiment nach einer gewissen Eintheilung des Landes ein Canton gebildet, aus dem es seine Rekruten erhielt. Bekannt ist des Königs Vorliebe für große Leute, »lange Kerls«, wie er sie nannte. Er hatte sich ein ganzes Regiment aus solchen hochgewachsenen Leuten gebildet, welches in Potsdam garnisonierte. Dasselbe bestand aus 3 Bataillonen, jedes zu 800 Mann und erfreute sich des Königs besonderer Gunst. Da der König nicht selten fremde Landeskinder, wenn sie nur ihre sechs Fuß und darüber maßen, mit List und Gewalt in seine Regimenter einreihen ließ, so gerieth er mitunter mit andern Regierungen in ärgerliche Händel. Umgekehrt warben aber auch häufig fremde Monarchen zuweilen dadurch um seine Gunst, daß sie ihm

»lange Kerls« zusendeten. — Möchte man diese Liebhaberei mehr für Spielerei halten, so nahm es Friedrich Wilhelm doch mit der Ausbildung des Heeres sehr ernst. Um ein tüchtiges Offiziercorps heranzubilden, beschloß er die Offiziere selbst anzustellen, während dies bis dahin von den Regimentsobersten geschehen war; dabei beförderte er nur solche Leute, von deren Tüchtigkeit und guten militärischen Eigenschaften er sich hinlänglich überzeugt hatte und welchen auch in Bezug auf Sittlichkeit und guten Haushalt nichts vorgeworfen werden konnte. Besonders war dem Könige auch daran gelegen, unter dem Offiziercorps das Gefühl der Standesehre, das soldatische Selbstgefühl zu wecken und zu heben, eine Eigenschaft, welche das preußische Heer vor allen übrigen Armeen seitdem vortheilhaft auszeichnet. — Ein treuer Gehülfe bei der Ausbildung des Heeres war dem Könige Fürst Leopold von Dessau (der alte Dessauer). Derselbe ist der eigentliche Urheber der vorzüglichen preußischen Kriegsausbildung geworden. Strenge Zucht, gründliches Exerzitium, Manövrierfähigkeit führte er in die Armee ein und erwarb sich unter anderm durch die Einführung des eisernen Ladestockes ein Verdienst, wodurch die preußische Infanterie in den Stand gesetzt ward, viel schneller zu feuern, als dies mit den früheren hölzernen Ladestöcken möglich gewesen war. Daß Leopold von Dessau sich bereits auch im spanischen Erfolgekrieg durch seine kriegerische Tüchtigkeit hervorgethan hatte, haben wir oben gesehen.

[Staatsverwaltung. Sorge um das Wohl des Landes.]

Besonders verdient machte sich auch Friedrich Wilhelm um die Staatsverwaltung. Auf sie übertrug er die strenge Ordnung und Pünktlichkeit, welche ihn in allen Dingen auszeichnete. Um in die ganze Verwaltung einen geregelteren Gang und mehr Einheit zu bringen, setzte er ein Generaldirectorium ein (eigentlich General-Ober-Finanz- und Domänen-Directorium). Früher war nämlich die Verwaltung der Kriegsgefälle durch das Generalcommissariat geführt worden, die Verwaltung der Domänengefälle hatte dagegen beim General-Domänen-Directorium obgelegen. Ueber beide Behörden hatte Friedrich Wilhelm die sogenannte General-Rechenkammer gesetzt. Da aber durch diese Einrichtung die früheren Uebelstände, Zwistigkeiten zwischen Generalcommissariat und dem General-Domänen-Directorium, noch nicht beseitigt worden waren, so setzte der König im J. 1723 das erwähnte General-Directorium ein, in den einzelnen Provinzen aber Kriegs- und Domänenkammern. Unaufhörlich war Friedrich Wilhelm auch bemüht, die Einnahmen des Staates zu heben. Dies suchte er besonders durch eine erhöhte Ertragsfähigkeit der königlichen Domänen, Hebung der Landwirthschaft und Colonisation wüster Landstrecken zu erreichen. Damals wurden von dem Erzbischof von Salzburg, Freiherrn von Firmian, Tausende von Familien seiner evangelischen Unterthanen vertrieben. Unter günstigen Bedingungen und dem Versprechen freier

Religionsübung mußte der König viele Tausende der unglücklichen Flüchtlinge in sein Land zu ziehen. Er ließ ihnen Land in Ostpreußen in den Niederungen der Memel anweisen, gab ihnen Vieh und Ackergeräthe, ließ ihnen Kirchen und Schulen bauen und ward so der Gründer einer ganz neuen Cultur im äußersten Osten seines Landes. Wie der König für Regelung der Finanzwirthschaft und der Verwaltung sorgte, so ließ er sich auch die Verbesserung der Rechtspflege angelegen sein. »Die schlimme Justiz schreiet gen Himmel,« sagte er, »und wenn ich's nicht remediere, so lade ich selbst die Verantwortung auf mich.« Wo ihm Urtheilssprüche zu gelinde erschienen, erhöhte er die Strafen selbst. Dieselben waren dabei meistentheils entsetzlich hart und barbarisch. So z. B. ließ er Kindesmörderinnen in Säcken ertränken, die sie selbst nähen mußten; junge Leute, die ihre Habe verschwendeten, ließ er in's Zuchthaus bringen. — Nicht weniger als auf das Wohl der Landbevölkerung, welche er vor den übermäßigen Quälereien des Gutsherrn und seiner Beamten zu schützen suchte, war der König auf das Gedeihen der Städte bedacht. So wurden die Minister dafür verantwortlich gemacht, ihr vornehmstes Bestreben darauf zu richten, »dem Landmann aufzuhelfen und die Städte in blühenden Stand zu bringen.« Der Rath, dem die Städte oblägen, müsse deren Zustand auf Handel und Wandel, Armuth und Nahrung, Bürger und Einwohner so genau kennen, »wie ein Capitain den Zustand seiner Compagnie.« Seine Hauptstadt Berlin suchte der König auf alle Weise, freilich häufig auf gewaltthätige Weise, zu vergrößern und zu verschönern. So zwang er reiche Grundbesitzer und Kaufleute, sich in Berlin prachtvolle Paläste zu bauen. »Der Kerl hat Geld, muß bauen,« waren seine Worte. Auch Potsdam hatte sich seiner königlichen Gunst zu erfreuen und gehörte nebst Königs-Wusterhausen zu seinen Lieblingsaufenthaltsplätzen.

Um Manufactur und Gewerbe zu heben, ließ der König alle Bedürfnisse des Heeres von einheimischen Stoffen im Lande selbst anfertigen. Auf diese Weise suchte er besonders auch zu verhindern, daß das Geld außer Landes verausgabt würde.

[Kirchen- und Schulwesen.]

Wie Friedrich Wilhelm selbst von einer aufrichtigen Frömmigkeit beseelt war, so suchte er auch bei seinem Volke den religiösen Sinn zu heben und zu pflegen. Gottesfurcht, reine Sitten und haushälterischen Sinn verlangte er mit unerbittlicher Strenge von seiner Familie und von allen seinen Beamten und Dienern, damit sie dem Volke mit gutem Beispiele vorangiengen. Für religiöse Zwecke war er freigebig; auf seine Kosten wurden viele Erbauungsbücher gedruckt und unter Arme und Soldaten vertheilt. Durch eine neue Kirchenordnung und Einsetzung geistlicher Inspectoren in den einzelnen Provinzen suchte er auch äußerlich das kirchliche Leben zu heben und zu kräftigen.

Großen Argwohn hegte der König gegen die Wissenschaften, namentlich gegen die Philosophie. Die Beschäftigung mit derselben hielt er für müßig und unnütz. Einer größern Gunst erfreuten sich nur diejenigen wissenschaftlichen Zweige, welche auf eine mehr praktische Thätigkeit hinweisen, wie die Medicin. Besonders zuwider war ihm aber die römische Rechtswissenschaft wegen der übertriebenen Aengstlichkeit der Formen, wegen der Zweideutigkeit vieler Bestimmungen und der langen Processe. Die von seinem Vater gegründete Academie der Wissenschaften entgieng nur dadurch der Aufhebung, daß sie sich erbot, ein anatomisches Theater zu errichten und für die Ausbildung der chirurgisch-medizinischen Studien zu sorgen. Durch die Ernennung des Professors Paul Gundling zum Präsidenten der Academie, welchen der König schon mehr als eine Art Hofnarren in seiner Umgebung duldete, schwand das Ansehen derselben ganz dahin, zumal da ihr auch von dem sparsamen Könige die zu ihrer Unterhaltung nöthigen Gelder fast ganz entzogen wurden. — Einen desto größern Eifer zeigte Friedrich Wilhelm für die Errichtung von Elementarschulen. Unter Androhung strenger Strafen wurde durch allgemeine Edikte den Eltern befohlen, ihre Kinder vom 5ten bis zum 12ten Jahre in die Schule zu schicken. Alle Rekruten sollten bei ihren Regimentern schreiben und lesen lernen. Mit bedeutenden Summen aus seiner eigenen Kasse unterstützte er diese seine Bestrebungen. In Ostpreußen sind durch seine Bemühungen allein 1100 Dorfschulen eingerichtet worden. Zu den Schulgebäuden gab theils der König das dazu nothwendige Baumaterial, theils verpflichtete er hierzu die Patrone, die Gemeinden mußten dabei Spanndienste verrichten. Durch die Einführung des Schulzwanges ist es erreicht worden, daß sich das preußische Volk so vortheilhaft vor andern Völkern durch eine allgemeine und gediegene Schulbildung auszeichnet; und wenn auch den folgenden Königen in dieser Beziehung noch sehr viel zu thun übrig blieb, so hat doch Friedrich Wilhelm I das hohe Verdienst, zuerst mit Erfolg eine gleichmäßige Volksbildung erstrebt zu haben.

[Friedrich Wilhelms Lebensart und Charakter. Sein Tod.]

Im Gegensatz zu den andern Fürsten seiner Zeit befleißigte sich Friedrich Wilhelm einer bürgerlichen Lebensweise. Seiner deutschen Gesinnung war alles französische Wesen verhaßt, dies zeigte sich sogar in Kleinigkeiten. So durften niemals französische Weine auf seine Tafel gebracht werden, während er einen großen Vorrath von Rheinweinen besaß. Obwohl damals die Sitte in den höheren Kreisen herrschte, sich der französischen Sprache zu bedienen, so machte der König hierin eine rühmliche Ausnahme. Er ließ zwar seine Kinder französisch erziehen, er selbst aber duldete nicht, daß in seinen Gesellschaften französisch gesprochen ward, und auch gegen seine Familienmitglieder und die Gesandten deutscher Länder gebrauchte er nur die deutsche Sprache, obwohl er der französischen vollkommen mächtig war. Von Glanz und

Prunk war bei ihm keine Rede. Seine bis zum Geiz übertriebene Sparsamkeit gestattete ihm denselben nicht. Nur für seine Soldaten, für Schulen und Kirchen war er außerordentlich freigebig. Durch seine Sparsamkeit hatte er nicht nur bald die Schulden, welche sein Vater hinterlassen hatte, bezahlt, sondern er hinterließ auch noch einen Schatz von 9 Millionen, der seinem Sohne nachher ungemein zu Statten kam. Die größte Erholung fand Friedrich Wilhelm in dem sogenannten Tabackscollegium, einer Abendgesellschaft, in welcher bei Taback, Bier und frugalem Abendbrot die freiste Unterhaltung geführt ward. Alles Ceremoniel war in dieser Gesellschaft verpönt. Die Einladungen zu derselben ergiengen an Minister, Generale, Gesandte und andere dem Könige nahe stehende Personen, aber auch hervorragende Gelehrte erhielten, wenn sie sich gerade in Berlin oder Potsdam aufhielten, Zutritt. Als häufige Gäste sind hervorzuheben des Königs Günstling Grumbkow und Baron von Pöllnitz, außerdem Leopold von Dessau und der kaiserliche Gesandte von Seckendorf. Als Hofgelehrter figurierte Jacob Gundling, welcher sich dabei die Rolle eines Hofnarren gefallen lassen mußte. Die Gespräche, welche im Tabackscollegium geführt wurden, bestanden nicht nur aus Witzen und derben Späßen, sondern waren auch häufig ernster Natur und erstreckten sich vorzugsweise auch auf Politik, zu welchem Zweck die bedeutendsten damaligen holländischen, französischen und deutschen Zeitungen gehalten wurden.

Friedrich Wilhelm erreichte nur ein Alter von 53 Jahren. Im Herbste des Jahres 1739 erkrankte er; während des Winters verschlimmerten sich seine Leiden und am 31. Mai 1740 starb er mit großer Fassung zu Potsdam mit den Worten: »Herr Jesu, du bist mein Gewinn im Leben und im Sterben«. Dem Volke solle verkündigt werden, »daß er als ein großer Sünder, doch im Vertrauen auf Gottes Gnade gestorben sei.« Die Staatseinnahmen waren unter seiner Regierung von 2½ Millionen auf jährlich 7½ Millionen angewachsen, den Staat hinterließ er in einer Größe von 2159 ☐M. mit 2,485000 Einwohnern.

Vierter Abschnitt.
Geschichte des Preußischen Staates unter Friedrich dem Großen. 1740—1786.

I. Friedrich II bis zum siebenjährigen Kriege. 1740—1756.

[Friedrichs II Jugenderziehung.]

Friedrich II wurde am 24. Januar 1712, einem Sonntage, geboren. In den ersten Lebensjahren war die Sorge für seine Erziehung seiner Mutter Sophie Dorothea überlassen. Gouvernante des Kronprinzen ward Frau von Kamecke, eine Ehrendame der Königin; die eigentliche Aufsicht über ihn aber erhielt die Untergouvernante Frau Rocoulle, für welche der König aus seiner Jugendzeit her noch die größte Achtung hegte. Durch sie erhielten Friedrich und seine Geschwister frühzeitig die Fertigkeit, sich in zierlichem Französisch auszudrücken. Als der Kronprinz das siebente Jahr erreicht hatte, hörte die weibliche Erziehung auf und der General Graf von Finkenstein und der Oberst von Kalkreuth wurden mit der ferneren Leitung Friedrichs beauftragt. In der Instruction, welche seinen Erziehern vom Könige gegeben ward, hieß es, es solle dem Prinzen »eine rechte Liebe und Furcht vor Gott, als das Fundament und die einzige Grundsäule unserer zeitlichen und ewigen Wohlfahrt, recht beigebracht werden.« Latein sollte Friedrich nicht treiben, wohl aber sollte er lernen sich im Französischen und Deutschen elegant und kurz auszudrücken, außerdem Mathematik, »Artillerie«, Oeconomie aus dem Fundament; die alte Historie »nur überhin«, dafür aber die Geschichte der letzten 150 Jahre auf das Genaueste. Ferner Natur- und Völkerrecht, sowie auch die Geographie. Später sollte dann Unterricht in Fortification und andern Kriegswissenschaften hinzugefügt werden, »damit der Prinz von Jugend auf angeführt werde, einen Offizier und General zu agieren und seinen ganzen Ruhm im Soldatenstande zu suchen.« Unter der Aufsicht der beiden genannten Offiziere unterrichtete den Prinzen ein Franzose, Duhan de Jandun, ein Mann von gelehrten Kenntnissen, welcher einen sehr bedeutenden geistigen Einfluß auf seinen Schüler erlangte und welchem Friedrich auch später in herzlicher Dankbarkeit und Liebe anhing. Besonders waren es die dichterischen und geschichtlichen Werke der Franzosen, mit welchen der Kronprinz durch Duhan bekannt gemacht wurde. In der Musik bekam er vom Hoforganisten Heine Unterricht, im Flötenspiel insbesondere, aber erst später, von dem Kapellmeister Quanz aus Dresden. Vor allem aber war es des Königs Bestreben, aus seinem Sohne einen tüchtigen Soldaten zu bilden. Aber indem Friedrich Wilhelm mit zu großer Peinlichkeit auf die Ausführung aller auch der geringsten militärischen Uebungen bestand, ward der lebendige Geist des Kronprinzen von diesen Uebungen, in denen er nur Pedanterie und überflüssige Quälerei sah, abgeschreckt. Auch dem Religionsunterrichte vermochte er keinen Geschmack abzugewinnen. Derselbe, vom Hofprediger Andreä geleitet, war ein ganz und gar verfehlter; es wurden dem Prinzen die einfachsten und ergreifendsten Wahrheiten des Christenthums auf eine so trockene und pedantische Weise vorgetragen, daß man sich nicht verwundern darf, wenn durch solchen Religionsunterricht nicht wohlthätig auf das Gemüth des jungen Prinzen eingewirkt worden ist.

[Entfremdung zwischen Friedrich und seinem Vater.]

Je mehr Friedrich heranwuchs, desto herrlicher entwickelten sich seine Fähigkeiten. Eine große Neigung zu Kunst und Wissenschaft trat an ihm frühzeitig hervor. Aber gerade dieser Zug an seinem Sohne war dem Könige, der nun einmal von Kunst und Wissenschaften nichts hielt, nicht recht. Das ganze Wesen Friedrich Wilhelms wurde dem Kronprinzen allmählich um so mehr zuwider, als sich derselbe die Formen der feineren Lebensart aneignete. Die Behandlung, welche die Untergebenen des Königs, ja sogar die Mitglieder der königlichen Familie erdulden mußten, erschien Friedrich als roh und unmenschlich, das Tabackscollegium, in welchem die königlichen Kinder zuweilen erschienen, als abgeschmackt und gemein; auch die Jagdbelustigungen des Königs, in welchen es dieser den tollsten Junkern zuvorthat, und durch welche der Bauernstand auf das Aergste bedrückt ward, wurden von Friedrich gemißbilligt. Das alles blieb dem Könige nicht unbekannt, am meisten wurde aber derselbe dadurch gekränkt, daß Friedrich den Religionsunterricht nicht auf die Weise aufnahm, wie er es wünschte und für nothwendig hielt, während er doch selbst durch die Art und Weise, wie er den Kronprinzen zwang, an den täglichen Hausandachten, die er selbst auf seine derbe Weise abhielt, theilzunehmen, dessen religiösen Sinn mehr ertödtete als belebte. Nicht weniger fühlte sich Friedrich Wilhelm verletzt, als er zu bemerken glaubte, daß Friedrich die militärischen Uebungen nicht mit Eifer und Hingebung betrieb und daß er auch sich einem nach des Königs Ansicht leichtfertigen und verschwenderischen Lebenswandel hinzugeben schien. Der Gedanke, daß der Kronprinz später als König alle seine militärischen Schöpfungen, in denen er einen Grundpfeiler des preußischen Staates sah, vernachlässigen oder ganz und gar wieder eingehen lassen könnte, daß außerdem später eine noch viel zügellosere Finanzwirthschaft als unter Friedrich I geführt werden könnte, war dem König ganz unerträglich. So oft er daher seinen Sohn sah, überhäufte er denselben mit den bittersten Vorwürfen. Als einst der Kronprinz von seinem Vater überrascht ward, wie er sich heimlich von Quanz, den er bei einem Besuche in Dresden kennen gelernt, im Flötenspiel unterrichten ließ, gerieth Friedrich Wilhelm, welcher in den schöngeistigen Lieblingsbeschäftigungen seines Sohnes nichts als Zeit-

Verschwendung und den Anfang zu verwerflichen Ausschweifungen sah, in die größte Wuth. »Fritz ist ein Querpfeifer und Poet,« äußerte er damals voll Grimm gegen andere, »er macht sich nichts aus den Soldaten und wird meine ganze Arbeit verderben.«

So wurde das Verhältniß zwischen Vater und Sohn von Tage zu Tage unleidlicher, besonders als auch noch Familienzwist wegen einer Heirath hinzutrat, die die Königin gern zwischen Friedrich und ihrer Nichte, der Tochter Georgs II von England, gestiftet hätte. Friedrich selbst war für, sein Vater aber auf Betrieb des österreichischen Gesandten v. Seckendorf gegen die Heirath. Des Königs Wuth kannte keine Grenzen, als er erfuhr, daß der Kronprinz heimlich, hinter seinem Rücken, mit dem englischen Hofe in Briefwechsel stehe. Vor allem Hofgesinde drohte er ihm mit aufgehobenem Stock und unterwarf ihn der schimpflichsten Behandlung. Seit dieser Zeit faßte Friedrich den Gedanken, sich der harten väterlichen Zucht durch die Flucht nach England zu entziehen und fand bald einige leichtsinnige Altersgenossen, welche bereit waren, ihm in der Ausführung dieses Planes zu helfen.

[Vereitelter Fluchtversuch Friedrichs.]

Zu Vertrauten seines Fluchtplanes hatte der Kronprinz die Lieutenants von Keith in Wesel, früher Page beim König, und von Katte, den Nachfolger Keiths. Jener hatte Friedrich häufig Mitgefühl gezeigt und auf diese Weise dessen Vertrauen gewonnen, dieser, ein in seinen Sitten zügelloser Mensch, hatte in seinem Ehrgeiz die hülflose einsame Lage des Kronprinzen benutzt, um sich ihm zu nähern und sich ihm unentbehrlich zu machen. Schon bei Gelegenheit eines kriegerischen Festes zu Mühlberg, zu welchem Friedrich Wilhelm und sein Sohn vom König August von Polen eingeladen worden waren, sollte der Fluchtversuch in's Werk gesetzt werden. Aber der Minister Augusts, von Hoym, den man mit in das Geheimniß gezogen hatte, rieth dringend ab, um den Verdacht einer Mitwirkung von seinem Herrn abzulenken. Als der König einige Zeit darauf eine Reise nach Oberdeutschland in Begleitung Friedrichs unternahm, schien endlich für die Verschworenen der Zeitpunkt herangekommen, den verabredeten Plan auszuführen. In Steinfurth, zwischen Heilbronn und Heidelberg, wo man Nachtquartier hielt, machte der Kronprinz den Versuch zur Flucht, dieselbe ward aber durch einen Zwischenfall vereitelt. Unterdessen waren aber auch Briefe von Katte, welcher in Berlin zurückgeblieben war, aufgefangen worden und hatten dem Könige die vollgültigen Beweise von Friedrichs Absicht geliefert. Fürchterlich war der Zornesausbruch des beleidigten Vaters. Von Frankfurt aus ward der Kronprinz zu Schiff nach Wesel gebracht. Hier erfolgte vor dem Könige das erste Verhör. In seiner Wuth zog Friedrich Wilhelm gegen den eigenen Sohn den Degen und er würde ihn durchbohrt haben, wäre nicht der Commandant der Festung, von Mosel, mit den Worten dazwischen gefallen: »Majestät, durchbohren Sie mich, aber schonen Sie Ihres Sohnes.« Von den Vertrauten des Kronprinzen entkam Keith, rechtzeitig gewarnt, während Katte, dem der Fluchtversuch mißglückte, verhaftet ward. Ein Kriegsgericht zu Köpenick verurtheilte Katte zu lebenslänglicher Gefangenschaft, aber der König verschärfte dies Urtheil und verurtheilte ihn zum Tode. Auch dem Kronprinzen, dessen Fluchtversuch er von rein militärischem Standpunkte als feiges Desertieren ansah, war der König geneigt das Leben absprechen zu lassen, aber die Fürsprache einflußreicher Männer, besonders des Fürsten von Dessau und des Generals von Buddenbrock retteten ihm das Leben. Letzterer entblößte vor dem erbitterten Monarchen seine Brust mit den Worten: »Wenn Ew. Majestät Blut verlangen, so nehmen Sie meines; jenes bekommen Se nicht, so lange ich noch sprechen darf.« So ward der Gedanke an Todesstrafe vom Könige aufgegeben, dafür trat aber die strengste Festungshaft ein. Friedrich ward nach der Festung Küstrin gebracht und mit großer Strenge daselbst behandelt.

[Haft Friedrichs und Wiederversöhnung mit seinem Vater.]
Die Hinrichtung Kattes erfolgte in Küstrin. Der unglückliche junge Mann wurde bei des Kronprinzen Fenster vorbei geführt. Thränenden Auges rief ihm dieser zu: »Ich bitte Sie tausend Mal um Verzeihung.« Katte antwortete: »Ich sterbe für Sie mit tausend Freuden, mein Prinz.« Daß die Hinrichtung vor den Augen Friedrichs stattgefunden habe, ist nicht verbürgt. Um den Kronprinzen zu bessern, ward der Feldprediger Müller zu demselben geschickt, welcher seine Wohnung über derjenigen Friedrichs nehmen mußte. Den eindringlichen Vorstellungen und Ermahnungen Müllers gelang es nach und nach, Einfluß auf des Prinzen Gemüth zu erlangen und allmählich eine Sinnesänderung in demselben hervorzubringen. Auf die Meldung hiervon an den König ward die strenge Haft gemildert. Friedrich ward der Kriegs- und Domänenkammer zu Küstrin (Regierung der Neumark) als Assessor zugewiesen, um das Verwaltungswesen praktisch kennen zu lernen. Sieben Stunden täglich mußte er unter der Aufsicht des Kammerpräsidenten von München arbeiten und Abends erhielt er noch Unterricht von dem Kammerdirector Hille in Finanz- und Polizeisachen. Bücher wurden ihm versagt, weil der König von der Ansicht ausgieng, daß der Prinz gerade durch die Lectüre auf Abwege gerathen sei. Noch freier ward Friedrichs Stellung, als im J. 1731 der König Küstrin besuchte. Da sich der Kronprinz durch seine Pünktlichkeit und seinen Fleiß des Vaters volle Zufriedenheit erworben hatte, so erfolgte eine rührende Scene der Aussöhnung. Der König umarmte den Kronprinzen vor allem Volk. Auch gestattete er ihm nun zum Vergnügen und zur Erweiterung seiner Kenntnisse die benachbarten Aemter zu bereisen. Auf diesen Ausflügen lernte Friedrich auch viele von den ökonomischen Schöpfungen seines Vaters kennen, deren vortrefflicher Zustand und gegen früher erhöhter Ertrag ihm Hochachtung vor dem König einflößten. Sein Wunsch, seinen in

vieler Beziehung von ihm verkannten Vater in jeder Weise zufrieden
zu stellen, stieg, und mit um so mehr Eifer gab er sich der von ihm
verlangten Wirksamkeit hin. So wurde der Aufenthalt Friedrichs in
Küstrin für ihn eine Lehrzeit von den allernützlichsten und segensreichsten
Folgen. Erst hier entwickelte sich in ihm jener Sinn für ernste Arbeit,
welchen er später während seiner Regierungszeit so außerordentlich bethätigte. Die volle Aussöhnung zwischen dem König und dem Kronprinzen erfolgte bei Gelegenheit der Hochzeit seiner Schwester Wilhel-
mine mit dem Erbprinzen von Baireuth. Hierzu erschien Friedrich zum
ersten Male wieder in Berlin. Als äußeres Zeichen, daß er wieder
völlig zu Gnaden angenommen war, galt, daß er auch wieder Soldaten-
kleidung tragen durfte. Nach der Hochzeit kehrte er noch einmal, wenn
auch nur auf kurze Zeit, nach Küstrin zurück.

[Friedrichs spätere Thätigkeit als Kronprinz. Sein Aufenthalt in Rheinsberg.]
Nach erfolgter Aussöhnung willigte Friedrich nun auch in die Vermählung mit der Prinzessin Elisabeth Christine von Braunschweig-Bevern, welche sein Vater ihm zur Gemahlin bestimmt hatte.
Zwar ward es ihm schwer, gegen seine Neigung zu heirathen, allein
um die Versöhnung mit seinem Vater vollständig zu machen, war er
entschlossen, demselben auch hierin zu Willen zu sein. Friedrich Wilhelm war ganz glücklich über den Gehorsam seines Sohnes, und bereits
am 10. März 1732 ward zu Berlin die Verlobung und den 12. Juli
1733 auf dem braunschweigischen Lustschlosse Salzdahlum die Hochzeit gefeiert. Unterdessen war der Kronprinz auch wieder als Oberst
an die Spitze eines Regimentes gestellt worden, welches er bald zu so
tüchtigen Leistungen heranzubilden wußte, daß er sich die vollste Anerkennung seines Vaters erwarb, dem er mitunter auch durch Uebersen-
dung »langer Kerls« große Freude bereitete. Als im Jahre 1733
Krieg zwischen dem deutschen Reiche und Frankreich ausbrach, führte
Friedrich selbst die preußischen Hülfstruppen dem alten Prinzen Eugen
zu und erwarb sich dessen volle Anerkennung. »Alles an Ihnen ver-
räth,« äußerte damals Eugen prophetisch, »daß Sie einst ein tapferer
Feldherr sein werden.« Der König, welcher auf das Urtheil des alten
Kriegshelden viel gab, fühlte sich natürlich über die Anerkennung, die
sein Sohn davon trug, ganz glücklich. Die Belohnung des Königs blieb
nicht aus. Im J. 1736 erhielt Friedrich von seinem Vater die Herrschaft Ruppin und das Schloß Rheinsberg geschenkt. Hier lebte
er nun ganz seinen Neigungen. Schon in Ruppin, wo er in Garnison
stand, hatte ein arbeitsvolles Leben begonnen. Dies Leben setzte Friedrich
in Rheinsberg fort, besonders ergab er sich eifrig dem Studium der
Kriegswissenschaften. Seine Erholungsstunden brachte er im Kreise heiterer Gesellschafter und geistreicher Männer, bei Musik und Lectüre großer Dichter und Schriftsteller zu. Damals war es auch, wo er mit
hervorragenden Gelehrten damaliger Zeit, hauptsächlich französischen,

in Briefwechsel trat (Voltaire). In Rheinsberg entstanden auch Friedrichs erste Schriften, so seine Abhandlung über das Werk des Italieners Macchiavelli, sein Anti-macchiavelli, in welchem er den Gedanken durchführte, daß Hauptzweck einer guten Regierung das Volkswohl und die Gerechtigkeit sein müsse. So bildete sich Friedrich hier in jeder Beziehung auf seinen hohen Beruf vor. Seinen Vater begleitete er häufig auf Reisen, um den Zustand und die Tüchtigkeit der verschiedenen Regimenter zu untersuchen. Der König erkannte immer mehr, was für einen vortrefflichen Sohn er in Friedrich habe. Seine frühere Härte suchte er jetzt durch Schonung und Milde wieder gut zu machen und nannte Friedrich nur »seinen lieben Fritz«. Noch auf dem Sterbebette äußerte er: »Mein Gott, ich sterbe zufrieden, da ich einen so würdigen Sohn zum Nachfolger habe.«

[Friedrichs Regierungsantritt und erste Regierungshandlungen.]

Friedrich war schmerzlich berührt von dem Tode seines Vaters, dessen Liebe und Hochachtung er in den letzten Jahren so unzweideutig besessen hatte. Nichtsdestoweniger ergriff er sofort mit Kraft die Zügel der Regierung. Er ließ vom ersten Augenblicke seiner Herrschaft darüber keinen Zweifel obwalten, daß er entschlossen sei, sein königliches Amt ganz allein zu verwalten, und keinem über Gebühr Einfluß auf seine Entschlüsse zu gestatten. In Berlin ward er mit Jubel empfangen. Den Generalen, welche ihm hier Treue schwören, schärfte er ein, den Soldaten eine menschlichere Behandlung angedeihen zu lassen. Aehnliches befahl er dem Fürsten von Dessau. In Charlottenburg, wo ihm die Minister Treue gelobten, hob er diesen gegenüber hervor, daß kein Unterschied gemacht werden dürfe zwischen dem Interesse des Landes und dem seinigen, sollte sich aber beider Interesse nicht vertragen, so solle das des Landes den Vorzug haben.

Obwohl sowohl sein Hofstaat, als auch der seiner Gemahlin, den er ihr zu Schönhausen anwies (er lebte von ihr getrennt, zollte ihr aber stets die größte Hochachtung), ein mehr königliches Gepräge erhielt, so behielt Friedrich doch das System der Sparsamkeit bei. Die kostspielige Riesengarde wurde abgeschafft, dafür aber das Heer um 20000 Mann vermehrt, weil Friedrich kriegerische Verwicklungen voraussah. Wo es das Wohl des Volkes aber nöthig machte, zeigte sich der junge Monarch freigebig; so ließ er gleich in den ersten Tagen seiner Regierung die wohlgefüllten Magazine öffnen, weil schon seit längerer Zeit ein drückender Mangel an Lebensmitteln geherrscht hatte. — Seinen edlen Sinn bewies Friedrich besonders gegen solche Diener seines Vaters, die während dessen Herrschaft ihm entgegen gewesen waren. Wie er aber diese nicht zurücksetzte, so war er anderntheils weit davon entfernt, seine Rheinsberger Freunde über Gebühr zu bevorzugen, er beförderte jeden nur nach Verdienst. Auch seine Duldung gegen Andersgläubige zu bewähren, hatte Friedrich gleich zu Anfang Gelegenheit.

Als man sich bei ihm beschwerte, daß die katholischen Schulen Anlaß gäben, daß Protestanten zum Katholizismus verleitet würden, erklärte er: »die Religionen müssen alle tolerieret werden, und muß der Fiscal nur das Auge darauf haben, daß keine der andern Abbruch thue, denn hier muß ein jeder nach seiner Façon selig werden.« Den auf Befehl Friedrich Wilhelms I aus Halle vertriebenen Professor Wolf rief er dahin zurück. Auch erwarb er sich den Beifall aller Menschenfreunde durch die Abschaffung der Tortur.

So trat der junge König gleich zu Anfang seiner Regierung mit einer Festigkeit und einer Umsicht auf, welche in ganz Europa Staunen erregte; aber schon nahte die Zeit, wo er Gelegenheit finden sollte, auch nach Außen hin eine überraschende Thätigkeit zu entfalten.

[Erster schlesischer Krieg 1740—1742. Ursache und Ausbruch desselben.]

Am 26. October 1740 starb Kaiser Karl VI, der letzte der Habsburger. Derselbe hinterließ nur eine Tochter, Maria Theresia. Damit nach seinem Tode die österreichische Monarchie nicht auseinander fallen sollte, indem bereits auf verschiedene Theile derselben von fremden Fürsten für den Fall des Aussterbens der Habsburger in männlicher Linie Erbansprüche erhoben worden waren, hatte Karl in der sogenannten pragmatischen Sanction eine Verfügung getroffen, nach welcher in allen seinen Staaten seine Tochter Maria Theresia nach seinem Tode zur Regierung gelangen sollte. Die pragmatische Sanction war auch von den meisten Mächten noch bei Karls VI Lebzeiten anerkannt worden. Nichtsdestoweniger wurden, nachdem derselbe die Augen kaum geschlossen, von verschiedenen Seiten Erbansprüche auf einzelne Länder der österreichischen Monarchie geltend gemacht. So trat der Kurfürst Karl Albert von Bayern mit Ansprüchen auf das eigentliche Erzherzogthum Oesterreich, Tyrol und das Königreich Böhmen hervor, während König Philipp V von Spanien auf die italienischen Länder Oesterreichs sein Augenmerk richtete. Hierzu kam noch Friedrich II, welcher entschlossen war, die alten Rechte seines Hauses auf Liegnitz, Brieg, Wohlau und das vom Kaiser im dreißigjährigen Kriege dem Hause Brandenburg entrissene Jägerndorf geltend zu machen. Er war hierzu formell im Rechte, denn da der Kaiser den Vertrag von Königs-Wusterhausen nicht gehalten hatte (siehe Seite 82), so war Friedrich nicht verpflichtet, die pragmatische Sanction als für ihn rechtlich bestehend anzuerkennen. Den Krieg, welcher wegen der österreichischen Erbschaft entbrannte, nennt man den österreichischen Erbfolgekrieg. Die sogenannten schlesischen Kriege, welche Friedrich II mit Maria Theresia wegen Schlesien führte, sind nur als Theile desselben zu betrachten.

Kaum war die Nachricht von dem Tode des Kaisers nach Berlin gelangt, als auch schon bei Friedrich der Entschluß fest stand, jetzt handelnd aufzutreten. Die junge Maria Theresia schien den schwierigen

Verhältnissen, in welchen sie sich befand, nicht gewachsen zu sein, und Friedrich hoffte, dieselbe würde, um die Zahl ihrer Gegner nicht noch zu vermehren, auf friedliche Weise mit sich unterhandeln lassen. Der König hatte bereits, während er mit Maria Theresia unterhandelte, 30000 M. an die schlesische Grenze rücken lassen. Am 13. Dezember 1740 reiste er selbst dahin ab. In einer Proclamation an die Schlesier kündigte er denselben an, er komme nicht, um die Zahl der Feinde Oesterreichs zu vermehren, sondern er besetze Schlesien, während er im Begriff sei, sich mit der Königin Maria Theresia zu verständigen. Schließlich versicherte er die Einwohner noch seines königlichen Schutzes. Darauf erfolgte der Einmarsch seiner Truppen. Durch die musterhafte Mannszucht, welche überall bei den Preußen herrschte und durch sein offenes leutseliges Wesen gewann Friedrich sehr bald die Herzen der Schlesier, zumal er von denselben, weil sie, zum größeren Theile Protestanten, von Oesterreich mannichfache Bedrückungen hatten erdulden müssen, als Befreier angesehen und aufgenommen ward. Ohne Widerstand zu finden, besetzte Friedrich ganz Schlesien; sein Einzug in die Hauptstadt Breslau fand am 3. Januar 1741 Statt. Die wenigen österreichischen Truppen, welche in Schlesien standen, waren viel zu schwach, als daß sie an Widerstand hätten denken können und zogen sich deshalb überall zurück.

[Schlacht bei Mollwitz.]

Während Friedrich Schlesien auf diese Weise eroberte, hatte er die Verhandlungen mit Maria Theresia fortgesetzt. Wegwerfend wies aber diese seine Forderungen zurück. Zwar versprach der junge König für das abgetretene Schlesien ihr gegen alle ihre Feinde beizustehen, aber die Königin war muthiger und entschlossener, als Friedrich geglaubt hatte. Sie forderte denselben auf, sofort ihre Staaten zu räumen, thue er dies, so solle er für seinen Friedensbruch Verzeihung haben. Erbittert über dies Auftreten der Kaiserin schloß jetzt Friedrich mit Frankreich und Bayern einen Bund, durch welchen man sich verpflichtete, einander in der Geltendmachung der gegenseitigen Ansprüche zu unterstützen. Auch Sachsen trat diesem Bunde bei und ließ 20000 M. in Böhmen einrücken. Auf Maria Theresias Seite stand dagegen England, von welchem Lande sie durch Hülfsgelder unterstützt wurde.

Währenddem rückte ein österreichisches Heer unter dem Feldmarschall Neipperg von Mähren aus gegen Schlesien vor, um Friedrich mit Waffengewalt aus diesem Lande zu vertreiben. Bei Mollwitz, unweit Brieg, kam es am 10. April 1741 zur Schlacht. In derselben schien sich erst das Glück der Waffen gegen die Preußen zu wenden, der rechte Flügel derselben wurde von der österreichischen Reiterei über den Haufen geworfen und ergoß sich in wilder Flucht über das Schlachtfeld. Vergebens suchte Friedrich selbst mitten im dichtesten Gewühl seine Truppen zum Stehen zu bringen, er ward durch die Flucht mit fortgerissen.

Unterdessen stand aber der größere Theil des preußischen Fußvolks in unerschütterlicher Ruhe. General Schwerin, welcher an der Spitze desselben stand, wies alle Angriffe der Oesterreicher mit Erfolg zurück und stellte die Schlacht auf diese Weise wieder her. Dann gieng er zum Angriff über und entschied durch denselben den Erfolg des Tages. Die Oesterreicher zogen sich zurück, wurden aber von Schwerin, welcher sich mit der Behauptung des Schlachtfeldes begnügte, nicht verfolgt. Der König, in die Flucht seiner Reiter mit verwickelt, wäre inzwischen bei Oppeln beinahe gefangen genommen worden. Er stieß daselbst auf Feinde und rettete sich nur durch seine Geistesgegenwart. Als er die Kunde von dem erfochtenen Siege erhielt, war er hocherfreut, nur sprach er sein Bedauern darüber aus, im entscheidenden Momente nicht auf dem Schlachtfelde anwesend gewesen zu sein. Die Folge dieses Sieges war, daß auch die schlesischen Festungen, welche noch nicht in Friedrichs Händen waren, von den Preußen erobert wurden und daß überhaupt ganz Schlesien im Besitze desselben verblieb.

[Schlacht bei Czaslau. Friede zu Berlin.]

Unterdessen hatten auch die übrigen Maria Theresia feindlich gesinnten Mächte ihre Truppen gegen Oesterreich in's Feld geschickt. Die Franzosen und Sachsen fielen in Böhmen ein, die Bayern drangen die Donau herab gegen Wien vor und Spanien ließ ein Heer in die italienischen Staaten Oesterreichs einrücken. In dieser Noth zeigte sich Maria Theresia als eine große Regentin. Sie schwankte nicht; überall wußte sie die größte Hingabe für sich zu gewinnen und besonders waren es die Ungarn, welche in Masse für sie aufstanden. Schaaren von Magyaren, Kroaten und Panduren zogen ihr zu Hülfe, und während Karl Albert, den die Kurfürsten auf Frankreichs Betrieb zum deutschen Kaiser gewählt hatten, in Frankfurt gekrönt ward, zogen die Oesterreicher, nachdem sie sein Heer zurückgetrieben, siegreich in seine Hauptstadt München ein. Einen andern Verlauf aber nahm der Krieg gegen Friedrich II. Derselbe war nach der Schlacht bei Mollwitz zum Angriff übergegangen und in Böhmen eingefallen. Hier trat ihm Prinz Karl von Lothringen mit einem bedeutenden Heere entgegen. Am 17. Mai 1742 kam es zwischen Czaslau und Chotusitz südlich der Elbe zur Schlacht. Die preußische Reiterei, welche in der Schlacht von Mollwitz von den Oesterreichern geworfen worden, aber vom Könige mit großer Sorgfalt neu gebildet worden war, bewährte sich hier auf vorzügliche Weise, auch das Fußvolk kämpfte wiederum wie im Jahre vorher mit Muth und Ausdauer. Prinz Karl verlor die Schlacht und trat den Rückzug an. Schon vor dem Treffen waren die Oesterreicher entschlossen gewesen, sich mit Friedrich abzufinden, vorher aber noch einen Versuch zu machen, Schlesien durch die Waffen zu behaupten. Als daher das Kriegsglück gegen sie entschieden hatte, führten die aufs Neue angeknüpften Friedensunterhandlungen rasch zum Ziele. Unter

Vermitteluug des englischen Gesandten wurden bereits am 11. Juni die Friedenspräliminarien (vorläufiger Frieden) zu **Breslau** abgeschlossen und am 28. Juni in **Berlin** bestätigt. In denselben trat Maria Theresia ganz Ober- und Niederschlesien (sammt dem mährischen District Käscher) und die Grafschaft Glatz an Friedrich ab, ausgenommen das Fürstenthum Teschen und die Stadt Troppau mit dem was jenseits der Oppa gelegen war. Abgetreten ward auch die bisherige Oberlehnsherrlichkeit Böhmens über Crossen, Züllichau, Sommerfeld, Bobersberg, Beeskow, Storkow, Cottbus, Peitz, Teupitz und Zossen, welche Herrschaften freies Eigenthum des preußischen Hauses sein sollten. — Auf diese Weise erwarb Friedrich gegen 700 QM. mit 1,400000 Einwohnern, ein Drittheil seines ganzen bisherigen Besitzes. Am 12. Juli zog er unter dem Jubel der Bevölkerung in Berlin wieder ein.

[Schlesien vor der preußischen Besitznahme.]

Ueber die Vergangenheit der neuen Provinz bis zur preußischen Besitznahme ist kurz folgendes zu bemerken:

Schlesien war vor der Völkerwanderung von den germanischen Völkerschaften der Quaden (im Gebirge) und der Vandalen und Lygier bewohnt gewesen. Später, als die Deutschen das Land verlassen hatten, wurde es von polnischen Slaven in Besitz genommen und zwar von dem Stamme der Zlasaner, von denen es den Namen erhalten hat. Unterabtheilungen der Zlasaner waren unter andern die Boborauer und Opoliner, an welche noch die Namen Bober und Oppeln erinnern. Um das Jahr 800 bildete Schlesien einen Bestandtheil des böhmischen Herzogthums, später aber, nachdem es Herzog Boleslaw Chrobry erobert hatte, wurde es ein Bestandtheil Polens, welchem gleiche es trotz vielfacher Kämpfe nicht wieder entrissen werden konnte. Als König Wladislaw II. von Polen 1163 sein Reich unter seine Söhne theilte, wurde Schlesien ein besonderer Reichstheil unter polnischer Hoheit. Durch Theilungen zwischen den einzelnen Mitgliedern der Herrscherfamilie (Piasten) zerfiel das Land nach und nach in eine Anzahl von Fürstenthümern, deren Fürsten bemüht waren, sich der polnischen Hoheit zu entziehen. Zu diesem Zwecke schlossen sie sich mehr an Deutschland und Böhmen an und führten durch Begünstigung der Einwanderung aus Deutschland die Germanisierung des Landes herbei. So kam es, daß endlich das Lehnsverhältniß zu Polen gelöst ward und daß sich dafür die einzelnen Fürsten nach und nach der böhmischen Oberherrlichkeit unterwarfen. Im J. 1355 ward Schlesien ganz und gar in den Verband der böhmischen Staaten und damit des deutschen Reiches aufgenommen. Diese Verbindung war aber für Schlesien zunächst nicht von Vortheil, denn in die böhmischen Wirren zur Zeit der Hussitenkriege verwickelt, ward es in diesen Kriegen fürchterlich heimgesucht. Die Reformation verbreitete sich in Schlesien frühzeitig, namentlich durch die Bemühungen des Markgrafen Georg v. Brandenburg, welcher im Jahre 1523 das schlesische Fürstenthum Jägerndorf gekauft hatte. Durch den habsburgischen Religionsdruck bewogen, betheiligten sich die Schlesier mit an der Wahl Friedrichs V zum König von Böhmen, unterwarfen sich aber bereits im Februar 1621 wieder der kaiserlichen Herrschaft, als Kaiser Ferdinand unter Vermittelung des Kurfürsten Johann Georg von Sachsen versprach, ihnen bei ihrer Religionsübung keine Hindernisse in den Weg zu legen. Dieses Versprechen ward nicht gehalten, selbst nicht als Karl XII, König von Schweden, 1706 in der Convention von Altranstedt dasselbe erneuert erhalten hatte. Mit Freuden nahmen daher die bedrängten Protestanten Schlesiens Friedrich II als Befreier auf, zu welchem sie sich wegen Gleichheit des Glaubens hingezogen fühlten.

[Zweiter schlesischer Krieg 1744—1745. Ursache und Ausbruch desselben.]

Maria Theresia konnte den Verlust Schlesiens, einer ihrer schönsten Provinzen, nicht verschmerzen. Da nun ihre Truppen gegen die Franzosen und Bayern sehr glücklich gefochten hatten, so hegte Friedrich die Besorgniß, daß die Königin später mit ihrer ganzen Macht über ihn herfallen und ihm seine Eroberung wieder zu entreißen versuchen werde. Er beschloß daher bei Zeiten die Bayern zu unterstützen und den Krieg wieder zu eröffnen, damit er bei einem künftigen Friedensschlusse nicht von dem Kaiser und seinen Bundesgenossen, den Franzosen, im Stiche gelassen werde. Er ließ daher in Wien erklären, er könne es nicht mit ansehen, daß der österreichische Hof die Würde des Kaisers unterdrücke und müsse deshalb demselben als Reichsfürst beistehen. Ohne deswegen weiter den Krieg zu erklären, brach der König im August des Jahres 1744 mit 80000 M. »kaiserlicher Hülfsvölker« in Böhmen ein und bereits im September hatte er Prag besetzt. Maria Theresia wandte sich abermals an ihre treuen Ungarn und dieselben ließen sie auch jetzt nicht im Stiche. Bald standen ihre bedeutenden Streitkräfte im Felde den Preußen gegenüber. Friedrich gerieth in Böhmen in eine sehr üble Lage. Die Bevölkerung dieses Landes, welches ihn als Ketzer haßte, verbrannte lieber alle Vorräthe, als daß sie dieselben in die Hände der Preußen gerathen ließ, so daß bei denselben sehr bald ein empfindlicher Mangel an Lebensmitteln eintrat. Zudem zog Herzog Karl von Lothringen, Maria Theresias Schwager, welcher die Franzosen über den Rhein zurückgeworfen hatte, mit einem bedeutenden Heere herbei, um Friedrich wieder aus Böhmen zu vertreiben. Schließlich hatten die Oesterreicher auch Oberschlesien und die Grafschaft Glatz wiedererobert. Alle diese Gründe bewogen den König, Böhmen wieder zu verlassen und sich nach Schlesien zu wenden. Noch größer ward die Gefahr für ihn, als sich auch die Sachsen aus Neid auf die wachsende Größe Preußens mit den Oesterreichern verbündeten (Januar 1745) und ein bedeutendes Truppencorps zum Kriege gegen Friedrich stellten. In dieser Gefahr zeigte Friedrich die ganze Festigkeit seines Charakters. Er verzagte nicht und war fest entschlossen, lieber ehrenvoll unterzugehen, als Preußen an Macht und Ansehn schmälern zu lassen.

[Die Schlachten bei Hohenfriedberg und bei Sorr.]

An der böhmischen Grenze hatten sich die Sachsen mit den Oesterreichern vereinigt. Siegesgewiß brachen sie in Schlesien ein. Aber ihre glänzenden Hoffnungen sollten bald genug verschwinden. Auf ihre Uebermacht vertrauend, lagerten sie unter Karl von Lothringen bei Hohenfriedberg, ohnweit Striegau. Hier wurden sie von Friedrich den 4. Juni 1745 angegriffen. Zunächst richtete sich der Angriff desselben gegen die Sachsen und bereits 7 Uhr Morgens waren diese in die Flucht geschlagen, noch ehe die Oesterreicher sich recht gesammelt hatten. Gegen die letzteren aber entbrannte der Hauptkampf. Zuerst blieb die Entscheidung zweifelhaft, da das österreichische Centrum tapfer kämpfte. Erst als die tapfere preußische Cavallerie auf dem linken Flügel die österreichische Reiterei, welche ihr gegenüber stand, nach siebenmaligem Ansturm geworfen hatte und nun auch über die österreichische Mitte herfiel, entschied sich der Tag zu Gunsten Friedrichs. Ein glänzender Sieg ward erfochten. Ein einziges Reiterregiment, das Dragonerregiment Baireuth, nahm 67 Fahnen, ritt 20 feindliche Bataillone nieder und machte 2500 Gefangene. Durch diesen herrlichen Sieg ward Friedrich mit einem Male aus der bedenklichen Lage befreit, in welche er durch die Uebermacht seiner Feinde gerathen war. Er war einer Aussöhnung mit Maria Theresia nicht abgeneigt, aber dieselbe war gegen ihn immer noch zu sehr erbittert und dies um so mehr, weil Friedrich gegen die Wahl ihres Gemahls, Franz von Lothringen, zum deutschen Kaiser nach dem Tode Karls VII protestiert hatte; neue Siege Friedrichs waren daher nöthig, die stolze Frau zur Nachgiebigkeit zu vermögen.

Nach dem Siege von Hohenfriedberg gieng Friedrich abermals zum Angriff über und fiel nochmals in Böhmen ein. Bei Sorr, in der Nähe von Trautenau, wo ihm Karl von Lothringen mit bedeutend größeren Streitkräften gegenüberstand, entspann sich die zweite Schlacht dieses Krieges, welche sich ebenfalls zu Friedrichs Gunsten entschied (30. September 1745). Er ahnte damals nicht, daß einhundert und einundzwanzig Jahre später auf denselben Feldern gegen denselben Feind ein nicht minder glorreicher Sieg von den preußischen Waffen erfochten werden würde.

[Schlacht bei Kesselsdorf. Friede zu Dresden.]

Unter Englands Vermittlung würde vielleicht jetzt eine Aussöhnung zwischen den streitenden Partheien zu Stande gekommen sein, wenn dieselbe nicht der sächsische Minister Graf Brühl zu verhindern gewußt hätte. Der Frieden ward daher noch immer nicht abgeschlossen. Vielmehr ward jetzt auf feindlicher Seite der Plan verabredet, den Krieg in die Mark Brandenburg zu verlegen und Berlin anzugreifen. Aber Friedrich merkte die Absicht der Feinde und befahl dem alten General Leopold von Dessau, welcher bisher mit einem Heere in den Marken in Reserve gestanden hatte, den Plan der Gegner zu vereiteln. Bei Kesselsdorf, etwas westlich von Dresden, kam es zwischen Leopold und den Sachsen zur Schlacht (15. Dezember 1745). Die letzteren hatten eine für unüberwindlich gehaltene Stellung inne. Hier war es, wo der alte Dessauer vor Beginn der Schlacht in seiner derben Weise gebetet haben soll: »Herr Gott, Du weißt es, daß ich nicht wegen jeder Lumperei zu Dir komme, sondern nur wegen etwas Ordentlichen. Du sollst uns nicht helfen, aber hilf auch den Sachsen nicht, wir wollen unsere Sache schon allein machen.« Zweimal wurde der Angriff auf die Höhen von Kesselsdorf zurückgeschlagen, und erst als die Sachsen zu unvorsichtig aus ihrer festen Stellung hervorbrachen und von der preußischen Cavallerie geworfen wurden, nahm die Schlacht eine für diese günstigere Wendung. Die Erstürmung der Höhen vollendete die Niederlage der Feinde. Noch an demselben Tage vereinigte sich Friedrich mit seinem siegreichen Feldherrn und schon den Tag darauf besetzte er die sächsische Hauptstadt. Nun weigerten sich die Feinde Friedrichs nicht länger, die Friedensbedingungen desselben anzunehmen. Der Friede ward zu Dresden den 25. Dezember 1745 abgeschlossen. In demselben wurde dem Könige der Besitz Schlesiens bestätigt, dagegen erkannte dieser den Gemahl der Maria Theresia als deutschen Kaiser an. Sachsen mußte eine Million Thaler Kriegskosten zahlen und überdieß zugeben, daß alle Sachsen, welche Friedrich für seine Armee ausgehoben hatte, in derselben verblieben. — So hatte Friedrich in zwei Feldzügen sich mit Ruhm bedeckt und eine Provinz gewonnen, welche seiner Macht und seinem Ansehn einen nachhaltigen Rückhalt gewährte.

II. Der dritte schlesische oder siebenjährige Krieg. 1756—1763.

[Ursachen des siebenjährigen Krieges.]

Daß sie auch in einem zweiten Kriege das ihr theuere Schlesien Preußens Könige nicht wieder hatte entreißen können, hatte Maria Theresia nur um so mehr erbittert. Sie konnte dieses Land nicht verschmerzen und besonders seit dem Frieden von Aachen (1748), durch welchen sie mit ihren Feinden Frieden machte und den österreichischen Erbfolgekrieg beendete, war sie unabläßig mit dem Gedanken der Wiedereroberung jener Provinz beschäftigt. Da sie sich aber scheute, es allein mit Friedrich aufzunehmen, so sah sie sich nach Bundesgenossen um. Dieselben fand sie bald. Friedrich hatte nämlich durch die Art und Weise, wie er sich über Charakter und Regierungsweise fremder Fürsten gegen Freunde ausgedrückt hatte, sich einige derselben zu erbitterten Feinden gemacht. Dies waren hauptsächlich die Kaiserin Elisabeth von Rußland und der Kurfürst Friedrich August von Sachsen. Auch über die Maitresse Ludwigs XV von Frankreich, die Frau von Pompadour, hatte sich der König verächtlich geäußert, weswegen ihn dieselbe glühend haßte. Es gelang daher der Maria Theresia, Sachsen, Rußland und Frankreich mit Oesterreich zu einem Bunde gegen Preußen zu vereinigen. Die stolze Kaiserin hatte es sogar über sich gebracht, um Frankreich mit auf ihre Seite zu ziehen, einen eigenhändigen Brief an die Pompadour zu schreiben, worin sie das Bündniß mit Frankreich förmlich erbettelte. Neid und Mißgunst auf das emporgekommene Preußen erleichterten das Einvernehmen der genannten vier Mächte. Schon im Voraus verständigte man sich über die preußischen Landestheile, welche ben verbündeten Mächten zufallen sollten. Ja sogar Schweden gesellte sich den Feinden Friedrichs zu, in der Hoffnung, Vorpommern wiederzuerhalten. Der König erfuhr den Plan eher, als seine Feinde geglaubt hatten. Der sächsische geheime Kanzlist Menzel zu Dresden wurde von dem preußischen Gesandten daselbst durch Geld bestochen und lieferte demselben Abschriften von den Verhandlungen, welche zwischen den genannten Mächten gegen Friedrich gepflogen worden waren. In Folge dessen beschloß Friedrich, seinen Feinden, ehe diese sich vollständig gerüstet hätten und ihn dann mit Uebermacht bedrängten, zuvorzukommen. Nur durch Schnelligkeit und Ueberraschung glaubte er das Mißverhältniß, was zwischen seiner Macht und derjenigen seiner Feinde bestand, einigermaßen auszugleichen.

[Ausbruch des Krieges. Schlacht bei Lowositz. Gefangennahme der Sachsen.]
Als Friedrich II den Krieg begann, vertraute er nächst Gott vor allem auf seine eigene Kraft. Er konnte seinen Feinden, welche mindestens mit 500000 Mann gegen ihn auftraten, höchstens 200000 Mann entgegenstellen. Seine Verbündeten waren England, welches bereits seit 1755 mit Frankreich im Kriegszustande war, sich 1756 im Vertrage von Westminster Friedrich angeschlossen hatte und ihn außer mit Truppen auch mit Subsidiengeldern unterstützte, und einige kleinere deutsche Fürsten, so der Landgraf von Hessen-Kassel und die Herzoge von Braunschweig und Sachsen-Gotha.

Im Sommer des Jahres 1756 begann Friedrich den Krieg gegen seine Feinde und fiel mit 60000 Mann in Sachsen ein. Ein Manifest, welches er veröffentlichte, gab die Gründe dieses seines Unternehmens an. Auf Betrieb des Kaisers ward er aber vom deutschen Reichstage nichtsdestoweniger als ein Landfriedensbrecher erklärt und eine Reichsarmee gegen ihn in's Feld gestellt.

Bereits am 9. September rückten die Preußen in Dresden ein. Das sächsische Heer, nur 17000 M. stark, hatte bei Pirna eine feste Stellung eingenommen, litt aber an allem Nothwendigen Mangel. Friedrich schloß die Sachsen bei Pirna ein. Als aber der österreichische General Brown mit einem Heere zum Entsatze derselben heranzog, gieng ihm der König nach Nordböhmen entgegen und lieferte ihm hier bei Lowositz ohnweit Leitmeritz eine Schlacht (1. Oktober 1756), worin die Oesterreicher den Kürzeren zogen. Dieselben hatten nämlich die Stadt Lowositz und einen Berg verschanzt; aber indem der Prinz von Braunschweig-Bevern auf Friedrichs Befehl den feindlichen rechten Flügel umgieng, gelang es ihm die Verschanzungen zu nehmen und die Feinde zum Rückzug zu bewegen. Die Folge dieser Schlacht war, daß die Sachsen aus Mangel an Lebensmitteln einen zweiten Rettungsversuch der Oesterreicher nicht abwarten konnten, obwohl Brown bereits bis Schandau vorgerückt war; sie übergaben sich daher, noch 14000 M. stark, als Kriegsgefangene. Friedrich steckte sie meistens unter preußische Regimenter, doch haben sich die meisten später dem preußischen Dienste durch die Flucht entzogen. Ueberhaupt wurde Sachsen, wo Friedrich im Winter 1756—57 seine Winterquartiere aufschlug, mit großer Strenge behandelt. Schwere Contributionen wurden von den Bewohnern dieses Landes erhoben und die Stadt Leipzig allein mußte in kurzer Zeit beinahe 1½ Millionen Thaler bezahlen.

Friedrichs Feinde, durch seinen Einfall in Sachsen überrascht, hatten unterdessen die eifrigsten Kriegsrüstungen unternommen und hofften, ihn für das nächste Jahr mit ihrer Uebermacht erdrücken zu können, aber es kam ganz anders, als sie vermuthet hatten.

[Einfall in Böhmen. Die Schlachten bei Prag und bei Kollin.]

Im Frühjahre des Jahres 1757 brach Friedrich II in mehreren Heersäulen in Böhmen ein, um auch gegen Oesterreich den Angriffskrieg zu eröffnen. Er gelangte bis vor Prag, hier kam es zu einer großen Schlacht (6. Mai 1757). Der Oberbefehlshaber der Oesterreicher war wieder Herzog Karl von Lothringen. Da derselbe eine sehr feste Stellung eingenommen hatte, so widerrietheu die Generale Winterfeldt und Schwerin dem Könige, den Feind anzugreifen. Allein Friedrich drang mit den Worten: »Nichts, nichts, es muß noch heute sein, frische Fische, gute Fische« auf sofortigen Angriff. General Schwerin, welcher seinen Grenadieren mit einer Fahne in der Hand persönlich zum Sturme auf die österreichischen Batterieen voranritt, starb hier, von vier Kugeln durchbohrt, den Heldentod für seinen König. Nach ihm übernahm der General Fouqué sein Commando. Auch Friedrichs Bruder, Prinz Heinrich, und der Herzog Ferdinand von Braunschweig kämpften mit unglaublicher Tapferkeit. Der König selbst stürmte auf dem rechten preußischen Flügel die von den Oesterreichern besetzten Höhen, während auf dem linken Flügel die preußische Reiterei die Oesterreicher zurückdrängte und sich dann in ihre Flanken stürzte. So ward der Sieg, wenn auch theuer, erkauft. An 20000 Mann von beiden Seiten bedeckten die blutige Wahlstatt und an 12000 Gefangene waren den Preußen in die Hände gefallen. Auf österreichischer Seite war außerdem der tapfere Brown tödlich verwundet worden. Sofort nach der Schlacht schloß Friedrich Prag eng ein und ließ es beschießen. Den 40000 Oesterreichern, welche sich in der Stadt befanden, schien das Schicksal der Sachsen bei Pirna bevorzustehen, da es ihnen, wie diesen, an Lebensmitteln fehlte. Da kam die Nachricht, der österreichische General Daun rücke mit einem starken Heere heran, um Prag zu entsetzen. Friedrich ließ hierauf einen Theil seiner Truppen vor Prag stehen, mit dem andern Theile zog er Daun entgegen. Bei Kollin fand er die Feinde in einer sehr festen und gut gewählten Verschanzung aufgestellt. Am 18. Juni 1757 griff der König an. Er versuchte mit seinem rechten Flügel den österreichischen linken zu überflügeln und aufzurollen. Unterdessen war aber General Manstein auf dem linken preußischen Flügel gegen erhaltenen Befehl vorgedrungen. Als hier die Preußen zurückgedrängt wurden, entschied ein Angriff sächsischer Reiterei den Erfolg des Tages. Daun hatte schon an den Rückzug gedacht. Die Preußen erlitten eine vollständige Niederlage, 13000 Mann der besten Truppen hatten sie eingebüßt. Nachdenklich sah man den König am Abend des Tages auf einer Brunnenröhre sitzen. Mit thränenden Augen rief er Offizieren und Soldaten zu: »Kinder, ihr habt heute einen schweren Tag gehabt, aber habt nur Geduld, ich werde alles wieder gut machen.« Die Folgen dieser Niederlage waren schwer. Die Belagerung von Prag mußte aufgegeben und der Rückzug nach Sachsen angetreten werden, derselbe wurde auf eine meisterhafte Art ausgeführt. Hätte Friedrich in der Schlacht bei Kollin einen entscheidenden Sieg davon getragen, so hätte er in Wien den Frieden dictieren können. So aber zeigte sich von jetzt an so recht die Heldengröße dieses Königs, welcher mit geringen Streitkräften gegen eine imposante Uebermacht noch sechs Jahre lang erfolgreich zu ringen wußte.

[Die Schlachten bei Hastenbeck und bei Roßbach.]

Unterdessen waren auch die Franzosen unter dem Marschall d'Estrées über den Rhein gegangen. Ihnen gegenüber befehligte der Herzog von Cumberland, der Sohn König Georgs von England, ein Heer von Hannoveranern, Hessen, Gothaern und Preußen. Bei Hastenbeck, unweit Hameln, kam es zu einem Treffen (26. Juli 1757), in welchem die Franzosen Sieger blieben. Cumberland zog sich sofort bis nach Bremervörde zurück und schloß am 8. September die schimpfliche Convention von Kloster Zeven, durch welche ganz Hannover den Franzosen preisgegeben wurde. Erzürnt rief jetzt König Georg seinen Sohn vom Commando zurück und betraute den Herzog Ferdinand von Braunschweig mit demselben, welcher ihm von Friedrich vorgeschlagen worden war. Weder England noch Frankreich erkannten übrigens die Convention von Kloster Zeven an.

Während d'Estrées in Hannover beschäftigt war, hatte sich der französische General Soubise mit der Reichsarmee unter dem Prinzen von Hildburghausen vereinigt und beide waren in Sachsen eingedrungen. Bei Roßbach, unweit Weißenfels, bezog Friedrich, welcher rasch aus Schlesien herbeigezogen war, mit nur 22000 M. den über 60000 M. starken Feinden gegenüber ein Lager. Voll Spott und Hohn sahen die Franzosen auf das kleine preußische Häuflein. Am 5. November 1757 kam es zur Schlacht. General Seydlitz eröffnete den Angriff der Preußen mit der Reiterei und warf innerhalb einer Stunde die ganze feindliche Armee über den Haufen. Friedrich selbst rückte siegreich mit dem Fußvolke nach. Ein panischer Schrecken bemächtigte sich der Feinde, erst in Franken machte die Reichsarmee Halt, erst hinter dem Rheine fühlten sich die Franzmänner wieder sicher. In dieser schimpflichen Niederlage verloren die Gegner Friedrichs allein an 63

Kanonen und 22 Fahnen, ohne die große Anzahl der Gefangenen. Mit Jubel nahm man die Nachricht des herrlichen Sieges bei Roßbach auf, nicht nur in ganz Deutschland, sondern auch in England und sogar in Paris, wo das Volk mit dem Bündniß mit Oesterreich unzufrieden war. Friedrich selbst sagte, die Schlacht habe ihm nur Gelegenheit gegeben, neue Gefahren aufzusuchen. Seit diesem Siege ward Friedrich II mehr und mehr zum deutschen Volkshelden, der die Ehre deutscher Waffen und deutschen Namens gegen den Uebermuth wälscher Anmaßungen aufrecht erhalte. Man feierte ihn mit den Worten:

>»Und wenn der große Friedrich kommt
>Und trommelt auf die Hosen,
>Reißt aus die ganze Reichsarmee
>Panduren und Franzosen.«

[Die Schlacht bei Leuthen.]

Nach der Schlacht bei Kollin waren die Oesterreicher in Schlesien eingefallen, um diese Provinz so rasch wie möglich wiederzuerobern. Der Prinz von Bevern hatte hier mit seiner geringen Macht ihr Vordringen nicht aufhalten können und war sogar in Gefangenschaft gerathen. General von Winterfeldt, einer der Vertrauten Friedrichs, war bei Moys in der Nähe von Görlitz gefallen. Mit 14000 Mann rückte jetzt, nach der Schlacht bei Roßbach, Friedrich nach Schlesien, entschlossen den Feind anzugreifen, wo er ihn fände. Seinen Bruder Heinrich ließ er in Sachsen stehen. Nachdem er durch Heranziehen der Ueberreste der preußischen Armee in Schlesien sein Heer bis auf 30000 M. verstärkt hatte, rückte er den Oesterreichern entgegen und traf sie unter Karl von Lothringen in einer Stärke von fast 90000 M. bei Leuthen, unweit Breslau. In ihrer Siegesgewißheit nannten dieselben Friedrichs geringe Schaar nur die »Potsdamer Wachtparade«. Vor Beginn des Kampfes versammelte Friedrich seine Offiziere um sich. Entschlossen, lieber mit Ehren zu sterben als schimpflich besiegt zu werden, hielt er an dieselben eine begeisterte Ansprache. Für die Tapfern stellte er Belohnungen in Aussicht, für die Zaudernden Strafe. Nachdem er mit den Worten: »In Kurzem haben wir den Feind geschlagen oder wir sehen uns nie wieder« seine Rede beendigt hatte, erfolgte der Befehl zum Angriff. Friedrich ließ die Oesterreicher glauben, er richte seinen Stoß auf ihren rechten Flügel, während sich seine Hauptmacht rechts ab bewegte und den österreichischen linken Flügel von vorn und in der Flanke angriff. Derselbe wurde durch den heftigen Stoß über den Haufen geworfen und bereits nach drei Stunden eilte das ganze österreichische Heer in regelloser Flucht davon. Wohl an 27000 M., darunter allein gegen 20000 M. an Gefangenen, verloren die Kaiserlichen. Als am Abend bereits die Dunkelheit herein gebrochen war, stimmte ein Grenadier das Lied an: »Nun danket alle Gott.« Von Bataillon zu Bataillon pflanzte sich der Gesang fort, bis das ganze preußische Heer in feierlichem Liede dem Höchsten seinen Dank für den glorreichen Sieg darbrachte. Kurz darauf entgieng der König durch seine Geistesgegenwart einer großen Gefahr. Mit wenig Begleitern kam er in das Schloß zu Lissa, zwischen Leuthen und Breslau. Hier fand er wider sein Vermuthen eine Anzahl feindlicher Offiziere versammelt. Mit den Worten: »Bon soir Messieurs, kann man hier noch mit unterkommen?« trat er mitten unter sie. Die Feinde hätten den König gefangen mit sich fortnehmen können, aber sein zuversichtlicher Ton ließ sie glauben, daß eine bedeutende Macht zu seiner unmittelbaren Verfügung stehe. Demüthig leuchteten sie ihm in das Zimmer, hier hielt sie Friedrich so lange auf, bis seine Truppen angelangt waren. Darauf wurden sie alle gefangen genommen.

In Folge des Sieges bei Leuthen fiel ganz Schlesien wieder in Friedrichs Hände; nur die Festung Schweidnitz hielt sich vorläufig noch, doch auch sie kam im Anfange des nächsten Jahres wieder in preußischen Besitz.

[Die Schlacht bei Zorndorf. Der Ueberfall bei Hochkirch.]

Nach der Wiedereroberung Schlesiens war Friedrich im J. 1758 in Mähren eingefallen und hatte begonnen, Olmütz zu belagern. Da er aber zu wenig Belagerungsgeschütz hatte, so ließ er solches aus Schlesien nachkommen. Aber General Laudon überfiel diesen Zug und nahm ihn weg und so sah sich der König gezwungen, die Belagerung von Olmütz wieder (den 2. Juni) aufzugeben. Der österreichische General Daun, welcher mit einem Heere Friedrich gegenüberstand, hatte die Absicht, demselben den Rückzug nach Schlesien zu verlegen, aber der König täuschte ihn und trat den Rückweg wider Dauns Vermuthen durch Böhmen an. Unterdessen aber waren die Russen unter General Fermor unter allem Greuel einer barbarischen Kriegführung durch Preußen in die Neumark eingefallen. Schon das Jahr vorher hatte der russische General Apraxin die Preußen unter Lehwald bei Großjägerndorf in Ostpreußen (zwischen Insterburg und Wehlau) geschlagen (30. Aug. 1757), hatte aber damals seine Vortheile nicht benutzt. Fermor, Apraxins Nachfolger, war jetzt wieder bis an die Oder vorgedrungen. Als nun Friedrich aus Mähren nach Schlesien zurückgekehrt war, beschloß er, sich erst dieses lästigen Feindes zu entledigen. Die Russen bombardirten gerade die Festung Cüstrin, als Friedrich rechtzeitig zu deren Entsatz heranrückte. Er traf die Feinde bei Zorndorf unweit Cüstrin und griff sie herzhaft an (25. Aug. 1758). Anfangs schien sich der Sieg auf die Seite der Russen zu neigen, als aber dieselben aus der Vertheidigung zum Angriff übergiengen, warf sie General Seydlitz in einem großen Reiterangriff zurück. Die Feinde, in Unordnung gerathen, vermochten sich nicht wieder zu ordnen, aber erst nach ungeheurem Verluste wichen sie. Erst hinter der Weichsel faßten sie wieder Stand. Ueber 100 Kanonen und die russische Kriegskasse war der Preis des Sieges bei Zorndorf.

Nachdem er die Marken auf diese Weise von den Russen gesäubert hatte, konnte sich der König wieder nach Sachsen wenden, in welches Daun eingefallen war und Dresden bedrohte. Weil sich aber dieser zögernde Feldherr in keine Schlacht einließ, beschloß Friedrich, sich nach Schlesien zu wenden, um das von den Oesterreichern belagerte Schweidnitz zu entsetzen. Auf seinem Marsche dahin lagerte sich Friedrich bei Hochkirch, unweit Löbau, in der Oberlausitz. Hier beschloß Daun das preußische Heer zu überfallen. Friedrich hatte, trotz der Warnungen seiner Generale, Vorsichtsmaßregeln außer Acht gelassen, nur der tapfere General Ziethen hatte einige Regimenter als Wachen ausgestellt. Der Ueberfall wurde in der Frühe des 14. Octobers 1758 ausgeführt. Die Oesterreicher schlichen sich heran, bemächtigten sich des aufgestellten preußischen Geschützes und der Eingänge des Dorfes und schmetterten die sich sammelnden Preußen mit Kartätschen aus ihren eigenen Kanonen nieder. Vergeblich stürzte sich der König in das Getümmel, vergeblich führte er seine überraschten Truppen gegen die Feinde. Es blieb nichts weiter übrig, als den Rückzug anzutreten, welchen Friedrich auf meisterhafte Weise ausführte. Aber das ganze Lager und 100 Geschütze waren in die Hände der Feinde gerathen. An 9000 Preußen bedeckten das Schlachtfeld, der größte Verlust aber für Friedrich war der Tod des tapferen Feldmarschall Keith, welcher hier für seinen König ruhmvoll fiel. Friedrich nannte diesen Ueberfall einen »glupschen Streich« und wußte durch seine Zuversichtlichkeit auch den Muth der Soldaten wieder aufzurichten: »Kanoniere, wo habt ihr eure Kanonen gelassen?« fragte er lächelnd, als die Soldaten ohne Geschütze an ihm vorüber zogen. »Der Teufel hat sie bei Nachtzeit geholt«, antwortete einer. »Wir wollen sie ihm bei Tage wieder abnehmen«, erwiederte der König. Nach dem Unglück bei Hochkirch zeigte sich Friedrichs Ueberlegenheit über seine Gegner wieder im glänzendsten Lichte. Er operierte so geschickt, daß er Daun umgieng, Schlesien erreichte und Schweidnitz entsetzte.

[Ferdinands von Braunschweig Siege gegen die Franzosen. Schlacht bei Kunersdorf.]

Während Friedrich im J. 1758 siegreich gegen die Russen focht, hatte auch Ferdinand von Braunschweig im Westen Deutschlands mit Glück gegen die Franzosen gekämpft. Er war bis zum Rheine vorgedrungen und hatte dieselben den 23. Juni 1758 bei Crefeld geschlagen; zwar erlitt er im folgenden Jahre bei Bergen, unweit Frankfurt a. M., eine Niederlage (13. April 1759); besto glänzender aber siegte er dafür bei Minden (1. Aug. 1759), so daß es Friedrichs Feinden nicht gelang, im Westen von Deutschland erhebliche Fortschritte gegen ihn zu machen. Schlimmer gestalteten sich die Ereignisse auf dem östlichen Kriegsschauplatze. Die Russen unter General Soltikow waren wieder vorgedrungen und hatten den preußischen General Wedell bei Kay unweit

Züllichau geschlagen (23. Juli 1759), so daß ihre Vereinigung mit Daun zu befürchten stand. Da beschloß Friedrich selbst dem Vordringen der Russen Einhalt zu thun. Unterdessen hatte die Vereinigung zwischen diesen und den Oesterreichern wirklich stattgefunden. Bei **Kunersdorf**, in der Nähe Frankfurts a. b. O. kam es (12. Aug. 1759) zur Schlacht. Während der König seinen Bruder Heinrich gegen die Oesterreicher stehen ließ, griff er selbst die Russen an. Ihr rechter Flügel ward von den Preußen geworfen. Aber Friedrich befahl auch den Angriff auf ihre Linke, obwohl seine Feldherren ihm dringend riethen, sich mit den bisherigen Erfolgen zu begnügen, da die Truppen zu erschöpft seien. Aber während nun der neue Angriff ausgeführt wurde, kam General Laudon mit einer Abtheilung Oesterreicher den Preußen in die Flanke, so daß sich das ganze Preußische Heer auflöste. Eine unbeschreibliche Verwirrung entstand. Der König gab alles verloren. General v. Prittwitz rettete ihn mit wenigen Husaren. »Alles ist verloren, retten Sie die königliche Familie; Adieu für immer« schrieb der König an seinen Minister Finkenstein nach Berlin. Von 42000 Preußen waren noch 5000 beisammen. Hätten die Russen ihren Sieg verfolgt, so wäre wirklich alles verloren gewesen, aber sie thaten dies nicht. Soltikow glaubte genug gethan zu haben und gieng nach Polen zurück. Nach zwei Tagen trüber Stimmung fieng Friedrich wieder an zu handeln, nach acht Tagen hatte er wieder 25000 Mann um sich.

Aber das Jahr 1759 sollte nicht zu Ende gehen, ohne neue schwere Schläge für Friedrich. Unter dem General v. Schmettau hatte sich Dresden den Oesterreichern wieder übergeben müssen, ein Verlust, welcher den König auf das Empfindlichste traf. Um den General Daun zum Kampfe zu zwingen, schickte er den General Fink gegen das Erzgebirge vor. Dieser aber, welcher zu unvorsichtig vorgegangen war, ward den 20. November 1759 bei Maxen, südwestlich von Pirna, eingeschlossen und mit 11000 Mann gefangen genommen (»der Finkenfang bei Maxen«).

[Die Schlachten bei Liegnitz und bei Torgau.]

Durch die Mißerfolge des Jahres 1759 war Friedrich in eine bedrängte Lage gerathen. Seine alten bewährten Soldaten lagen auf den Schlachtfeldern oder befanden sich als Gefangene in den Händen seiner Feinde; mit jungen Recruten oder zusammengelaufenem Gesindel mußte er sich behelfen. Seine Hülfsmittel schienen zu versiechen. Aber immer neue Mittel und Wege wußte sein unerschöpflicher Geist aufzufinden, sich mit Ehren zu behaupten. Freilich hatte er aus dem Angriffskrieg zu dem Vertheidigungskrieg übergehen müssen, aber auch so hoffte er sich mit Ehren so lange zu halten, bis seine Gegner geneigt sein würden, einen für ihn ehrenvollen Frieden zu schließen.

Auch das Jahr 1760 begann unheilvoll. General Fouqué sollte mit einer kleinen Armee gegen Laudon die Landshuter Pässe vertheidigen. Von der Uebermacht angegriffen, wurde sein Corps zersprengt, er selbst gefangen genommen. Auf die Nachricht hiervon brach Friedrich, welcher gerade Dresden belagerte, nach Schlesien auf. Daun und Laudon traten ihm hier bei Liegnitz entgegen. Mit ihren Heeren in einer Stärke von gegen 100000 M. glaubten sie seine 30000 M. zu vernichten. Aber der König nahm eine sehr vortheilhafte Stellung ein, überfiel (15. August 1760) Laudon und schlug ihn. Dennoch war Friedrichs Lage immer noch eine bedenkliche. Eine Abtheilung Russen unter General Tottleben nebst Sachsen und Oesterreichern waren gegen Berlin marschiert und hatten die Stadt genommen. Während der russische General seinen Leuten hier keine Plünderung gestattete, hausten die Sachsen in Charlottenburg um so ärger. Friedrich eilte seiner Hauptstadt zu Hülfe. Schnell verließen die Feinde auf die Kunde von seiner Ankunft dieselbe wieder. Dann wendete sich der König wieder gegen Daun, der sich bei Torgau verschanzt hatte. Hier entspann sich eine Schlacht, wie sie im ganzen Kriege nicht blutiger und furchtbarer geschlagen worden ist (3. November 1760). Ehe der Angriff begann, fragte der König seine Generale, ob er die Schlacht wagen solle. Ziethen antwortete: »Alle Dinge sind möglich, nur eins ist schwerer als das andere.« Da wurde der Kampf beschlossen. Friedrich führte selbst seine Truppen gegen die von Daun besetzten Süptitzer Höhen vor, ward aber durch das furchtbare Kanonenfeuer wiederholt zurückgeschlagen. Mitten im Kugelregen sah man ihn hier, schutzlos denselben sich preisgebend. Während aber der König auf dem einen Flügel das Unmögliche versuchte, war General Ziethen auf dem andern glücklicher gewesen. Derselbe hatte Daun zum Rückzug gezwungen. Der Abend war bereits hereingebrochen und Friedrich übernachtete in einer Dorfkirche, als er von Ziethen selbst die frohe Botschaft des Sieges erfuhr.

[Bedrängte Lage Friedrichs.]

Der Sieg von Torgau hatte Friedrich wieder zum Herrn von Sachsen gemacht, dennoch aber war seine Lage dadurch wenig gebessert. Der russische General Butturlin war in Schlesien eingefallen und hatte sich daselbst mit den Oesterreichern unter Laudon vereinigt. Bei Bunzelwitz, zwischen Jauer und Schweidnitz stand Friedrich mit 50000 M. einer dreifachen Uebermacht entgegen, doch war es ein Glück, daß die beiden feindlichen Feldherren uneinig waren. Trotz aller Aufforderungen von Seiten Laudons war Butturlin nicht zu bewegen, Friedrich in seiner festen Stellung anzugreifen. Unterdessen verlebte dieser seine schwerste Zeit. Er unterzog sich allen Gefahren und schlief oft auf freier Erde. Oft sprach ihm Ziethen Muth ein. Einst fragte der König den immer zuversichtlichen Ziethen, ob er sich einen neuen Alliierten verschafft habe. »Nur den alten da oben«, entgegnete dieser, »der verläßt uns nicht.« — »Ach«, seufzte Friedrich, »der thut keine Wunder mehr.« — »Deren brauchts auch nicht«, erwiederte Ziethen, »er streitet dennoch für uns und läßt uns nicht sinken.« Als Butturlin vier Wochen darauf abzog, sagte Friedrich zu Ziethen: »Er hat damals doch Recht gehabt, sein Alliirter hat Wort gehalten.« Zwar war nun der König durch die Trennung der Russen und Oesterreicher der größten Gefahr für den Augenblick überhoben, aber doch gieng Schweidnitz an diese und Colberg nach tapferer Vertheidigung aus Mangel an Lebensmitteln an jene verloren. Dazu kam noch, daß nach dem Tode des englischen Ministers Pitt dessen Nachfolger Lord Bute die englischen Hülfsgelder verweigerte, so daß die Geldverlegenheit Friedrichs einen hohen Grad erreichte. In dieser bedrängnißvollen Lage soll derselbe sich nicht selten mit dem Gedanken getragen haben, sich zu vergiften, um den Sturz seiner Monarchie nicht überleben zu müssen, doch im Hinblick auf die Hingabe und Ausdauer seines Volkes faßte er immer wieder frischen Muth.

[Die Schlachten bei Burkersdorf und bei Freiberg. Ende des Krieges.]

Die Wendung zum Besseren kam im Jahre 1762. Am 5. Januar dieses Jahres starb nämlich die Kaiserin Elisabeth von Rußland, Friedrichs erbitterte Feindin. Ihr Nachfolger war Peter III, einer von Friedrichs eifrigsten Verehrern. Peter schloß mit Preußen sofort einen Waffenstillstand (16. März), welchem am 5. Mai der Friede zu Petersburg folgte. In demselben gab Rußland alle seine Eroberungen ohne Entschädigung zurück. Ja der Friede führte sogar zu einem Bündniß, nach welchem General Czernitscheff mit 20000 M. Russen den Preußen bis zum Frieden beistehen sollte. Am 22. Mai schloß auch Schweden zu Hamburg mit Friedrich Frieden; ruhmlos hatte es am Kampfe Theil genommen und kaum ein Gewicht in die Wagschale geworfen.

Friedrich wandte sich nun mit den verbündeten Russen gegen Daun, den er bei Burkersdorf angriff (21. Juli 1762). Zwar war unterdessen schon die Nachricht eingelaufen, daß Peter III in Petersdorf ermordet sei und daß seine Gemahlin Katharina als seine Nachfolgerin das Bündniß mit Friedrich wieder rückgängig gemacht habe, nichtsdestoweniger aber half Czernitscheff, ehe er abzog, erst noch die Schlacht bei Burkersdorf gewinnen, indem er zwar am unmittelbaren Kampfe nicht Theil nahm, aber doch sich so aufstellte, daß er einen Theil der Oesterreicher in Schach hielt. Währenddessen erstürmten die Preußen die von Daun besetzten Höhen. In Folge dieses Sieges wurde im October auch Schweidnitz wiedererobert.

Prinz Heinrich hatte unterdessen in Sachsen den Oesterreichern und der Reichsarmee gegenüber gestanden. Bei Freiberg schlug er den 29. October die Reichstruppen völlig in die Flucht. Darauf schloß er mit den Kaiserlichen einen Waffenstillstand, während dem der General Kleist mit 10000 Mann die Reichsarmee in Franken und Thüringen trennte und Ferdinand von Braunschweig mit der Eroberung von Kassel seinen Feldzug gegen die Franzosen beendete.

Schon längst war der Krieg gegen Preußen in Frankreich nicht populär gewesen; jetzt kamen am 3. November zu **Fontainebleau** bei **Paris** Friedenspräliminarien zwischen Frankreich und Preußen zu Stande, welchen (10. Februar) der **Friede zu Paris** folgte. Auch Maria Theresia überzeugte sich während des Waffenstillstandes, daß sie allein gegen Friedrich nichts auszurichten vermöge, so schlossen Preußen und Oesterreich den 15. Februar 1763 den **Frieden zu Hubertusburg** (in Sachsen), welcher den ganzen Krieg beendigte. In demselben verzichtete Oesterreich nochmals auf ganz Schlesien, wie es in den Friedensschlüssen zu Breslau und Dresden abgetreten worden war. Sachsen wurde in den Frieden zu Hubertusburg mit eingeschlossen.

[Folgen und Bedeutung des siebenjährigen Krieges für Preußen.]

Die unmittelbaren Folgen des Krieges waren traurig genug. Die meisten Länder Deutschlands waren durch den Krieg in einen unbeschreiblich elenden Zustand gebracht worden. Seit dem dreißigjährigen Kriege hatte man solche Verwüstungen deutscher Lande, wie sie der siebenjährige Krieg mit sich brachte (mit Ausnahme derjenigen der pfälzischen Lande, welche in den Kriegen unter Ludwig XIV zur Einöde gemacht wurden), nicht wieder gesehen. Sachsen war zu Grunde gerichtet, Westfalen, Hessen, Schlesien, die Marken waren mehr oder weniger gänzlich verwüstet, Franken und Thüringen ausgesogen, Hannover verarmt. Nur Ostpreußen hatte verhältnißmäßig am wenigsten gelitten, weil die Russen diese Provinz, die sie schon als die ihrige ansahen, geschont hatten. Die Schulden, welche den einzelnen Ländern und Städten aufgelaufen, waren so ungemein, daß Enkel und Urenkel an ihnen noch zu tragen hatten; ja einzelne Städte Sachsens haben sie bis auf den heutigen Tag noch nicht alle zu tilgen vermocht. Erfreulicher für Preußen und mittelbar auch für Deutschland waren die weiteren Folgen des Krieges. Derselbe war nicht etwa bloß ein Krieg, der wegen der Zugehörigkeit Schlesiens zu Preußen geführt ward, es handelte sich in demselben um mehr, es handelte sich um die ganze Existenz Preußens. Im siebenjährigen Kriege wurden die Principien der neuen Zeit gegen die mittelalterlichen Ansprüche vertheidigt. Drei der größten europäischen Mächte, von welchen jede einzelne Preußen an Ausdehnung und Bevölkerungszahl weit überlegen war, hatten nicht vermocht, dieses kleinen Staates Herr zu werden. Durch das Genie seines Königs und die Thatkraft und den Opfermuth seiner Bewohner hatte sich derselbe als unüberwindlich gezeigt. Der Respect und das Ansehen, welches auf diese Weise Friedrich für seinen Staat gewonnen hatte, ließen ihn für die Zukunft in Europa eine der einflußreichsten Rollen spielen. Hatte der große Kurfürst den soliden Grund zu der Macht des hohenzollernschen Hauses gelegt, Friedrich I den äußern Glanz desselben begründet, Friedrich Wilhelm I die Grundlagen, auf welchem der preußische Staat beruht, befestigt und erweitert, so erhob Friedrich II denselben auf diesen Grundlagen zu einer Macht ersten Ranges, er hob ihn empor durch die Größe seines Genies. Fortan nahm Preußen im europäischen Rathe die Stelle ein, welche Schweden seit dem dreißigjährigen Kriege inne gehabt, und die wiederzuerlangen es im siebenjährigen Kriege einen schwachen Versuch gemacht hatte. Auch die Stellung Preußens zu Deutschland war seit dem siebenjährigen Kriege eine andere geworden. Hatte bisher immer noch Sachsen in der Erinnerung des Volkes als an der Spitze des protestantischen Deutschlands stehend gegolten, so hatte es diese Stellung einestheils zwar schon durch den Uebertritt seiner Fürsten zum katholischen Glaubensbekenntniß, anderntheils aber dadurch eingebüßt, daß es sich mit den katholischen Mächten zur Vernichtung des protestantischen Preußens verbunden hatte. Indem aber in gewisser Beziehung, und zwar meist bloß für die Schlesier, der siebenjährige Krieg ein Religionskrieg war, so mußte der Erfolg desselben für die Stellung Preußens auch in Bezug auf seine religiöse Stellung und seinen religiösen Einfluß von Bedeutung sein. — Endlich war der siebenjährige Krieg insofern wichtig und folgereich für Preußen, als man seit ihm dieses Land als dasjenige bezeichnen kann, auf welches die Blicke aller deutschen Patrioten in Betreff auf eine Neugestaltung Deutschlands gerichtet sind. Durch die preußischen Siege war das seit dem dreißigjährigen Kriege ganz geschwundene deutsche Nationalgefühl wieder geweckt werden, ein ganz neuer frischer nationaler Geist wehte wieder durch Deutschland. Die Hinfälligkeit der deutschen Reichsverfassung hatte sich im Gegensatz zu dem siegreichen straffen Preußenthum im grellsten Lichte gezeigt. Allmählich kam es, wenn auch anfangs dunkel, zu dem Bewußtsein aller Vaterlandsliebenden, daß von Preußen die Neugestaltung des Vaterlandes auszugehen habe. Der siebenjährige Krieg ist der erste Krieg, in welchem die sogenannte deutsche Mission Preußens zu Tage tritt.

III. Weitere Erfolge Friedrichs des Großen nach Außen und seine Thätigkeit nach Innen bis zu seinem Tode 1786.

[Die Zustände Polens vor der ersten Theilung.]

Nirgends später unter Friedrichs II Regierungszeit trat die europäische Stellung und Bedeutung, welche derselbe seinem Reiche erworben hatte, deutlicher hervor, als durch den Einfluß, welchen er auf die Geschicke der Republik Polen und dadurch auf das ganze östliche Europa ausübte. Das ehemals so mächtige polnische Reich war im Laufe der Jahrhunderte zu unerhörter Schwäche herabgesunken. Polen war unter den absoluten Herrschern aus dem piasischen Hause ein mächtiger europäischer Staat gewesen. Auch unter den Jagellonen, unter welchen es mit dem Großfürstenthume Lithauen zu einem Staate verbunden worden war, blühte die Macht Polens, obschon bereits damals schon der Adel des Landes sich einer Menge von Freiheit erfreute, welche die königliche Gewalt schwächen mußten. Als aber nach dem Aussterben der Jagellonen das Reich ein vollkommenes Wahlreich ward, gieng es mit der Macht und dem Ansehen desselben mit Riesenschritten zu Ende. Bei jeder Wahl mußte der neu zu wählende König die Rechte des Adels erhöhen. Jeder adlige Pole sollte eine Stimme bei der Königswahl haben und jeder Unterthan sollte vom Eide der Treue entbunden sein, sobald der König die Vorrechte der Nation verletze. Seit dem Jahre 1652 kam hierzu noch das so berüchtigt gewordene liberum veto, nach welchem kein König rechtlich gewählt war, wenn sich auch nur ein einziger der Wählenden gegen ihn erklärt hatte. Daß bei solchen Zuständen Partheistreitigkeiten und Wirrsale aller Art im Innern einreißen mußten, ist natürlich, ein Umstand, aus welchem Ohnmacht nach Außen hervorgieng. Wurden die innern Wirren zu groß, dann bildete sich wohl häufig ein Adelsverein mit unbegrenzter Vollmacht, welcher dann nach Stimmenmehrheit handelte (Conföderation). Später aber entstanden nicht selten mehrere solcher Conföderationen, welche sich dann gewöhnlich einander feindlich gegenüber standen und die innere Zwietracht nur um so deutlicher an den Tag legten. — Zu den politischen Wirren kamen seit dem 18. Jahrhundert auch religiöse. Früher war man in Polen duldsam gegen Andersgläubige gewesen, ja im Jahre 1573 hatten die nicht katholischen Adligen (Dissidenten) mit den katholischen ganz gleiche Rechte erhalten. Durch die Bemühungen der Jesuiten aber kam die katholische Parthei obenauf und im Jahre 1733 wurden die Dissidenten von allen öffentlichen Aemtern ausgeschlossen. — Die benachbarten Mächte benutzten natürlich die Wirrsale in Polen, um nach und nach Theile dieses Reiches an sich zu reißen. So hatte Schweden Liefland und Esthland, Rußland die Palatinate Kiew und Smolensk genommen, Brandenburg hatte sich in seinem Antheile (Preußen) souverän gemacht. Besonders war es aber Rußland, welches darauf bedacht war, daß die polnischen Zustände sich nicht besserten, damit es Gelegenheit behielt, sich auf Kosten des unglücklichen Landes stetig zu vergrößern.

[Erste Theilung Polens.]

Nach dem Tode Augusts III ward durch den Einfluß der Kaiserin Katharina von Rußland deren Schützling Stanislaus August (Poniatowski) zum Könige von Polen gewählt, nachdem Rußland und Preußen ein Bündniß geschlossen hatten, jede Aenderung der polnischen Verfassung, namentlich aber die Verwandlung der Republik in ein Erbreich, nöthigenfalls mit Waffengewalt zu verhindern. Im Einverständniß mit Friedrich II verlangte jetzt Katharina von Polen die Gleichstellung der Dissidenten und ließ sogar auf die Weigerung von Seiten der katholischen Geistlichkeit mehrere Bischöfe und Woywoden nach Sibirien abführen. Einen bewaffneten Widerstand der Polen schlugen die Russen blutig nieder. Da nun aber Rußland kurz darauf in einem zum Theil wegen der polnischen Angelegenheiten ausgebrochenen Kriege gegen die Türkei bedeutende Fortschritte machte, so ward Friedrich II besorgt, dasselbe möchte zu mächtig werden und suchte daher eine Verständigung mit Oesterreich, um dem Umsichgreifen der Czarin Einhalt zu thun. In Folge dessen fand eine Zusammenkunft Friedrichs mit Kaiser Joseph II in Neiße in Schlesien statt (August 1769), und das Jahr darauf erwiederte Friedrich den Besuch des Kaisers zu Neustadt in Mähren. Da der König aber noch durch das Bündniß mit Rußland gebunden war, so gieng er keine andere Verbindung mit den Gegnern dieses Landes ein, sondern spielte mehr die Rolle eines Vermittlers. Bald aber nahm die Sache eine für ganz Europa unerwartete Wendung. Anstatt dem fernern Wachsen der russischen Macht Einhalt zu thun, beschlossen Preußen und Oesterreich sich auch ihrerseits auf Kosten Polens zu bereichern. Bei Gelegenheit der Anwesenheit des Prinzen Heinrich von Preußen in Petersburg äußerte die Kaiserin, als sie die Besetzung eines polnischen Grenzstriches von Seiten Oesterreichs erfuhr: »Es scheint, daß man sich in Polen nur zu bücken braucht, um ein Stück Landes zu nehmen.« So einigten sich zunächst Preußen und Rußland zu einer Theilung polnischer Gebiete und Friedrich II vermochte auch die Kaiserin Maria Theresia, sich an der Theilung zu betheiligen, indem er ihr dieselbe als »die einzige Maßregel« darstellte, »durch die bem Umsturz aller Verhältnisse in Europa«, sowie einem den ganzen Erdtheil verwüstenden Kriege vorgebeugt werden könne. So ward am 5. August 1772 der Theilungsvertrag aller drei Mächte zu Petersburg unterzeichnet. Maria Theresia unterschrieb den Vertrag nur zögernd. Sie sagte: »Placet, weil so viele große und gelehrte Männer es wollen, wenn ich aber schon längst tobt bin, wird man erfahren, was aus dieser Verletzung von allem, was bisher heilig und gerecht war, hervorgehen wird.«

Durch den Vertrag erhielten:

1) Rußland: Polnisch Liefland, die Woywodschaft Mcislaw und Theile der Woywodschaften Witepsk, Polock, Minsk und der Herrschaften Rohaczew und Rzeczyca, zusammen 1975 □M. mit 1800000 E.

2) Oesterreich: die Zipser Gespanschaft, die Woywodschaft Rothrußland, Theile der Woywodschaften Krakau, Sendomir, Belz, Polutien und Podolien, zusammen 1280 □M. mit 2700000 E.

3) Preußen: Westpreußen, wie es im J. 1466 vom deutschen Orden an Polen abgetreten worden war (außer Danzig und Thorn mit ihren Gebieten); außerdem von Großpolen die Theile zu beiden Seiten der Netze (Netzdistrict), aus Theilen der Woywodschaften Posen, Gnesen und Wladislaw bestehend, zusammen 631 □M. mit 416000 E.

Dem polnischen Reichstage blieb nichts anderes übrig, als die Theilung zu bestätigen, auch in die Aufgabe der Oberlehnsherrlichkeit über

Lauenburg und Bütow und das Wiedereinlösungsrecht der Starostei Draheim zu willigen (siehe S. 61.).

Auf diese Weise wurde das bisher getrennt liegende Ostpreußen mit den westlichen Landestheilen vereinigt. Mag man über die Theilung Polens denken wie man will, so war sie doch vom Standpunkte Friedrichs aus nothwendig. Polen war durch eigene Schuld geschwächt und nicht zu retten, es wäre ungetheilt eine Beute Rußlands geworden. Daß dies nicht geschehe, war Friedrichs Zweck. Die Theilung selbst also war nicht Zweck, sondern nur Mittel, »wohl ein falsches Mittel, aber vielleicht unter den damaligen Umständen das einzige mögliche. Friedrichs Nachfolger nahm das Mittel für den Zweck und theilte aufs Neue.«

Unmittelbar nach der Besitznahme Westpreußens ward von Seiten des Königs diesem Landestheile die größte Sorgfalt gewidmet. Bald hatten sich alle Verhältnisse daselbst zum Bessern gewendet, Handel und Wandel hoben sich überraschend schnell, besonders auch dadurch, daß Friedrich im Jahre 1773 mit einem Kostenaufwande von 700,000 Thlr. den Bromberger Canal bauen ließ, welcher die Brahe mit der Netze und dadurch die Weichsel mit der Oder verbindet.

[Die übrigen Erwerbungen Friedrichs II.]

Außer Friedrichs II größeren Erwerbungen, Schlesien und Westpreußen, sind noch zwei kleinere zu merken, Ostfriesland und ein Theil der Grafschaft Mansfeld.

Die Friesen, an den Küsten der Nordsee, waren von den Franken unterworfen und zum Christenthume bekehrt worden. Mit dem Verfall des fränkischen Reiches erlangten sie ihre Freiheit wieder. Während aber im westlichen Friesland die von den Franken eingesetzten Grafen es verstanden hatten ihre Herrschaft erblich zu machen, hatte sich im heutigen Ostfriesland eine republikanische Verfassung ausgebildet. Doch im Kampfe mit umwohnenden mächtigen Fürsten, besonders den Bischöfen von Bremen, Münster und Utrecht, löste sich diese freie Verfassung auf und auch in Ostfriesland entstanden zahlreiche Herrschaften unter Häuptlingen mit erblicher Würde, die unter einander in beständigen Fehden lebten und das niedere Volk bedrückten. Endlich wählten die Häuptlinge den Junker Edzard von Greetsyhl und nach dessen Tode seinen Bruder Ulrich Cirksena zum Kriegsobersten. Letzterer trug Ostfriesland 1453 dem Kaiser Friedrich III zu Lehen auf und ward in den Reichsgrafenstand erhoben. Das Harlingerland (Wittmund und Esens) behauptete jedoch gegen das Haus Greetsyhl seine Unabhängigkeit und ward erst viel später in Folge einer Heirath mit Ostfriesland vereinigt. Graf Enno Ludwig (1651—60) ward in den Reichsfürstenstand erhoben. Auf welche Weise Kurfürst Friedrich III die Anwartschaft auf das Ländchen erhielt, haben wir oben gesehen (Seite 69). König Friedrich Wilhelm I nahm bereits 1732 Titel und Wappen von Ostfriesland an und nach dem Tode des letzten Fürsten Karl Edzard nahm Friedrich d. Gr. 1744 das Land in Besitz. Die Größe desselben betrug (das Harlingerland mit eingeschlossen) 54 ☐M.

Die Grafschaft Mansfeld war ein kursächsisches und ein magdeburgisches Lehen. Weil die Grafen im 16. Jahrhundert besonders durch den schmalkaldischen Krieg in bedeutende Schulden gerathen waren, nahmen sie die Lehnsherren um 1570 in Sequestration, nämlich Kursachsen drei Fünftel und Magdeburg den

Rest. Als im Jahre 1780 das Grafengeschlecht erlosch, nahmen Kursachsen und Preußen (als Erbe der Ansprüche Magdeburgs) die Grafschaft nunmehr völlig in Besitz. Preußischer Antheil war der östliche Theil des Ländchens oder die Districte Mansfeld und Schraplau, zusammen 8 QM.

[Der bayrische Erbfolgekrieg.]

Gar nicht viel fehlte, so hätte Friedrich noch einmal, zum vierten Male, gegen Oesterreich das Schwert gezogen. Im Jahre 1777 starb nämlich Kurfürst Maximilian Joseph von Bayern als der letzte seines Stammes. Joseph II glaubte diesen Todesfall als eine gute Gelegenheit, seine Hausmacht zu vergrößern, benutzen zu müssen. Durch die Erwerbung Bayerns für Oesterreich suchte er die österreichische Macht in Deutschland, die durch den Verlust Schlesiens einen Stoß erlitten hatte, aufs Neue zu stärken und so das alte Uebergewicht der Habsburger wiederherzustellen. Friedrich durchschaute den Plan und beschloß im Interesse Preußens dagegen zu arbeiten. Denn es konnte ihm nicht gleichgültig sein, wenn durch das Uebergewicht Oesterreichs die Bedeutung Preußens und sein deutscher Beruf wieder geschwächt würde. Joseph II hatte den nähern Erben Bayerns, den Kurfürsten Karl Theodor von der Pfalz, vermocht auf sein Erbe zu verzichten. Aber Friedrich hatte den Herzog Karl von Zweibrücken, der nach Karl Theodor die nächste Anwartschaft hatte, bewogen, gegen das Abkommen zwischen Oesterreich und der Kurpfalz Protest einzulegen. Auf seiner Seite stand außerdem Sachsen, welches Ansprüche auf die Eigengüter des letzten bayrischen Kurfürsten erhob. So ließ er in Wien erklären, daß er entschlossen sei, für den rechtmäßigen Erben einzutreten. Aber Joseph war nicht gewillt, einen seiner Lieblingsplane aufzugeben und beschloß, das Glück der Waffen zu versuchen. Auch Friedrich rückte mit einer bedeutenden Armee ins Feld und bald standen sich die feindlichen Heere in Böhmen gegenüber. Die Kaiserlichen nahmen eine feste Stellung zwischen Arnau und Königgrätz ein, wagten aber kein entscheidendes Treffen, es kam nur zu ganz unbedeutenden Scharmützeln. Maria Theresia bebte vor neuem Blutvergießen zurück und auch Friedrich hatte nur die Waffen ergriffen für den Bestand des Gegenwärtigen, nicht um Eroberungen zu machen. Zwar trat nun Friedrich aus Mangel an Lebensmitteln im Herbste des Jahres 1778 den Rückzug nach Schlesien an, so daß Josephs Zuversicht mächtig wuchs, aber dennoch führten die angeknüpften Verhandlungen zum Ziele, zumal auch Frankreich und Rußland Miene machten, sich Preußen gegen Oesterreich anzuschließen. Am 13. Mai 1779 ward der Friede zu Teschen abgeschlossen und durch denselben der sogenannte bayrische Erbfolgekrieg beendet. Oesterreich entsagte im Frieden seinen Ansprüchen und erhielt nur den Landstrich zwischen Inn, Salza und Donau (Innviertel). Friedrich erhielt die Anerkennung der Erbfolge in den fränkischen Fürstenthümern, deren Fürstengeschlecht dem Aussterben nahe war.

[Stiftung des deutschen Fürstenbundes.]

Joseph II hatte aber durch den Frieden zu Teschen seinen Absichten auf Bayern keineswegs entsagt, er suchte sie vielmehr auf andere Weise durchzusetzen. Er faßte den Plan, Bayern gegen die Hälfte der österreichischen Niederlande als Königreich Burgund umzutauschen. Da die Niederlande dem deutschen Reiche bereits ohnehin ganz entfremdet waren, so hätte Oesterreich durch den Tausch nur gewonnen und jedenfalls auf diese Weise eben so sicher das Uebergewicht in Deutschland erlangt, wie durch den früheren Plan. Josephs Absicht ward durch den Widerstand Herzogs Karl von Zweibrücken verhindert. Um jedoch ähnliche Uebergriffe des habsburgischen Hauses für die Zukunft unmöglich zu machen, kam Friedrich II auf den Plan, zum Schutze des Reiches einen Bund deutscher Fürsten zu stiften. Die ersten, welche diesen sogenannten Fürstenbund mit Preußen schlossen, waren Sachsen und Hannover, später aber schlossen sich ihm die meisten Reichsfürsten an (1785). Zweck desselben war, jeden Reichsstand in seinem Besitze vor ungerechten Uebergriffen Mächtigerer zu schützen und die althergebrachte Verfassung des Reiches zu sichern. In Folge dieses Bundes stand der Kaiser von allen weiteren Versuchen, sein Erbreich auf Kosten Deutschlands unrechtmäßiger Weise zu vergrößern, ab. Daß der Fürstenbund (in Folge der bald veränderten politischen Verhältnisse, welche nach der französischen Revolution eintraten,) keine weitere Folge gehabt hat, schmälert das Verdienst Friedrichs, welches er sich als Beschützer der Schwachen und Unterdrückten erwarb, nicht.

[Heilung der Kriegsschäden.]

Noch während Friedrich II beim Ende des siebenjährigen Krieges die Waffen führte, sehnte er sich bereits darnach, die Wunden, welche der lange Kampf seinem Lande geschlagen hatte, wieder zu heilen. Unverzüglich nach wiederhergestelltem Frieden zeigte er daher eine rastlose Thätigkeit, zunächst die Kriegsschäden zu vergüten. Schon im Jahre 1766 hatte er in Schlesien 8000, in Pommern und der Neumark 6500 Häuser wiederaufbauen lassen. Die schlechten Münzsorten, welche während der Geldnoth des Krieges geprägt worden waren, wurden eingezogen und durch bessere ersetzt. Um seinen Unterthanen Getreide zur Nahrung und als Saat zur Bestellung der Felder zu verschaffen, ließ er seine Magazine öffnen. Den Landleuten ließ er Ackerpferde austheilen. Um den Bewohnern der Provinzen, welche durch den Krieg am meisten mitgenommen waren, das Wiederaufkommen zu erleichtern, erließ er ihnen zeitweise die Abgaben; so wurde Schlesien auf sechs Monate, Pommern und die Neumark auf zwei Jahre von allen Steuern befreit. Auch durch große Summen baaren Geldes suchte er besonders stark verwüstete Ortschaften wiederaufzuhelfen. Ueberall hielt sich der König zu jeder möglichen Hülfe verpflichtet. »<u>Es ist meine Schuldigkeit</u>,« äußerte er, »<u>meinen verunglückten Unterthanen wiederum aufzuhelfen; dafür bin ich da</u>.« Diese landesväterliche Fürsorge, mit welcher er die Folgen schweren Unglückes zu verwischen suchte, gereichen Friedrich zu nicht geringerem Ruhme als seine glänzendsten Kriegsthaten. Bald waren die Spuren einer jahrelangen Verwüstung wenigstens äußerlich verschwunden, und Stadt und Land boten wieder den Anblick eines gesegneten Gedeihens, wenn auch, wie oben gesagt ist, es lange Jahrzehnde dauerte, ehe für einzelne Städte und Gemeinden der erlittene materielle Schaden vollständig wieder ausgeglichen war.

[Landesväterliche Fürsorge Friedrichs II.]

Auf keine andere Weise glaubte Friedrich den Wohlstand seines Volkes besser und schneller heben zu können, als durch Begünstigung des Ackerbaues, des Handels und der Gewerbe. Hierin hat der große König außerordentlich viel gethan. Während seiner ganzen Regierungszeit war er unermüdlich darauf bedacht, eine rationellere Betreibung der Landwirthschaft zu begründen. Er kümmerte sich selbst um alle besseren Methoden des Landbaues. Fremde Seidenbauer, Viehzüchter und Ackerbauer wurden unter günstigen Bedingungen ins Land gezogen. Große Landstrecken wurden durch Trockenlegung der Oder-, Warthe- und Netzebrüche für die Cultur gewonnen und mit Colonisten bevölkert, deren Nachkommen noch heute das Andenken an den großen König segnen. Der Einführung und Verbreitung des Kartoffelbaues widmete Friedrich die eingehendste Sorge und ließ sich hierin von dem Widerstreben der Bevölkerung nicht beirren.

Eine nicht geringere Aufmerksamkeit ließ der König dem Gedeihen von Handel, Gewerbe und Fabrikwesen zu Theil werden. Um den Handel durch Geldvorschüsse zu heben, wurde die Bank gegründet; die Gründung der Seehandlungsgesellschaft sollte dem preußischen Handel über See aufhelfen. Zur Belebung des Binnenhandels ließ der König wichtige Canäle bauen. So den Finow-Canal, durch welchen die Oder mit der Havel verbunden ward, derselbe ward in den Jahren 1743—1749 hergestellt und 1767 erweitert; den neuen Obercanal zur Abkürzung der Oderschifffahrt zwischen den Dörfern Güstebiese und Hohensaten*); den plauischen Canal zwischen Elbe und Havel, in den Jahren 1743 bis 1745 gebaut; den Templiner Canal, um einen leichteren Getreidetransport nach Berlin zu ermöglichen, 1745 angelegt. Von dem wichtigen Bromberger Canal ist schon oben die Rede gewesen (S. 113). Das Aufblühen des Fabrikwesens zeigte sich in der Entstehung zahlreicher Manufacturen. Fabriken für Dosen, Lackwaaren, Bleistifte, Papier u. s. w., sowie Färbereien entstanden auf des Königs Betrieb und

---

*) Derselbe hat sich durch den Zufluß des Wassers so erweitert, daß er das Hauptbett des Oderstromes geworden ist.

Wunsch. Wollenspinnereien, Webereien, Zuckersiedereien und eine königliche Porzellanfabrik wurden gegründet. Letztere hatte Friedrich sogar noch während der Sorgen des siebenjährigen Krieges ins Leben treten lassen. Bei alledem sah der König nicht engherzig auf den Vortheil der Staatskassen, sondern er sorgte nur dafür, daß seine Unterthanen vom Auslande unabhängig wurden und durch ihren Kunstfleiß zu Wohlstand gelangten. Auch auf das Berg-, Hütten- und Salinenwesen verwandte Friedrich die eingehendste Sorgfalt, dessen Ausbildung in Preußen eigentlich erst von seiner Regierung an beginnt. So war sein rastloser Geist unermüdlich in Auffindung neuer Hülfsquellen, durch welche er den Wohlstand und die Steuerkraft seiner Unterthanen hob.

[Friedrichs II Reform der Rechtspflege.]

Eine der wichtigsten Bemühungen Friedrichs II erstreckte sich auf die Reform der Rechtspflege. Sein Wille war, daß ohne Ansehen der Person Recht gesprochen würde. Zu einem Regierungspräsidenten äußerte er: »Ich bin eigentlich der oberste Justizcommissar in meinem Lande, der über Recht und Gerechtigkeit helfen soll. Ich habe eine schwere Verantwortung auf mir, denn ich muß nicht allein von dem Bösen, das ich thue, sondern auch von allem Guten, was ich unterlasse, Rechenschaft geben. So auch Er; Er muß durchaus unpartheiisch und ohne Ansehen der Person richten, es sei Prinz, Edelmann oder Bauer.« Bereits im Jahre 1747 trat eine Reform des Justizwesens in's Leben, indem der König durch seinen gelehrten Großkanzler Cocceji eine neue Gerichtsordnung, den sogenannten Codex Friedericanus hatte ausarbeiten lassen. Gegen das Ende seiner Regierungszeit ließ Friedrich durch tüchtige Juristen ein neues Gesetzbuch in deutscher Sprache ausarbeiten, das allgemeine Landrecht für die preußischen Staaten, welches aber erst nach seinem Hinscheiden in Kraft treten konnte. — Friedrich wußte recht gut, daß es den Juristen allzeit mehr auf die Form als auf die Sache ankommt und war daher um so mehr darauf bedacht, auch dem niedrigsten seiner Unterthanen zu seinem Rechte zu verhelfen; dies zeigte sich besonders in dem bekannt gewordenen Müller Arnoldschen Processe. Allerdings griff er bei demselben willkührlich in den Rechtsgang ein, indem er glaubte, daß die Richter zu Gunsten eines Adligen falsch geurtheilt hätten und dieselben durch Absetzung bestrafte, aber gerade durch solche Strenge bewies er dem Volke, daß es ihm ernst sei mit einer unpartheiischen Rechtspflege und er erhöhte auf diese Weise das Vertrauen desselben zu den von ihm eingesetzten Gerichtshöfen. Bekannter noch ist sein Streit mit dem Müller von Sanssouci geworden. Derselbe berief sich gegen den König selbst auf das Kammergericht zu Berlin und indem Friedrich dieser zuversichtlichen Erklärung nachgab, gab er einen herrlichen Beweis, daß er sich, was das Recht anbelangte, dem geringsten seiner Unterthanen gleichstellte.

[Friedrichs Reisen durch die Provinzen.]

Um überall selbst sich von den Zuständen seiner Provinzen zu überzeugen, machte der König durch dieselben alljährlich Reisen. Auf denselben mußten ihm Beamte jeden Ranges bis zum Subalternen hinab die genauesten Berichte über alle Einzelheiten abstatten. Landräthe, Amtleute und Schulzen mußten neben seinem Wagen herreiten, um ihm über die Verhältnisse ihrer Kreise und Ortschaften Auskunft zu geben. Aber auch die Handwerker, Kaufleute und Landleute wurden von ihm über ihre Angelegenheiten befragt, damit er Gelegenheit erhielt, allgemeine Wünsche zu befriedigen. Die auf diese Weise von ihm unternommenen Reisen sah der König als einen Theil seiner Regierungsthätigkeit an. »Ich suche«, schrieb er in einem Briefe an den Dichter Voltaire, »in meinem Vaterlande zu verhindern, daß der Mächtige den Schwachen unterdrücke, und bisweilen Sentenzen zu mildern, die mir zu streng erscheinen. Dies ist zum Theil meine Beschäftigung, wenn ich die Provinzen durchreise. Jedermann hat Zutritt zu mir, alle Klagen werden von mir selbst untersucht oder von andern, und ich bin dadurch Personen nützlich, deren Dasein ich nicht einmal kannte, ehe ich ihre Bittschrift erhielt. Diese Revision macht den Richter aufmerksam und verhütet harte und strenge Proceduren.« Auf Bequemlichkeit während dieser Reisen kam es dem König nicht an, er nahm mit dem einfachsten Nachtlager und einfachen Mahlzeiten fürlieb. Nach seiner Rückkehr wurde jedesmal die sogenannte Ministerrevue abgehalten. Es mußten die sämmtlichen Minister vor ihm erscheinen und er theilte ihnen dann mit, wie er den Zustand des Landes auf seiner Reise gefunden hatte, gab ihnen Mittel und Wege an, wie den Mißständen abgeholfen werden müsse und zeigte ihnen auf diese Weise gewissermaßen den Weg, welchen sie für das nächste Jahr zum Wohle des Ganzen zu beschreiten hätten. Auf das Volk machte diese Ministerrevue einen sehr guten Eindruck, denn jeder wußte, daß die höchsten Diener des Staates derselben scharfen Controle unterworfen wurden, wie die tiefer stehenden.

[Steuerverwaltung Friedrichs II.]

Nicht zu verwundern ist es, daß sich bei solcher einsichtiger Verwaltung, bei solcher Sorgfalt für Hebung des Ackerbaues, des Gewerbewesens, der Industrie und des Handels der Wohlstand des Volkes und somit die Staatseinkünfte stetig hoben. Da aber Friedrich II genöthigt war, um seinen durch den siebenjährigen Krieg erworbenen europäischen Einfluß zu behaupten, ein stets schlagfertiges Heer zu unterhalten, das er in seinem Bestande gegen seinen Vater bedeutend vermehrt hatte, so mußte er sein Hauptaugenmerk darauf richten, die Staatseinnahmen auch noch durch andere Mittel zu steigern. Dies geschah, da er neue Steuern seinen Unterthanen nicht auflegen wollte, dadurch, daß er die durch den großen Kurfürsten eingeführte Accise einträglicher zu machen suchte. Zu diesem Zwecke ließ er geschickte Steuerbeamte aus Frankreich kommen, welchen die Verwaltung der Accise und die Erhebung der Einnahmen aus den königlichen Gefällen unter dem Namen der Regie übergeben wurde. An der Spitze der Regie standen fünf Regisseurs und unter diesen elf Directoren in den verschiedenen Provinzen. Durch die Art und Weise, auf welche die fremden Beamten die Steuern erhoben, und durch die Plackereien, welche mit der gegen früher strengeren Erhebung derselben verbunden waren, ward das ganze Institut der Regie außerordentlich im Lande verhaßt. Der Regie an die Seite trat die Kaffee- und Tabacksverwaltung. Den Handel mit diesen Gegenständen machte Friedrich zu einem Monopol. Eine General-Tabacksadministration ward nämlich mit dem Alleinhandel des Tabacks beauftragt und eine königliche Kaffee-Regie betrieb den Alleinhandel mit diesem Produkte. Dadurch, daß die Händler gezwungen wurden, Taback und Kaffee nur von dem Staate zu kaufen, der diese Produkte zu einem bedeutend höheren Preise verhandelte, als sie ihm selbst zu stehen kamen, flossen der Staatskasse bedeutende Summen zu. Auch durch die Einführung der Lotterie und durch ein sogenanntes Stempel- und Kartenedikt wurden die Einnahmen bedeutend gehoben. Dagegen litt der König nicht, daß Fleisch und andere nothwendige Lebensbedürfnisse dem Volke durch Besteuerung derselben vertheuert wurden.

[Sorge Friedrichs für den grundbesitzenden Adel. Seine Ansicht über Adel und Bürgerstand.]

Ein großer Segen für die meisten preußischen Provinzen wurde das von Friedrich gegründete landwirthschaftliche Creditsystem. Den Plan hierzu hatte ein Kaufmann mit Namen Büring gegeben. Sämmtliche schlesische Rittergutsbesitzer mußten 1769 auf königlichen Befehl zu einer landwirthschaftlichen Creditbank zusammentreten, welche Gelder aufnahm und dieselben auf Güter bis zur Hälfte des Werthes wieder verlieh. Auch die übrigen Provinzen ahmten die segensvolle Einrichtung, durch welche einer Menge von Grundbesitzern aufgeholfen ward, nach. Auch andere landesförderliche Institute, z. B. Feuerversicherungsverbände (seit 1771) wurden auf Anregen des umsichtigen Königs errichtet. — Wie durch die Gründung landwirthschaftlicher Creditvereine, so war auch sonst Friedrich darauf bedacht, den Adel im Besitze seines Grundbesitzes zu erhalten. Zwar dachte er nicht im Entferntesten daran, alte gemeinschädliche Vorrechte desselben auf Kosten der anderen Staatsangehörigen wiedereinführen zu wollen, aber er fürchtete, daß, wenn die adligen Güter zu zahlreich in bürgerliche Hände übergiengen, die Inhaber den Besitz als Geschäftszweig benutzen und »natürlicher Weise um desto weniger sich dem Militärstande zuwenden würden, da nichts mehr, als Gewerbfleiß den kriegerischen Beschäftigungen abhold ist.« Deshalb erschwerte er den Verkauf von Rittergütern an Bürgerliche. »Der Bürger,« äußerte er, »soll sich mit Manufacturen, Commerz und dergleichen bürgerlichem Verkehr abgeben und sein Geld darein stecken, aber keine abligen Güter besitzen.« Die Sorge für sein Heer führte also den König zu dieser Maßregel. Er war der Ansicht, daß der Adel, weil derselbe den Kriegsdienst seit undenklichen Zeiten als eine Ehrensache seines Standes betrachtet habe, auch vorzugsweise zum Offizierstande passe, weil nur ihm das für diesen Stand so nothwendige militärische Selbstgefühl innewohne. Auch die höheren Verwaltungsstellen besetzte er fast nur mit Adligen. Doch ist dabei zu erwähnen, daß er an den Adel auch um so höhere Ansprüche stellte, derselbe galt ihm für gar nichts, wenn er sich der Bevorzugung nicht würdig machte.

[Friedrichs religiöse Richtung. Unterrichtswesen.]

Wie wir bereits oben sahen, ließ es sich Friedrich II angelegen sein, allen Religionsgenossenschaften des Staates gleichen Schutz angedeihen zu lassen. Den Katholiken erlaubte er, in Berlin eine Kirche zu bauen, und sogar den Jesuiten, deren Orden während seiner Regierung von dem Papste aufgehoben wurde, gewährte er in seinen Staaten seinen königlichen Schutz. Da aber der König durch seine verfehlte Jugenderziehung dem ernsten kirchlichen Glauben entfremdet worden war, so hat man behauptet, daß seine Duldsamkeit mehr Gleichgültigkeit gegen die Religion überhaupt gewesen sei. Indessen dies ist nicht der Fall. Friedrich ließ sich durch seinen Umgang mit französischen Freigeistern keineswegs verleiten, alle christlichen Wahrheiten zu verleugnen. In seinen Schriften trat er sogar als Vertheidiger des Christenthums auf, wenn es auch nur die sittlichen Vorschriften desselben sind, welche er als hoch und erhaben anerkannte. Auch in seinem Volke wollte er ernste Gottesfurcht gepflegt wissen und hütete sich wohl, den christlichen Glauben absichtlich zu erschüttern. Doch ist nicht zu leugnen, daß, da ihm der eigentliche kirchliche positive Glaube fehlte, sein Beispiel dem Ansehen der Kirche nicht geringen Schaden zufügte und der von Frankreich her sich verbreitende Unglaube auch in Deutschland und Preußen einen günstigen Boden fand.

Bei der Vorliebe, welche Friedrich II für die Wissenschaften hegte, hätte man erwarten sollen, daß dieselben von ihm mächtig gefördert würden. Allein dies war nicht der Fall. Es fehlten dem Könige die Mittel, für die Begründung eines wissenschaftlichen Lebens in gleicher Weise zu sorgen, wie er es zur Hebung des Volkswohlstandes für nöthig erachtete. Die schlechte Dotierung der Universitätsprofessoren gab dem berühmten Reinhold Forster, Professor in Halle, Gelegenheit zu der Aeußerung: »Im Preußischen hat der Gelehrte Eselsarbeit und Zeisigfutter.« — Mehr als auf den Universitäten ward verhältnißmäßig auf den Schulen geleistet. Das Joachimsthalsche Gymnasium suchte Friedrich zu einer Musterschule zu machen. Durch hervorragende Pädagogen ward auf dem Gymnasium ein wissenschaftlicheres Leben begründet und durch die Gründung der Realschule zu Berlin, 1747, fand eine ganz neue pädagogische Richtung ihren Ausdruck. — Mehr als für andere Unter-

richtszweige that der König für die Volksschule, welche er für die
Bildungsgrundlage des ganzen Volkes hielt. Gleich nach dem Frieden
zu Hubertusburg erließ er das General-Landschulen-Reglement
in welchem es hieß, es sei nöthig, den guten Grund durch eine ver-
nünftige sowohl als christliche Unterweisung der Jugend zu wahrer
Gottesfurcht und anderen nützlichen Dingen in den Schulen legen zu lassen,
um alles in's Künftige darnach einzurichten, damit der so höchst schädlichen und dem Christenthum unanständigen Unwissenheit vorgebeugt und abgeholfen werde. Auch Geldmittel wies der König zu
diesem Zwecke an, wenn sich irgend eine Ersparniß herausgestellt hatte;
im Ganzen aber hatte die Verordnung nur geringe Folgen, der König
erkannte selbst an: »die schlechten Schulmeisters sind Schneiders die
meisten, und müßte man sehen, ob man sie nicht in kleinen Städten
könnte schneidern lassen, oder wie man sie sonsten unterbringet, damit
die Schulen desto eher in guten Stand kommen können, was eine inter-
essante Sache ist.« Anstatt der Schneider wurden aber ausgediente
Soldaten und Unteroffiziere als Lehrer auf's Land geschickt. Zwar wurden unter Friedrichs Regierung die ersten Schullehrerseminare
gegründet (zu Berlin 1750, zu Halberstadt 1778, dann die zu Magdeburg und Stettin) und auch für die Erziehung der militärischen Jugend
ward verhältnißmäßig gut gesorgt, auch die Stiftung von Cadetten-
häusern (zu Stolpe, Kößlin und Potsdam), aber die Früchte dieser
Gründung konnten erst viel später hervortreten. »Es sind dreißig Jahre
nöthig, um Früchte zu sehen,« schrieb Friedrich, »ich werde sie nicht
genießen, aber es wird mich freuen, meinem Vaterlande diesen Vortheil
zu schaffen, nämlich Volksbildung, dessen dasselbe entbehrt.«

[Friedrichs Stellung zur deutschen Literatur und den Künsten.]

Von der deutschen Literatur hielt Friedrich nicht viel. Freilich konnte
damals von einer solchen im Vergleiche zu der französischen und englischen nicht gut die Rede sein. Seit seiner Jugend hatte er sich in die
herrlichen Geisteswerke der damals gerade in ihrem schönsten Glanze
leuchtenden französischen Literatur vertieft, während die deutsche noch auf
tieferer Stufe stand. Dennoch war er in Betreff der Entwickelung deutscher Sprache und Literatur nicht gleichgültig. Seit dem siebenjährigen
Kriege giengen wiederholt Befehle von ihm aus, die deutsche Sprache
zweckmäßiger als bisher auf den Schulen zu lehren. Ja in den letzten
Jahren seines Lebens schrieb er sogar eine Abhandlung über die deutsche
Literatur. Auch hatte er den Wunsch, »die deutschen Schriftsteller an
Würde und an Glanz den auswärtigen den Rang streitig machen zu
sehen.« Mit prophetischem Geiste schrieb er auch: »Wir werden einst
unsere klassischen Schriftsteller haben, jeder wird sie lesen und sich daran
bilden, unsere Nachbarn werden Deutsch lernen. Schon die Hoffnung
macht mich glücklich, daß die Kunst und Wissenschaft, wie einst in Grie-
chenland und Italien, dereinst in Preußen ihre Wohnstatt finden werden.«

Geschah aber direct zur Förderung der Literatur durch Friedrich wenig, so doch um so mehr indirect. Unsere größten Männer auf geistigem Gebiete, Lessing und Göthe, haben anerkannt, daß Friedrich der Große durch seine herrlichen Thaten unsere Nation aus ihrem Schlummer aufrüttelte, in ihr das Selbstgefühl wieder weckte, und sie dadurch zu dichterischer Begeisterung befähigte. Göthe schrieb: »Der erste wahre und höhere eigentliche Lebensgehalt kam durch Friedrich den Großen und die Thaten des siebenjährigen Krieges in die deutsche Poesie.« Und in der That, noch bei Friedrichs Lebzeiten war die von ihm so sehnlich herbeigewünschte große klassische Epoche deutscher Literatur bereits im herrlichsten Glanze angebrochen, ohne daß er es ahnte. — Auch von einer ganz unbegründeten Vorliebe für alles Französische, wie man behauptet hat, war der große König keineswegs beherrscht; in vielen Dingen verachtete er die Franzosen und über ihre Literatur schrieb er 1769, sie sei auf der Neige, er sei der neuen Bücher so ziemlich satt, welche jetzt aus Frankreich kämen, sie enthielten so viel Ueberflüssiges und so wenig Genie, daß man an den Wissenschaften einen Ekel bekommen möchte. Noch ungünstiger urtheilte er über den sittlichen Charakter der Franzosen, weil sie gar zu liederlich wären und lauter liederliche Sachen machten, während er gerade in dieser Hinsicht den Deutschen seine Hochachtung zuwendete. —

Vielfache Pflege ließ Friedrich den bildenden Künsten angedeihen, der Malerei, Bildhauer- und Baukunst. Seine herrlichen Bauten geben bis auf den heutigen Tag davon Zeugniß. Der Pflege der Musik, welche er besonders liebte, leistete er bedeutenden Vorschub. Bei festlichen Gelegenheiten wurden unter ihm auch bereits italienische Opern in Berlin aufgeführt und im Jahre 1772 ward in Berlin die erste stehende Bühne mit Lessings Trauerspiele Miß Sara Sampson eröffnet.

[Friedrichs Umgang. Seine Tagesordnung.]

Der Lieblingsaufenthalt Friedrichs des Großen in Friedenszeiten war Sanssouci bei Potsdam, ein Schloß, welches er in den Jahren 1744—47 hatte erbauen lassen. Hier umgab er sich mit einem Kreise geistreicher Männer und bedeutender Generale, deren Umgang ihm Bedürfniß war. Sein liebster Gesellschafter war der Marquis d'Argens, von Geburt ein Provençale, der sich durch seine feine Bildung, seine geistreiche Unterhaltung und seine Hingebung für den König dessen Freundschaft zu gewinnen wußte. Von Friedrichs militärischen Gesellschaftern sind besonders zu nennen die Generale von Winterfeld, von Keith und von Ziethen. Der letztere starb nur kurze Zeit vor seinem königlichen Freunde. In Sanssouci hielt sich auch der berühmte französische Dichter Voltaire einige Jahre auf. Von Friedrich dahin berufen, ward er mit Ehren überhäuft; er wurde Kammerherr, erhielt einen bedeutenden Gehalt, freie Tafel, Wohnung und Equipage. Sein Witz und seine geistreiche Unterhaltung waren dem Könige gewissermaßen Bedürfniß geworden. Aber sein Neid gegen andere, die sich des Königs Gunst ebenfalls erfreuten, sein boshafter, hämischer Witz, sein Spott gegen alles Edle und Hohe erwarben ihm viele Feinde und den steten Tadel des Königs, der ihn zuletzt des Landes verwies, doch später wieder mit ihm in Briefwechsel trat. Friedrich äußerte einst über ihn: »Es ist recht schade, daß eine so nichtswürdige Seele mit einem so herrlichen Genie verbunden sein kann.« — Mit einem anderen geistreichen Franzosen, dem gelehrten d'Alembert, stand Friedrich im regen Briefwechsel, doch ließ sich derselbe niemals bewegen, an des Königs Hof zu kommen.

Der Verkehr mit seinen Freunden, wie überhaupt seine ganze Lebensweise, war ein streng geregelter. Kein Augenblick Zeit gieng ihm ungenützt vorüber. Schon 3½ Uhr früh stand er auf, las während des Ankleidens die von einem Feldjäger aus Berlin gebrachten Depeschen und Briefe und beantwortete sie auch sogleich, meistentheils durch kurze treffende Randbemerkungen. Dann wurde ihm von seinem Adjutanten über militärische Dinge Vortrag gehalten. Nach dem Kaffee phantasirte er gewöhnlich auf der Flöte. Nachdem er hierauf den Vortrag seiner Cabinetsräthe entgegengenommen, Privatbriefe beantwortet und Audienzen ertheilt hatte, begab er sich zur Parade oder gieng oder ritt spazieren, den bekannten Krückstock in der Hand und von seinen Lieblingshunden begleitet. Um 12, später um 2 Uhr, gieng es zur Tafel, an welcher der König im Kreise heiterer Gesellschafter und unter geistreichen Gesprächen einige Stunden zuzubringen liebte. Nach Tische sandten die Cabinetsräthe die von ihm Vormittags gegebenen nun ausgefertigten Bescheide zur Unterschrift. Nachdem er hierauf Kaffee getrunken, ließ er sich von seinem Vorleser Auskunft über neu erschienene Bücher geben oder gieng im Garten spazieren. Gegen Abend war gewöhnlich Concert, bei dem Friedrich früher selbst mitwirkte. Hierauf wurde mit dem Abendessen das Tagewerk beschlossen.

[Friedrichs Tod.]

Trotzdem die Kräfte Friedrichs mit den zunehmenden Jahren abnahmen, ließ er nicht in seiner unermüdlichen Thätigkeit nach. Bis zuletzt war er nur von dem Gedanken für die Wohlfahrt seines Volkes erfüllt. Da sich seine höheren Lebensjahre immer freudloser gestalteten, so fand er in erhöhter Thätigkeit eine gewisse Genugthuung. Fast alle, welche er eines nähern Umgangs gewürdigt hatte, starben vor ihm und immer einsamer ward es um den alternden Helden. Nur die Liebe seines Volkes, welche er bis zur Begeisterung besaß, tröstete ihn für den Verlust seiner Freunde. Wo er auch sich sehen ließ, »der alte Fritz«, da jubelte ihm Jung und Alt entgegen.

Der König hatte sich zwar früher einer guten Gesundheit erfreut, aber die Sorgen und Strapazen des siebenjährigen Krieges hatten ihn schnell altern lassen. Mit den zunehmenden Jahren traten Anfälle von

Gicht und Podagra ein, die immer heftiger wurden. Nicht im Geringsten aber ließ er sich durch diese schmerzhaften Zufälle in der Ausübung seines königlichen Amtes unterbrechen, wie ein Weiser ertrug er die größten Schmerzen in Ergebung. Im Jahre 1785 zeigten sich die Vorboten der Wassersucht. Dieselbe entwickelte sich immer vollständiger und bereitete dem Könige die heftigsten Schmerzen, aber keine Klage kam über seine Lippen. So starb er am 17. August 1786, Nachmittags 2¼ Uhr zu Sanssouci. Am Abend des Todestages ward seine Leiche nach Potsdam gebracht und am folgenden Tage öffentlich ausgestellt. In der Garnisonkirche ward er neben seinem Vater beigesetzt. — »Keinen Winkel der Erde gab es, wo nicht die Nachricht von Friedrichs Dahinscheiden tief empfunden wurde.« Am größten war natürlich die Bestürzung in seinem eigenen Lande, aber auch im übrigen Deutschland und selbst im Auslande war die Trauer allgemein. Man fühlte, daß der größte Mann seines Jahrhunderts das Zeitliche gesegnet hatte.

[Friedrichs II Persönlichkeit und Bedeutung.]

Friedrichs Erscheinung war einfach; er war von mittlerer Größe. Ganz im Gegensatze zu den Neigungen, welche er als Kronprinz gezeigt hatte, kannte er für seine Person als König keinen Luxus. In seinen spätern Lebensjahren trug er oft geflickte Kleider, welche nicht gerade durch Reinlichkeit ausgezeichnet waren, da er die Gewohnheit hatte stark zu schnupfen. — Selten ist ein Fürst bei seinem Volke so populär geworden als Friedrich. Neben der Liebe seiner Unterthanen genoß er die Achtung der Welt, welche vor seinem Geiste erstaunte. Er hinterließ seinem Nachfolger ein um 1325 □M. vergrößertes Reich, welches demnach auf 3540 □M. mit 5½ Millionen Einwohnern angewachsen war, einen Schatz von 70 Millionen, ein Heer von 200,000 Mann, ein hohes Ansehen bei allen Mächten Europas und eine Bevölkerung, welche durch Handel, Gewerbfleiß und Wohlstand eine hervorragende Stellung einnahm. Mit Bewunderung hatte sein thatenreiches Leben seine Zeitgenossen erfüllt, so daß sie den Beinamen des Großen zu gering für ihn hielten, sie nannten ihn den Einzigen. Durch sein Genie war es ihm gelungen, Preußen aus der untergeordneten Stellung, welche es bis dahin eingenommen hatte, emporzuheben und es zu einer der geachtetsten Monachieen Europas zu machen. Diese Stellung, welche er für Preußen errungen hatte, suchte er dadurch gegen unvorhergesehene Zufälle zu sichern, daß er bei seiner sparsamen Verwaltung einen Schatz sammelte, größer als jemals ein Regent in Europa einen besessen hatte. Bei seiner Größe als Feldherr, Staatsmann und Mensch kommen die Fehler, deren auch er besaß, wenig in Betracht. »Was aber allen Tadel, alle Fehler und Mängel des großen Mannes überstrahlt: er betrachtete sich nur als den ersten Diener seines Staates, und der große Gedanke seines Lebens war: Als König denken, leben, sterben.«

Fünfter Abschnitt.
Geschichte Preußens vom Tode Friedrichs des Einzigen bis zur Gründung des deutschen Bundes 1786—1815.

I. Friedrich Wilhelm II (1786—1797); Sinken des preußischen Einflusses.

[Friedrich Wilhelms II Regierungsantritt und erste Regierungshandlungen.]
Friedrich Wilhelm II war ein Neffe Friedrichs II, der Sohn von dessen Bruder August Wilhelm und am 25. September 1744 geboren. Nach dem Tode seines Vaters erhielt er von seinem Oheim als Kronprinz den Titel »Prinz von Preußen«. Seine geistigen Fähigkeiten waren nicht unbedeutend, auch wurde auf Friedrichs II Befehl für einen sorgfältigen Unterricht Sorge getragen. Sein hauptsächlichster Lehrer war der verdiente Professor Beguelin und der durch seinen Charakter ausgezeichnete Oberst Graf von Bork sein Oberhofmeister. Auch seine militärische Bildung wurde nicht vernachlässigt und frühzeitig wurde ihm Gelegenheit gegeben auf den üblichen Manövern und später im bayrischen Erbfolgekriege dieselbe zu vervollständigen. Auf einer diplomatischen Sendung nach Petersburg hatte sich der Prinz durch seine geschickten Unterhandlungen in Betreff der ihm aufgetragenen Sache die größte Zufriedenheit seines Oheims erworben. Dies war ihm besonders auch durch sein liebenswürdiges Wesen gelungen. Ueberhaupt zeichnete er sich durch ein freundliches, herablassendes Benehmen und durch eine hohe, männlich schöne Gestalt aus. Gern und im freundlichen Tone sprach er mit Kindern und mit Recht erwarb er sich durch seine Leutseligkeit und Gutmüthigkeit allgemeine Zuneigung. Aber leider arteten diese guten Eigenschaften zu sehr in Weichlichkeit und Schwäche aus, so daß es dem Prinzen schwer wurde sich selbst zu beherrschen und er andern einen nur allzubedenklichen Einfluß auf sich gestattete.

Gleich nach seiner Thronbesteigung machte der neue König eine Rundreise in die Provinzen seines Landes, um daselbst die Huldigung einzunehmen. Ueberall ward er mit Jubel empfangen, besonders freudig aber ward die Aufhebung der verhaßten Regie und des Tabacks- und Kaffeemonopols begrüßt. An die Stelle der Regie trat ein besonderes Departement des Zoll-, Accise-, Fabriken- und Handlungswesens mit deutschen Beamten. Allerdings ward dadurch der Steuerdruck keineswegs gelinder, denn der Ausfall in den Staatseinnahmen mußte durch Steuern auf Mehl, Zucker, Salz und andere nothwendige Lebensbedürfnisse gedeckt werden, die der ärmeren Bevölkerung noch drückender erschienen.

Nicht minder dankbar war man dem Könige, als er befahl, den Soldaten eine menschlichere Behandlung zu Theil werden zu lassen, als dies bisher geschehen war. Der menschenfreundliche General von Möllendorf ward an die Spitze eines Ober-Kriegs-Collegiums gestellt, ein Mann, dem es darauf ankam, einen lebendigen Soldatengeist bei dem Heere zu erwecken, der es möglich mache, daß der Soldat aus Ehr- und Pflichtgefühl, nicht aber aus Furcht vor den bisherigen barbarischen Strafen handele. In Folge dieser ersten Regierungshandlungen knüpften sich an die Herrschaft Friedrich Wilhelms die weitgehendsten Erwartungen. Leider aber sollte Preußen in seinen Hoffnungen nicht in der Weise befriedigt werden, als es dies wünschte und hoffte.

[Intervention Friedrich Wilhelms in Holland und seine Vermittlung in den türkischen Angelegenheiten.]

Die erste Theilnahme Friedrich Wilhelms an den auswärtigen Angelegenheiten bestand darin, daß er in die inneren Verhältnisse der Republik Holland eingriff. Hier hatte sich gegen die fast monarchische Gewalt des Statthalters Wilhelm V die sogenannte patriotische Parthei gebildet, welche bemüht war, dem Statthalter die ihm gebührende vertragsmäßig und ererbte Gewalt zu entziehen. In dem Streite, welcher sich aus diesem Streben zwischen Wilhelm V und den Generalstaaten (den Ständen der Republik) gebildet hatte, war anfangs der König, wie auch schon vor ihm Friedrich der Große, neutral geblieben. Als aber die Gemahlin Wilhelms, Friedrich Wilhelms II Schwester, auf einer Reise nach dem Haag von Insurgenten aufgehalten und in ihrer Würde gekränkt wurde, hielt es der König für Pflicht, die ihm in seiner Schwester angethane Schmach zu rächen und ließ im Jahre 1787 24000 Mann Preußen in Holland einmarschieren. Ohne erheblichen Widerstand zu finden, bemächtigten sich die Truppen des ganzen Landes und stellten die Autorität des Statthalters wieder her. Frankreich, auf dessen Hülfe die Niederlande gehofft hatten, schritt nicht ein, wodurch sein Einfluß in Europa in der Weise sank, als derjenige Preußens durch des Königs kräftiges Einschreiten gesteigert ward. — Schwankender schon trat Friedrich Wilhelm als Vermittler zwischen der Türkei einerseits und Rußland und Oesterreich andererseits auf. Diese beiden Mächte verfolgten den Plan, die Türken ganz und gar aus Europa zu vertreiben und sich ihrer Länder zu bemächtigen. Da Friedrich Wilhelm fürchtete, daß, gelänge jenen ihre Absicht, dieselben zu mächtig werden würden, so verbündete er sich mit Holland und England zum Schutze der Türken. Schon schien es zu einem neuen Kriege zwischen Preußen und Oesterreich zu kommen und schon wurden gegen dieses und Rußland Truppen zusammengezogen, als Oesterreich nachgab und sich 1790 im Vertrage zu Reichenbach verpflichtete, den gegenwärtigen Besitzstand der Pforte nicht anzutasten. Allerdings gieng auch Friedrich Wilhelm gegen den Rath des erfahrenen und klugen Ministers Herzberg wesentlich von seinen ursprünglichen Forderungen ab und konnte nicht verhindern, daß sich Rußland dennoch auf Kosten der Türkei vergrößerte. Da England und Schweden bereits im Vertrauen auf die preußische Hülfe Miene machten, Rußland anzugreifen, so konnten sie durch das Zurückweichen Friedrich Wilhelms diesen Plan nicht zur Ausführung bringen und das Vertrauen auf die Zuverlässigkeit desselben wurde auf diese Weise, trotz aller scheinbaren äußeren Erfolge, nicht wenig erschüttert.

[Coalition gegen Frankreich.]

Unterdessen hatte bereits im Westen Europas, in Frankreich, die große Staatsumwälzung begonnen, welche unter dem Namen die französische Revolution auch auf die anderen Staaten Europas den gewichtigsten Einfluß ausgeübt hat. Gegen die gräßlichen Mißstände, an welchen Frankreich seit Jahrhunderten krankte, hatte sich das Volk endlich erhoben. Diese Erhebung ward auch von vielen der besser Denkenden in Deutschland als der Anfang einer neuen Zeit begrüßt; bald aber wurde klar, daß die französische Bewegung einen Gang nahm, welcher nicht bloß auf die Verbesserung alter Uebel, sondern auf die vollständige Vernichtung alles Bestehenden hinauslief. Der unglückliche König Ludwig XVI ward einer empörenden Behandlung unterworfen und wandte sich deshalb brieflich an Friedrich Wilhelm und die anderen Herrscher Europas, mit der Bitte, ihn in der Wiederherstellung geordneter Zustände in seinem Lande zu unterstützen und ihn aus seiner traurigen Lage zu befreien. Friedrich Wilhelm erblickte in der unwürdigen Behandlung, welche Ludwig zu erdulden hatte, eine Herabwürdigung des königlichen Ansehens überhaupt und war der Ansicht, die Gefahr liege nahe, daß, durch das böse Beispiel verleitet, auch andere Völker die Rechte ihrer Könige mit Füßen treten würden. Der König knüpfte daher Verhandlungen mit dem Kaiser Leopold II von Oesterreich an, um in Gemeinschaft mit diesem Mittel und Wege zu berathen, durch welche man am besten der drohenden Gefahr entgegengetreten könne. Dieser aber erklärte dem preußischen Abgesandten, dem General Bischofswerder, daß an ein näheres Verhältniß zwischen Oesterreich und Preußen nicht zu denken sei, so lange noch der Minister von Herzberg an der Spitze der auswärtigen Angelegenheiten stehe. So gab Friedrich Wilhelm nach, verabschiedete einen Minister, welcher unter Friedrich dem Großen und in dessen Sinne den Vortheil Preußens stets gegen die Anmaßungen und die Uebermacht Oesterreichs gewahrt hatte, und lenkte auf diese Weise wieder in die Bahnen Oesterreichs ein, durch deren Verlassen Friedrich II Preußen groß gemacht hatte. Wenige Wochen nach Herzbergs Rücktritt fand im August 1791 eine Zusammenkunft zwischen Friedrich Wilhelm II und Leopold II zu Pillnitz bei Dresden statt, wo die beiden Herrscher den Entschluß faßten, dem Könige von Frankreich, wenn es sein müßte mit Waffengewalt, in seine früheren Rechte wiedereinzusetzen. Das eigentliche Bündniß zu diesem Zwecke wurde im Februar des darauf folgenden Jahres zu **Berlin** abgeschlossen (erste Coalition gegen Frankreich), die Kriegserklärung gegen Frankreich erfolgte am 20. April.

[Theilnahme Preußens am ersten Coalitionskriege gegen Frankreich 1792—1795. Einfall in Frankreich.]

Als die Preußen und Oesterreicher den Krieg gegen Frankreich begannen, glaubten sie bei den inneren Wirrsalen dieses Reiches leichtes Spiel zu haben. Aber sie hatten sich getäuscht. Die ganze revolutionäre Leidenschaft der Franzosen kehrte sich jetzt nach Außen und gab dem Verlaufe des Krieges eine ganz andere Wendung als ihre Feinde gehofft hatten. Während die österreichischen und preußischen Soldaten Miethlinge waren, welche nur auf das Gebot ihrer Herrscher in den Kampf zogen, kämpften die Franzosen für ihr Vaterland und für ihre Freiheit und daher mit einer Begeisterung, welche man niemals für möglich gehalten hatte. Dazu kam noch, daß die französischen Generale ein ganz neues System der Kriegführung zur Anwendung brachten, auf welches ihre Feinde, die nach den methodischen Regeln der alten Kriegskunst den Krieg auf langsame und bedächtige Weise führten, nicht gefaßt und vorbereitet waren. — Anfangs waren die Verbündeten siegreich, im August des Jahres 1792 überschritt der preußische Oberbefehlshaber Herzog **Ferdinand von Braunschweig**, aus dem siebenjährigen Kriege rühmlichst bekannt, die französische Grenze. Aber Ferdinand war nicht mehr der alte; anstatt direct auf Paris loszumarschieren, da ihm vorerst nicht die genügende Anzahl von Feinden gegenüberstand, verlor er die Zeit mit der Belagerung einiger fester Plätze. Zuvor hatte er eine hochtönende Proclamation an die Franzosen erlassen, worin er sie aufforderte, sich ihrem Könige sofort unbedingt zu unterwerfen, widrigenfalls sie die härtesten Strafen, darunter die Zerstörung der Stadt Paris, zu gewärtigen hätten. Durch diese Proclamation leistete er aber Ludwig XVI einen schlechten Dienst, die erbitterten und in ihrem Ehrgefühle verletzten Franzosen sahen ihren König als den Verbündeten ihrer Feinde an und unterwarfen ihn einer nur noch unwürdigerern Behandlung, die mit seinem Tode und mit dem seiner Gemahlin Marie Antoinette, einer Tochter der Kaiserin Maria Theresia, auf dem Schaffot endete. Aber die Proclamation war auch deswegen unklug, weil sie die Leidenschaften der Franzosen zum Widerstande nur noch mehr aufstachelte; bald strömten Tausende begeisterter Männer zu den Fahnen, um die Einmischung der Deutschen in ihre Angelegenheiten mit den Waffen in der Hand zurückzuweisen.

[Fortgang des Krieges. Theilnahme der Engländer und Holländer an demselben.]

Der König befand sich selbst beim Heere und auf seinen Betrieb rückte man endlich bis in die Champagne vor. Hier bei **Valmy** standen sich die feindlichen Heere in Schlachtordnung gegenüber, aber es kam mit den Franzosen unter dem Elsasser Kellermann nur zu einer Kanonade (20. September), zu keinem Angriffe, da man preußischer Seits durch wiederangeknüpfte Unterhandlungen mehr zu erreichen hoffte. Aber der französische Oberbefehlshaber, General Dumouriez, zog die Unterhandlungen in die Länge und die Preußen entschlossen sich zum Rückzuge (30. September). Auf demselben gerieth das preußische Heer durch Mangel an Lebensmitteln, durch Krankheiten und starke Regengüsse in eine so traurige Lage, daß sich alle Ordnung löste.

Die Folge des Rückzuges der Preußen war, daß sich General Dumouriez mit Erfolg gegen die Oesterreicher am Niederrhein wenden konnte, er schlug sie mit Uebermacht bei Gemappe (5. November) und eroberte fast die gesammten österreichischen Niederlande. Auch drang der französische General Custine an den Rhein vor, überrumpelte das wichtige Mainz und brandschatzte sogar Frankfurt. Im November ward auch ein Heer von Seiten des deutschen Reiches gegen Frankreich aufgestellt, und als im Januar 1793 Ludwig XVI hingerichtet wurde, schlossen sich auch England und Holland der Coalition an. So begann der Krieg im Frühjahre des Jahres 1793 mit verdoppelter Wuth. Während nämlich die Engländer bei Aldenhoven (1. März) und die Oesterreicher bei Neerwinden die Franzosen besiegten, die Festungen Condé und Valenciennes besetzten und ganz Belgien wiedereroberten, siegten die Preußen bei Bingen (28. März), belagerten und eroberten die Festung Mainz unter dem General Kalkreuth wieder (23. Juli) und schlugen unter dem Herzog von Braunschweig ein französisches Heer bei Pirmasenz (14. September). Unterdessen war auch ein österreichisches Heer unter dem General Wurmser vom Oberrhein her gegen die Franzosen vorgedrungen und erstürmte im Verein mit den Preußen die sogenannten Weißenburger Linien, eine Reihe von Schanzen (13. October). Da schickten die Franzosen unter den Generalen Hoche und Pichegru neue Truppen in's Feld. Zwar ward jener von den Preußen bei Kaiserslautern zurückgeschlagen (28—30. November), aber da Ferdinand von Braunschweig den Sieg nicht verfolgte und General Wurmser nicht recht unterstützte, so eroberten die Franzosen die Weißenburger Linien wieder und die Verbündeten sahen sich genöthigt, den Rückzug anzutreten und alles Land bis nach Worms hin den Franzosen zu überlassen.

[Der Friede zu Basel.]

Im folgenden Jahre waren die Erfolge der Verbündeten nicht besser. Zwar wurde Ferdinand von Braunschweig abberufen und durch den General von Möllendorf ersetzt, aber auch dieser war nicht der zu einer energischen Kriegsführung geeignete Mann. Wenn er auch im Vereine mit den Oesterreichern unter dem Herzog Albert von Sachsen-Teschen, dem Nachfolger Wurmsers, die Franzosen in einer zweiten Schlacht bei Kaiserslautern (23. Mai 1794) schlug, so hielt er sich doch nur in der Defensive, da zwischen ihm und dem Befehlshaber der Oesterreicher Zwietracht ausgebrochen, wie dies schon zwischen ihren beiderseitigen Vorgängern geschehen war. Eine dritte Schlacht bei **Kaiserslautern** (18—20. September) war wiederum für die Preußen siegreich, aber schon hatte der König in Wien erklären lassen, daß er seine Truppen vom Rheine zurückziehen müsse, weil er ihrer in Polen bedürfe. So kehrten die preußischen Truppen auf das rechte Rheinufer zurück und der König schloß mit Frankreich den **Frieden zu Basel** (5. April 1795). Denselben schloß Friedrich Wilhelm nicht bloß als König von Preußen, sondern auch als Kurfürst von Brandenburg und deutsches Reichsglied. Der König ließ seine überrheinischen Besitzungen (halb Cleve, Geldern und Mörs) bis zu einem allgemeinen Frieden in den Händen Frankreichs; alle nördlich von einer gewissen Demarkationslinie gelegenen deutschen Länder (ein Theil des oberrheinischen Kreises, der westphälische, fränkische, ober- und niedersächsische Kreis) sollten mit in den Frieden eingeschlossen und partheilos sein. In einem spätern geheimen Vertrage vom 5. August wurde noch ausgemacht, daß Preußen in die Abtretung des linken Rheinufers an Frankreich willige, dafür aber auf dem rechten Ufer dieses Flusses entschädigt werden solle.

[Gründe und Folgen des Baseler Friedens.]

Fragen wir uns nach den Gründen, warum Preußen einen so überaus traurigen und sein Ansehen auf's Schwerste schädigenden Frieden einging, so ist zunächst zu bemerken, daß sich Friedrich Wilhelm von vorn herein die Besiegung der Franzosen leichter vorgestellt hatte, als sie sich ausführen ließ. Anstatt nun durch Einigkeit ein glückliches Resultat des Krieges zu erstreben, hatte zwischen den österreichischen und preußischen Heerführern im Gegentheil nur Eifersucht und Zwietracht geherrscht und die Bewegungen der Heere gelähmt. Dazu kam noch, daß der König damals in Folge gewisser Angelegenheiten gegen den Wiener Hof eingenommen war. Derselbe hatte nämlich am 3. Januar 1795 mit Rußland einen Tractat abgeschlossen, worin außer der Theilung der Türkei bestimmt worden war, daß jede weitere Erwerbung Preußens gemeinschaftlich gehindert werden sollte. Die Entrüstung Friedrich Wilhelms war eine nur zu gerechte. Er war zur Einsicht gelangt, daß das Bündniß mit Oesterreich den preußischen Interessen nicht entsprach und glaubte seine Truppen im Osten nöthiger zu gebrauchen; aber es wäre besser gewesen, er hätte dasselbe nie geschlossen, als daß er es jetzt auf eine Weise brach, welche eine neue Einbuße an preußischem Ansehen zur Folge hatte. — Ueberaus traurig waren die Folgen des Baseler Friedens für Deutschland. Ohne daß das Reich mit Frankreich Frieden geschlossen hatte, zog Friedrich Wilhelm sich auch als Kurfürst von Brandenburg vom Kriege zurück und gab durch diese eigenmächtige Lostrennung nicht nur seiner eigenen Reichslande, sondern auch ganz Norddeutschlands von der Sache des Reiches ein böses Beispiel. Der große Riß, die Trennung zwischen Nord- und Süddeutschland war auch äußerlich offenbar geworden. Nach diesem Friedensschlusse, welcher der Herzstoß für das sterbende Reich genannt worden ist, zog sich Preußen zu einer Neutralität zurück, welche ihm ohne Vortheil sein mußte, mochte die eine oder andere Parthei siegen.

[Erwerbung von Ansbach und Baireuth.]

Die Reihe seiner staatlichen Erwerbungen eröffnete Friedrich Wilhelm mit derjenigen von Ansbach und Baireuth. Im Jahre 1769 war die baireuthsche Linie der Hohenzollern erloschen. In Folge dessen vereinigte der Markgraf von Ansbach beide Fürstenthümer. Der Anfall derselben an Preußen war schon für den Fall des Aussterbens beider fränkischen Linien durch den geraischen Vertrag festgesetzt, dessen Bestimmungen später oft wiederholt worden waren. Da nun Markgraf Friedrich Alexander von Ansbach und Baireuth keine Kinder besaß, so trat er am 2. Dezember 1791 die beiden Fürstenthümer an Preußen gegen eine Jahresrente ab. Nur die damals zu Ansbach gehörige Grafschaft Sayn-Altenkirchen am Rhein, auf welche Hannover gegründete Ansprüche erhob, gieng nicht mit in den Besitz Preußens über. — Mit der zahlreichen in Ansbach und Baireuth eingesessenen Reichsritterschaft gerieth Friedrich Wilhelm bei der Besitznahme in mancherlei Streitigkeiten und auch die Reichsstadt Nürnberg ließ er, gestützt auf alte burggräfliche Rechte, besetzen. Doch gab er dieselbe bald wieder auf, weil er Verwicklungen mit dem kaiserlichen Hofe deswegen fürchtete. Die fränkischen Fürstenthümer hatten, als sie an Preußen fielen, eine Größe von 135 ☐M.

[Wirrsale in Polen vor der zweiten Theilung.]

Während Oesterreich und Rußland durch einen Krieg gegen die Türkei beschäftigt waren, hatten die Polen diese Gelegenheit benutzt, durch Verbesserung ihrer Reichsverfassung einen besseren Zustand in ihrem Vaterlande zu begründen. Um in Zukunft das verderbliche Partheitreiben unmöglich zu machen, hatte man in der neuen Verfassung dem Könige mehr Gewalt eingeräumt, und damit sich das Beispiel nicht wiederhole, daß jeder neue König sich seine Wahl mit der Austheilung von dem Gemeinwohl schädlichen Privilegien erkaufe, sprach man die Erblichkeit der Königswürde für das Kurhaus Sachsen aus. Friedrich Wilhelm unterstützte die Polen in diesen ihren Bestrebungen, um dem Einfluß Rußlands auf die polnischen Angelegenheiten entgegenzutreten und schloß sogar am 29. März 1790 mit dem polnischen Reiche einen Freundschafts- und Bundesvertrag, in welchem er den damaligen Besitzstand Polens garantierte. Aber der Kaiserin Katharina II war eine Aenderung in den polnischen Angelegenheiten aus leicht begreiflichen Gründen nicht erwünscht, durch Bestechung brachte sie eine Anzahl polnischer Großen auf ihre Seite. Dieselben traten in die Conföderation

9 *

von Targowitz zusammen, protestierten gegen die neue Verfassung und riefen die Hülfe Rußlands gegen ihr eigenes Vaterland an. Ein russisches Heer rückte in Polen ein und besiegte den polnischen General Koszius!o bei Dubienka (14. Juli 1792). Herzberg, Friedrich Wilhelms Minister, hatte schon längst eingesehen, daß Polen auch bei der neuen Verfassung nicht zu retten war, da dieselbe, schon ehe sie noch eingeführt werden konnte, von einem Theile der Nation verrathen war. Es blieb daher Preußen weiter nichts übrig, als entweder ganz Polen den Russen zur Beute werden zu lassen, oder sich über Maßregeln zur Beruhigung des polnischen Reiches mit Rußland zu verständigen. Es wählte das Letztere. Am 4. Januar 1793 schloß es mit demselben einen Vertrag, in welchem eine neue Theilung Polens festgesetzt wurde, nachdem vorher schon Oesterreich, welches die preußische Hülfe damals gegen Frankreich brauchte, erklärt hatte, dagegen keinen Widerspruch erheben zu wollen. Unter dem Vorwande, Preußen vor Ansteckung der in Polen zu Tage getretenen jacobinischen Ideen, welche von Frankreich aus dorthin Verbreitung gefunden hätten, schützen und daher die benachbarten polnischen Provinzen besetzen zu müssen, rückte der preußische General Möllendorf am 16. Januar in Großpolen ein.

[Untergang Polens.]

Am 25. März erschien ein Manifest, in welchem ausgesprochen wurde, daß, da die Sicherheit der preußischen Staaten es erfordere, der Republik Polen solche Schranken zu setzen, die ihrer Lage angemessener seien, um dadurch den Unordnungen vorzubeugen, welche so oft ihre eigene Ruhe erschüttert und die Sicherheit ihrer Nachbarn in Gefahr gesetzt habe, es kein anderes Mittel gäbe, um die Republik vom gänzlichen Untergange zu retten, als ihre angrenzenden Provinzen dem preußischen Staate einzuverleiben. Da der polnische Reichstag zu Grodno nun zwar die Forderungen der Russen, diejenigen Preußens aber hartnäckig verweigerte, so ward er endlich (den 24. September 1793) dadurch zur Nachgiebigkeit gezwungen, daß man Kanonen gegen das Sitzungsgebäude auffuhr; sein dumpfes Schweigen wurde für Zustimmung ausgelegt. In der zweiten Theilung Polens verlor dieses Land folgende Ländergebiete:

An Rußland: Die Reste der Palatinate Polock, Witebsk und Minsk, die Reste der Herrschaften Rohaczew und Rzeczyca, die Hälfte der Palatinate Nowogrodek und Brzesc, die Ukraine, Podolien und die östliche Hälfte Volhynniens, Theile von Poblesien und dem Palatinat Braclaw, zusammen 4553 OM. mit über 3 Millionen Einwohnern.

An Preußen: Danzig und Thorn, die Reste der Palatinate Posen, Gnesen und Wladislaw, die Palatinate Kalisch, Sieradz, Lenczyca, Brzesc, das Land Wielun, Cujavien und Dobrzin Theile der Palatinate Rawa, Plock und Krakau, zusammen 1060 OM., mit 1,100,000 Einw. Dagegen trat es die lithauischen Herrschaften Tauroggen und Serrey ab. In Folge der zweiten Theilung Polens erhoben sich die Polen zum Aufstande unter den tapferen Generalen Kosziusco und Madalinski; die russische Besatzung in Warschau wurde theils gemordet, theils gefangen. Aber in der Schlacht bei Szczecocyny von der überlegenen Macht der Preußen zurückgedrängt, erlitt Kosziusco auch gegen den russischen General Fersen eine Niederlage bei Macziewice (10. October 1794). Angeblich mit dem Ausrufe: "Finis Poloniae" sank Kosziusco verwundet nieder und gerieth in russische Gefangenschaft. Mit der Erstürmung Pragas, der Vorstadt Warschaus, vollendete der russische General Suwarow die Unterwerfung Polens (4. November). In dem Vertrage, welcher am 24. October 1795 unter den drei Mächten Rußland, Oesterreich und Preußen abgeschlossen ward und den man die dritte Theilung Polens nennt, erhielt:

Rußland: außer Curland, welches sich schon im März 1795 freiwillig unterworfen hatte, die Reste von Volhynien, Nowogrodek, Wilna und Braclaw, einen Theil der Palatinate Troki, Chelm, Podlesien und Szamaiten, zusammen 2030 OM. mit 1,700,000 Einwohnern.

Oesterreich: Das Palatinat Lublin, fast den ganzen Rest der Palatinate Krakau, Sandomir, Podlesien und Podlachien zwischen Bug und Weichsel, zusammen 834 OM. mit über 1 Million Einwohnern. — Endlich

Preußen: Die Palatinate Troki und Szamaiten (Samogitien) links vom Niemen (also die Herrschaft Serrey inbegriffen), den Rest von Plock, Masovien auf dem linken Weichsel-, sowie auf dem rechten Weichsel- und Buguser nebst einem kleinen Theile um Praga, endlich das zur Woywodschaft Krakau gehörige Herzogthum Severien nebst der Spitze dieser Woywodschaft, zusammen 997 OM. mit 1 Mill. Einwohnern.

Dem König August, welcher sich während der ganzen Wirren auf das Erbärmlichste benommen hatte, ward ein Gnadengehalt ausgesetzt, den er in Petersburg verzehrte.

[Organisation der ehemals polnischen Landestheile.]

So war eins der größten Reiche Europas von der Karte verschwunden, mehr durch eigenes als durch fremdes Verschulden. Die glühende Sehnsucht der Polen, wieder ein polnisches Reich aufgerichtet zu sehen, ist bis jetzt nicht erfüllt worden und wird auch, wenigstens in der Weise nicht, als sie dies wünschen, schwerlich erfüllt werden.

Die durch die zweite Theilung an Preußen gelangten polnischen Länder erhielten den Namen Südpreußen, die im Jahre 1795 erworbenen Neuostpreußen, nur Severien und der übrige Theil der ehemaligen Woywodschaft Krakau bekam den Namen Neuschlesien und ward zu Oberschlesien geschlagen. Einige Jahre später ward übrigens der Name Neuostpreußen auf alles neuerworbene Land auf dem rechten Weichselufer ausgedehnt. Sämmtliches ehemaliges polnisches Gebiet Preußens zerfiel nun in die Kammerdepartements Westpreußen, zu dem seit 1793 auch Danzig und Thorn gehörten, (doch war das Ermeland zu Ostpreußen geschlagen, dafür aber der Kreis Marienwerder zu Westpreußen gezogen), dem Netzedistrict, Posen, Kalisch, Warschau (diese drei bildeten Südpreußen), Plock und Bialystok (diese beiden machten Neuostpreußen aus).

[Das Religionsedikt.]

Wir sahen, daß während der Regierungszeit Friedrichs des Großen sich eine gewisse Freidenkerei von Frankreich her in Deutschland verbreitet und daß dieselbe besonders auch in Preußen eine bereite Stätte gefunden hatte. Die Folge dieser vermeintlichen Aufklärung war, daß der eigentliche kirchliche Glaube mehr und mehr schwand und daß selbst Geistliche und Lehrer dem allgemeinen Zeitgeiste folgten. Friedrich Wilhelm aber wurde von einem seiner Günstlinge, dem Geheimrath Wöllner, angeregt, die ihm als Oberhaupte der protestantischen Kirche zukommenden von Friedrich II angeblich »vernachlässigten Rechte« der Kirchengewalt wieder zur Anwendung zu bringen. Wöllner ward in seinem Bestreben von dem General von Bischofswerder, welcher auf den König in religiösen Dingen einen großen Einfluß ausübte und denselben bereits als Kronprinzen sogar zu dem Glauben an alchymistische Künste und Geisterseherei verleitet hatte, unterstützt und zum geistlichen Minister erhoben. Als solcher erließ Wöllner im Jahre 1788 ein Religionsedikt, durch welches den Geistlichen eingeschärft ward, daß von ihnen »im Wesentlichen des alten Lehrbegriffes ihrer Confession keine Abänderung geschehe. Hinfüro solle sich kein Geistlicher, Prediger oder Schullehrer der protestantischen Religion bei unausbleiblicher Cassation und nach Befinden noch härterer Strafe und Ahndung Irrthümer der längst widerlegten Socinianer, Deisten, Naturalisten und anderer Sekten bei Führung seines Amtes oder auf andere Weise öffentlich oder heimlich auszubreiten sich unterfangen«. Doch sollten diejenigen Geistlichen, welche von den Irrthümern mehr oder weniger angesteckt seien, in ihren Aemtern ruhig gelassen werden, wenn ihnen »die Vorschrift des Lehrbegriffs bei Unterweisung ihrer Gemeinden stets heilig und unverletzlich bleibe«. Dieses Edikt erregte eine gewaltige Aufregung unter der Bevölkerung; man klagte über Schmälerung der Gewissensfreiheit und es ward durch die Verordnung der kirchliche Glaube nicht nur nicht gekräftigt, wie dies ja auch durch äußere Befehle nicht möglich ist, sondern die letztere Bestimmung führte sogar zur Heuchelei.

[Sorge für Unterrichtswesen und Ackerbau.]

Löblich war dagegen die Sorgfalt für Schulen und andere wissenschaftliche Anstalten unter Friedrich Wilhelm. Der König spendete selbst aus seinen Mitteln freigebig für Schulen und Universitäten. Auch

Seminarien traten überall in's Leben. Ueberall machte sich ein Fortschritt des wissenschaftlichen Sinnes bemerkbar. Zur Leitung aller Lehr- und Erziehungsanstalten ward ein Ober-Schul-Collegium in's Leben gerufen, welches auch besonders neben der Aufsicht über die Schulen auf die Prüfung der Lehrer Bedacht nehmen sollte. Auch für die Bildung des Offizierstandes wurden Anstalten errichtet; so eine Ingenieur- und Artillerie-Akademie; um tüchtige Militärärzte heranzubilden, wurde das sogenannte Friedrich-Wilhelms-Institut in Berlin gegründet (die Pepinière).

Für die Künste hatte Friedrich Wilhelm ebenfalls einen regen Sinn. Er selbst besaß musikalische Talente, aber auch für die Dichtkunst und die bildenden Künste hatte er ein tiefes Interesse. Die Akademie der Wissenschaften erhielt durch ihn eine Abtheilung zur Ausbildung der deutschen Sprache und Literatur. Die Akademie der Künste trat unter ihm aus ihrer untergeordneten Stellung hervor. Deutsche Maler und Bildhauer erhielten Beschäftigung und des Königs Bauten und Gartenanlagen legen ein beredtes Zeugniß von seinem Kunstsinn ab. Dabei versäumte Friedrich Wilhelm auch die Sorge für Verbesserung des Bodens, Hebung des Ackerbaues, Errichtung von Fabriken u. s. w. nicht, und in verschiedenen Provinzen legte er große Stutereien an, zu welchen er die Zuchtpferde unter bedeutenden Kosten aus der Moldau holen ließ.

[Die Stellung Preußens bei Friedrich Wilhelms II Tode.]
Friedrich Wilhelm II starb den 16. November 1797 im Alter von 53 Jahren an der Brustwassersucht. Unter ihm war der preußische Staat auf 5552 □M. mit 8,700,000 Einwohnern angewachsen. Aber trotz des bedeutenden Zuwachses an Land und Leuten hatte sich der Einfluß und die Bedeutung des preußischen Staates in Europa keineswegs gehoben, sondern eher verringert. Der von Friedrich dem Großen gesammelte Schatz war dahin und obendrein noch das Land mit Schulden belastet. Das übermäßig gewachsene Rußland war Preußens Nachbar, das Verhältniß zu Oesterreich war kein besseres, das zu Deutschland ein schlechteres geworden. Das Schlimmste aber war, daß Preußen das öffentliche Vertrauen eingebüßt hatte. Es hatte dem Königreiche Polen erst Schutz versprochen, dann diesen Schutz nicht nur nicht geleistet, sondern zu seinem Verderben mitgewirkt; es hatte ferner einen Krieg mit Frankreich angefangen und hatte dann die allgemeine deutsche Sache, indem es einseitig vom Kriege zurücktrat, dem Erbfeinde preisgegeben, wenn dies nach den damaligen Verhältnissen auch zur Nothwendigkeit geworden war; es hatte nach Erweiterung seiner Macht in Deutschland selbst gestrebt (Besetzung Nürnbergs) und war doch sofort, als Oesterreich Miene machte, dagegen aufzutreten, zurückgewichen. Dieses fortwährende Schwanken in der Politik erklärt sich nicht zum geringsten Theile aus dem Umstand, daß der König sich von Günstlingen männlichen und weiblichen Geschlechts, welche ihn nach ihren verschiedenen

Ansichten und Bestrebungen in seinen Entschlüssen hin und herzogen, nur allzusehr leiten ließ. So blieb Friedrich Wilhelm in seinen Bestrebungen ohne bedeutendes Resultat, weil es stets nur darauf ankam, ob nützliche Vorschläge nicht dem Vortheil dieses oder jenes Günstlings zuwider liefen. Doch kann ihm niemand abstreiten, daß er redlich bemüht war, das Beste seiner Unterthanen zu fördern. Einer unserer berühmtesten Philosophen, Immanuel Kant, sagt von ihm, daß er ein tapferer, redlicher, menschenliebender und, von gewissen Temperamentseigenschaften abgesehen, vortrefflicher Herr gewesen.

II. Friedrich Wilhelm III (1797—1840). Preußen bis zum Frieden von Tilsit 1807.

[Friedrich Wilhelms III Jugend.]

Friedrich Wilhelm III, der älteste Sohn Friedrich Wilhelms II und der Prinzessin Luise von Hessen-Darmstadt, ward am 3. August 1770 geboren. Die Sorge für seine Erziehung theilte in seinen Kinderjahren seine Mutter mit seinem Großoheim, dem großen Friedrich. Zum Lehrmeister gab man dem jungen Prinzen den wackeren Geheimrath Behnisch, einen Mann von reichen Kenntnissen, der aber wegen seiner Kränklichkeit und seines Trübsinnes dem jungen Friedrich Wilhelm ein gewisses schüchternes Wesen beibrachte. Andererseits aber leitete sein Lehrmeister den Knaben auch zu der Ordnungsliebe und Sparsamkeit an, wodurch sich später Friedrich Wilhelm so vortheilhaft auszeichnete. Das Verhältniß zum Großoheim gestaltete sich zu einem recht erfreulichen. Derselbe hatte eine gute Meinung von dem Charakter und den Fähigkeiten seines Großneffen. Bekannt ist die Erzählung, daß einst der königliche Knabe im Zimmer des großen Königs mit einem Federball gespielt habe, welcher ihm, da er auf den Schreibtisch des Königs gefallen, von diesem weggenommen worden sei. Als darauf der Prinz in starkem Tone sein Eigenthum zurückgefordert, habe Friedrich ihm geantwortet: »Mein Sohn, du wirst dir Schlesien nicht wieder nehmen lassen.« — Eine andere verbürgte Erzählung beweist, wie auch Ehrlichkeit und Aufrichtigkeit schon frühzeitig einen Grundzug in Friedrich Wilhelms Charakter bildeten. Friedrich II ließ ihn einst eine Fabel von Lafontaine übersetzen. Erfreut über die Fertigkeit, mit der dies geschah, lobte er den Knaben und streichelte ihm die Wangen. Dieser aber gestand, er habe die Fabel schon mit seinem Lehrer durchgenommen, worauf Friedrich erwiederte: »So recht, lieber Fritz, immer ehrlich und aufrichtig.« In einer der letzten Unterredungen, welche der junge Prinz mit seinem Großoheim hatte, ermahnte ihn dieser mit den Worten: »Nun, Fritz, werde was Tüchtiges. Wache über unsere Ehre und unsern Ruhm, halte es stets mit deinem Volke, daß es dich liebe und dir vertraue; dann nur allein kannst du stark und glücklich sein.«

— Im Jahre 1781 erhielt Friedrich Wilhelm den General von Backhoff zum Oberhofmeister, einen Mann von edlem Charakter, nach Friedrichs des Großen Tode aber den Grafen von Brühl und den Major von Schack. Der Unterricht, welchen der junge Prinz erhielt, war nicht der regelmäßigste, doch machte er in der Religion und in der deutschen Sprache und Literatur gute Fortschritte. Wie alle preußischen Prinzen wurde auch er früh zum Militärwesen angehalten; schon im Jahre 1777 wurde er Fähnrich. Als Jüngling wohnte er der Zusammenkunft seines Vaters mit dem Kaiser Leopold II zu Pillnitz bei. Wichtiger für ihn wurde seine persönliche Theilnahme an den Rheinfeldzügen, wo er bei der Belagerung von Landau im Jahre 1793 ein Commando befehligte und sich durch Muth und Ausdauer auszeichnete. Bei seinem Ernste und seiner Gewissenhaftigkeit mißbilligte er den am Hofe seines Vaters herrschenden Ton und war mit den Mißbräuchen und herrschenden Principien der Regierung Friedrich Wilhelms II nicht zufrieden.

[Friedrich Wilhelms Verheirathung. Seine Thronbesteigung und ersten Regierungshandlungen.]

Im Winter 1792—93 lernte Friedrich Wilhelm diejenige kennen, welche ihm von der Vorsehung zur Gemahlin und dem Lande zur Landesmutter bestimmt war, die Prinzessin Luise von Mecklenburg-Strelitz, geboren den 10. März 1776. Dieselbe war damals mit ihrem Vater zum Besuche in Frankfurt am Main; hier fesselte sie den Kronprinzen durch ihre Schönheit nicht bloß, sondern auch durch ihre Herzensgüte und ihren reich gebildeten Geist. Die Verlobung mit Luise sowie die seines Bruders Ludwig mit der Schwester derselben folgte bald, und am 23. Dezember 1793 fand die Doppelhochzeit statt. Diese Ehe des Kronprinzen wurde allen christlichen Eheleuten ein leuchtendes Vorbild; im Kreise seiner geliebten Kinder verlebte Friedrich Wilhelm mit seiner theuern Gattin die schönsten Tage seines Lebens. Fern vom Hofe hielt sich das junge Paar in der ersten Zeit nach seiner Verheirathung auf dem Gute zu Paretz auf, wo es in ländlicher Abgeschiedenheit, auch im freundlichen Verkehre mit dem Landvolk, nur sich und dem Wohle seiner Mitmenschen lebte.

Friedrich Wilhelm III war 28 Jahre alt, als er den Thron mit dem redlichsten Willen, das Wohl seiner Unterthanen nach allen Seiten hin zu befördern, bestieg. Diesen seinen Willen bethätigte er sogleich durch eine Cabinetsordre, in welcher er die Departementschefs aufforderte, eine Liste der untauglichen Beamten einzureichen, »indem bei wichtigen Stellen unfähige, ihrem Posten nicht gewachsene Leute nicht füglich gelitten werden dürften; der Staat sei nicht reich genug, um unthätige und müßige Glieder zu besolden.« Da Friedrich Wilhelm zu vielen der höher stehenden Beamten kein rechtes Vertrauen hatte, weil er unter seinem Vater zu viele Beispiele von niedrigem Eigennutz bemerkt hatte, und daher fürchtete, niemals recht über die wahren Bedürfnisse der Nation aufgeklärt zu werden, so beauftragte er den durch seine rechtliche Gesinnung ausgezeichneten Obersten von Köckeritz, die verschiedensten Gesellschaften zu besuchen, damit er von ihm stets den Gang der öffentlichen Meinung erfahren könne. Es sollte Köckeritz »der erste Vertreter der Nation« und das »zweite Gewissen des Königs« sein. Leider war Köckeritz, trotz seines redlichen Strebens, nicht der geeignete Mann, diese Stellung auszufüllen, da er nicht fähig war, die Bedeutung großer Fragen zu fassen, was er auch bescheiden eingestand; aber wir sehen aus dieser Maßregel, wie ernst der junge König es mit seinen Regierungspflichten zu nehmen entschlossen war. Bald erfolgte eine Reihe wohlthätiger Verordnungen und Aenderungen. Das verhaßte Religionsedikt ward durch verschiedene Liebe und Duldung athmende Rescripte des jungen Königs außer Kraft gesetzt, Wöllner als Minister entlassen und Bischofswerder von allem Einfluß auf den König fern gehalten. Das im Jahre 1797 wieder eingeführte Tabacksmonopol ward abermals abgeschafft, eine Maßregel, durch welche sich die neue Regierung vielen Beifall erwarb. In der ganzen Staatsverwaltung machte sich bald die größte Ordnung und Sparsamkeit bemerkbar; durch seine Lebensweise gab der König selbst ein gutes Beispiel der Einfachheit und Sparsamkeit. So konnte schon nach wenigen Jahren ein bedeutender Theil der von Friedrich Wilhelm II hinterlassenen Schulden gedeckt werden.

[**Preußens Stellung während des zweiten Coalitionskrieges gegen Frankreich. Der Friede zu Lüneville und der Reichsdeputationshauptschluß.**]

Da Friedrich Wilhelm III seinem ganzen Wesen nach mehr zum Frieden neigte, so hielt er es für nothwendig, die im Baseler Frieden Frankreich zugestandene Neutralität Preußens auch fernerhin aufrecht zu erhalten, obwohl er erfahren hatte, daß der junge französische General Bonaparte, nachdem er in den Jahren 1796—97 die Oesterreicher in Italien besiegt, mit diesen im Frieden von Campo Formio ausgemacht hatte, daß Preußen für seine im Frieden zu Basel aufgegebenen linksrheinischen Besitzungen auf dem rechten Ufer dieses Flusses **keine Entschädigung** erhalten sollte. Da Friedrich Wilhelm diese Bestimmung mehr den Intriguen der Oesterreicher als den Franzosen zur Last legte, so betheiligte er sich, als im Jahre 1799 der zweite Coalitionskrieg gegen Frankreich ausbrach (Rußland, England, Oesterreich, Deutschland, Neapel, die Türkei auf der einen, Frankreich auf der andern Seite), nicht mit an diesem Kriege. Der Neutralität Preußens schloß sich auch Rußland an, nachdem es aus Eifersucht gegen Oesterreich und aus Erbitterung gegen England wegen dessen Willkührherrschaft zur See, die sich bis zur Verletzung neutraler Flaggen ergieng, von der Coalition wieder zurückgetreten war. Diese Partheilosigkeit zweier der bedeutendsten Mächte Europas erleichterte dem kühnen General

Bonaparte, welcher unterdessen als erster Consul die oberste Regierungsgewalt an sich gerissen hatte, den Sieg über die Feinde seines Vaterlandes um ein Bedeutendes. Rasch vertrieb er die Oesterreicher aus Italien, nachdem er sie bei Marengo besiegt (14. Juni 1800), während ein großes französisches Heer unter Moreau den Oesterreichern bei Hohenlinden (in der Nähe von München) 3. Dezember desselben Jahres eine bedeutende Niederlage beibrachte. In Folge dessen sah sich der Kaiser genöthigt, für sich und das deutsche Reich den Frieden zu Lüneville (Luenstadt) in Lothringen abzuschließen (9. Februar 1801), in welchem Deutschland das ganze linke Rheinufer an Frankreich verlor. Die deutschen Erbfürsten, welche jenseits des Rheines Besitzungen einbüßten, sollten diesseits des Flusses vermittels der Einziehung (Säcularisation) geistlicher Ländergebiete und Reichsstädte entschädigt werden. Das Entschädigungswerk blieb den Ständen des Reiches überlassen, jedoch unter Vermittlung Frankreichs und Rußlands. Diese letztere Bestimmung, an sich schon entehrend genug für Deutschland, gab die Veranlassung zu einem schmachvollen Treiben vieler deutscher Fürsten und Herren, welche durch die verwerflichsten Mittel wie Bestechungen, demüthige Bitten u. s. w. die Machthaber in Paris für sich günstig zu stimmen suchten, um auf diese Weise möglichst viel von dem zu vertheilenden Ländergebiet zu erhalten. Manche Fürsten und Herren begaben sich sogar selbst nach Paris und luden durch ihre persönliche Erniedrigung Schmach und Schande auf die Nation. Friedrich Wilhelm soll damals, als seine Minister eine halbe Million Thaler für Bestechungen verlangten, die Antwort gegeben haben: »Was wird Europas Schicksal sein, wenn die Könige mit Ländern Wucher treiben?« So lag die Festsetzung der Entschädigungen mehr in den Händen der Ausländer, als in denen der zu diesem Zweck eingesetzten Reichsdeputation. Schon am 20. Mai 1802 hatte Preußen mit Frankreich über die Entschädigungen, welche ihm zu Theil werden sollten, einen Vertrag geschlossen; am 9. Juni desselben Jahres fand darauf eine persönliche Zusammenkunft zwischen Friedrich Wilhelm und dem Kaiser Alexander von Rußland zu Memel statt, wo man ebenfalls über die Preußen zukommenden Entschädigungen verhandelte, und wo die beiden Herrscher zuerst jenen Bund der Freundschaft schlossen, der sie bis an das Ende ihres Lebens verband. Nach langen Streitigkeiten und nach mehrmaligen Drohungen Rußlands und Frankreichs kam endlich den 25. Februar 1803 der sogenannte Reichsdeputations-Hauptschluß zu Stande, durch welchen die zu entschädigenden Fürsten und Herren ermächtigt wurden die ihnen zugewiesenen geistlichen Territorien und Reichsstädte in Besitz zu nehmen.

[Preußens Erwerbungen durch den Reichsdeputationshauptschluß.]

Preußen hatte auf dem linken Rheinufer bereits im Baseler Frieden ein Gebiet von 46 □M. verloren. Dafür erhielt es jetzt reichliche Entschädigung, nämlich im Ganzen 240 ☐M., uub zwar folgende Länder und Städte:

1) **Das Bisthum Hildesheim als weltliches Fürstenthum.**

Dasselbe war vom Kaiser Ludwig dem Frommen gegründet und nach dem Sturze Heinrichs des Löwen reichsunmittelbar geworden. Die weltlichen Besitzungen hatten sich im Laufe der Jahrhunderte durch die zum großen Theil aus berühmten Fürstenfamilien stammenden Bischöfe sehr gemehrt. Der letzte Bischof war Franz Egon von Fürstenberg, zugleich Bischof von Paderborn. Das Stift hatte bei der preußischen Besitznahme an 32 ☐M. mit gegen 100,000 Einwohnern.

2) **Das Bisthum Paderborn als weltliches Fürstenthum.**

Es war von Karl dem Großen im Jahre 795 gegründet und ebenfalls nach der Absetzung Heinrichs des Löwen und der Zersplitterung des großen Herzogthums Sachsen reichsunmittelbar geworden. Seine Größe betrug 44 ☐M. mit 93000 Einwohnern.

3) **Den östlichen Theil des Bisthums Münster als weltliches Fürstenthum.**

Auch das Hochstift Münster verdankte seinen Ursprung Karl dem Großen und ward aus derselben Ursache wie die beiden vorigen reichsunmittelbar. Die Regierung der Bischöfe von Münster war eine fast durchweg kriegerische, so daß sie sich nach und nach alles Land von der Lippe an der Ems und Yssel hin bis nach Friesland zu unterwerfen wußte. Der berühmteste und kriegerischste der Bischöfe war der große Bernhard von Galen, der Zeitgenosse des großen Kurfürsten. Das Gebiet welches Preußen vom Stifte Münster erhielt, betrug etwa 100 ☐M.

4) **Das bisher kurmainzische Eichsfeld als weltliches Fürstenthum.**

Das Eichsfeld zerfiel in das obere mit Heiligenstadt und in das untere (auch die Mark Duderstadt genannt). In jenem hatten schon sehr frühzeitig die Mainzer Erzbischöfe Besitzungen, bis sie es ganz und gar an sich brachten; dieses hatte im Laufe des Mittelalters häufig die Herren gewechselt, bis es im 14. Jahrhundert ebenfalls an Mainz gelangte. Die Reformation wurde von den Erzbischöfen unterdrückt. Die Einwohner des oberen Eichsfeldes gehören dem thüringischen, die des niederen dem sächsischen Stamme an. Das gesammte Gebiet umfaßte bei der Besitznahme Preußens 20 ☐M. mit etwa 75000 Einw.

5) **Das bisher mainzische Erfurt mit seinem Gebiete und den Herrschaften Gleichen und Blankenhayn, nebst der niederen Grafschaft Kranichfeld.**

Erfurt hatte durch das ganze Mittelalter hindurch nach Reichsunmittelbarkeit gestrebt, hatte dieselbe aber gegen die Hoheits- und Schutzrechte Kursachsens und des Erzbischofs von Mainz nicht durchzusetzen vermocht. Im Jahre 1665 erwarb Kurmainz von Sachsen die alleinige Hoheit. Von der Grafschaft Gleichen hatte Mainz nur die untere Grafschaft besessen (Wandersleben), welches dieselbe im Jahre 1794 als Lehen eingezogen hatte. Blankenhayn und Kranichfeld hatten bereits seit mehreren Jahrhunderten einen und denselben Herrn mit Gleichen gehabt. Alles zusammen hatte eine Größe von 17 ☐M. und erhielt den Titel eines Fürstenthums.

6) **Die Abtei Herford**, mit geringem Gebiet. (Die Stadt Herford gehörte zur Grafschaft Ravensberg).

7) **Die gefürstete Abtei Quedlinburg.**
Dieselbe war vom König Heinrich I gestiftet worden. Die Schutzvogtei hatten früher die askanischen Markgrafen von Brandenburg, später aber Kursachsen ausgeübt, welches sie 1697 an Brandenburg verkaufte. Von 1755—87 war die Schwester Friedrichs des Großen Aebtissin gewesen. Bei der völligen Einverleibung in Preußen wurde das Stift zu einem Fürstenthum erhoben.

8) **Die Abteien Elten und Essen.**
Ueber dieselben hatten die preußischen Fürsten bereits als Herzoge von Cleve die Schutzherrlichkeit ausgeübt.

9) **Die Abtei Werden.**
10) **Die Probstei Cappenberg** mit geringem Gebiet.
11) **Die Reichsstädte Mühlhausen** (mit 4 QM.), **Nordhausen und Goslar.**

Von denselben wurde Mühlhausen zum Fürstenthum Eichsfeld, Nordhausen zur Grafschaft Hohnstein und Goslar zum Fürstenthum Hildesheim geschlagen. Durch einen Tauschvertrag mit Bayern rundete Preußen seine fränkischen Fürstenthümer ab und gewann auf diese Weise gleichfalls noch 8 QM.

[Schwankende Politik Friedrich Wilhelms III.]

Hatte aber Friedrich Wilhelm geglaubt, durch strenge Innehaltung der Neutralität während des zweiten Coalitionskrieges Frankreich auch seinerseits zur Achtung gegen Preußen und gegen die mit ihm geschlossenen Verträge zu vermögen, so hatte er sich getäuscht. Der Uebermuth Bonapartes wuchs nach dem Frieden von Lüneville immer mehr. Ohne Rücksicht auf die im Baseler Frieden festgesetzte Demarkationslinie erlaubte sich derselbe, als Frankreich seit dem Jahre 1803 mit England wieder in Krieg gerathen war, das Kurfürstenthum Hannover besetzen zu lassen. Jetzt wäre es für Preußen an der Zeit gewesen, dem Uebergewicht Frankreichs und seiner Einmischung in Deutschland entgegenzutreten. Viele angesehene Männer riethen dies auch dem Könige, aber noch gieng derselbe in seiner Liebe zum Frieden nicht auf den Vorschlag ein. Napoleon suchte ihn durch falsche Vorspiegelungen und durch Versprechungen auf Vergrößerung auf seine Seite herüberzuziehen. Zwar gelang ihm das nicht, aber doch arbeitete eine Parthei in der Umgebung des Königs mit großem Eifer auf einen nähern Anschluß an Frankreich hin. An der Spitze derselben standen der Cabinetsrath Lombard, ein niedrig denkender im Verdachte der Bestechlichkeit stehender Mann, und der Minister Graf Haugwitz, ein Mann, welcher sich von dem ebengenannten Lombard ganz und gar beherrschen ließ. Dagegen suchten Männer wie die Minister Stein und Hardenberg, der Prinz Louis Ferdinand und Friedrich Wilhelms eigene Gemahlin denselben zu einer selbständigeren Haltung dem anmaßenden Bonaparte gegenüber zu vermögen. Aber vergeblich suchten die genannten wackeren Patrioten den

Einfluß jener Parthei zu vernichten; es war sogar nahe daran, daß Preußen einen für Bonaparte vortheilhaften Vertrag mit diesem abschloß, welcher den König gewissermaßen zu dessen Verbündeten gegen England gemacht hätte, als die Kunde von einer Schandthat des ersten Consuls nach Berlin kam, welche dem redlichen Charakter des Königs jede Fortsetzung der Verhandlungen über ein französisches Bündniß unmöglich machte. Bonaparte hatte nämlich 1803 ohne alles Recht einen bourbonischen Prinzen, den Herzog von Enghien, auf deutschem Gebiet verhaften, nach Frankreich schleppen und ohne geregeltes Gerichtsverfahren erschießen lassen.

[Verletzung der preußischen Neutralität. Vertrag zu Potsdam.]

Wurde somit ein engeres Verhältniß trotz der Bemühungen des Grafen Haugwitz von Seiten Preußens nicht eingegangen, so konnte sich umgekehrt der König auch nicht entschließen, als, durch Bonapartes eigenmächtiges Verfahren in Italien bewogen, Oesterreich, Rußland und Schweden sich England im Kriege gegen Frankreich anschlossen (dritter Coalitionskrieg), mit diesen Mächten gegen den unterdeß Kaiser gewordenen Napoleon gemeinschaftliche Sache zu machen. Er wollte auch für diesmal die Neutralität achten. Aber Napoleon war durch Friedrich Wilhelms unentschlossenes Benehmen zu dem Glauben gelangt, daß er Preußen alles bieten könne. Er befahl ohne Rücksicht auf die Neutralität dieses Staates seinem General Bernadotte, mit einem französischen Heere durch die fränkischen Fürstenthümer den Oesterreichern, welche in Schwaben und Bayern gegen die Franzosen kämpften, in den Rücken zu fallen. Dadurch gelang es, den österreichischen General Mack bei Ulm einzuschließen und zu zwingen, mit einer bedeutenden Truppenmacht zu capituliren. Entrüstet über dies Verfahren der Franzosen gestattete der König nun auch den russischen Kriegsvölkern, welche zur Hülfe Oesterreichs heranzogen, den Durchzug durch seine (polnischen und schlesischen) Provinzen und erklärte Napoleon, daß er sich aller Neutralitätsverpflichtungen enthoben erachte. Kurz darauf erschien der Kaiser Alexander zum Besuche in Berlin, auch ein österreichischer Erzherzog war anwesend. Stein, Hardenberg, der Prinz Louis Ferdinand, alle drangen in den König, sich Oesterreich und Rußland im Kriege gegen Napoleon anzuschließen. Da endlich ließ sich Friedrich Wilhelm zu einem entschiedenern Vorgehen herbei. Am 3. November 1805 wurde zu Potsdam ein Vertrag mit Rußland geschlossen. Nach demselben sollte Preußen Napoleon auffordern, sich an den Friedensschluß zu Lüneville zu halten und seine Uebergriffe zurückzunehmen. Sei bis zum 15. Dezember keine befriedigende Antwort erfolgt, so solle sich Preußen den Verbündeten bewaffnet anschließen.

Ehe der Kaiser Alexander Potsdam verließ, besuchte er noch in später Nacht das Grab des großen Königs. Hier, bei Fackelschein, schworen sich in Anwesenheit der Königin und des ganzen

Hofes die beiden Herrscher von Rußland und Preußen eine ewige Freundschaft.

[Cessionstractat zu Paris. Besitznahme Hannovers.]

Zur Ueberbringung der Bedingungen des Potsdamer Vertrages wurden Graf Haugwitz und Lombard in das Lager Napoleons gesendet. Aber Haugwitz zeigte hier seine ganze Unfähigkeit. Er ließ sich von dem schlauen Kaiser hinhalten und durch gleißnerische Vorspiegelungen blenden, bis die Russen und Oesterreicher in der **Schlacht bei Austerlitz** (Dreikaiserschlacht) den 2. Dezember 1805 gänzlich besiegt worden waren. Nun nahm der siegreiche Kaiser eine ganz andere Sprache an und Haugwitz ließ sich bewegen, den 15. Dezember zu **Schönbrunn** bei Wien einen vorläufigen Vertrag mit ihm abzuschließen. Nach demselben sollte Preußen das (von Napoleon besetzte) **Kurfürstenthum Hannover** erhalten, dafür aber das rechtsrheinische Cleve und Neuschatel an Napoleon und das Fürstenthum Ansbach an Bayern abtreten. Der König, entrüstet über den Abschluß eines solchen Vertrages, genehmigte denselben nicht, sondern sendete den Grafen Haugwitz nach Paris, um günstigere Bedingungen zu erlangen. Napoleon aber hatte unterdessen mit Oesterreich den **Frieden zu Preßburg** geschlossen (26. Dezember 1805) und war dadurch um vieles mächtiger geworden. Er verwarf die Anerbietungen Friedrich Wilhelms und ließ dem Grafen Haugwitz einen noch ungünstigeren Vertrag vorlegen. In diesem sogenannten **Cessionstractat zu Paris** (15. Februar 1806) beharrte Napoleon auf den Forderungen zu Schönbrunn, außerdem aber solle Preußen die Weser- und Elbmündungen für englische Schiffe sperren. Dem Könige blieb nichts anderes übrig, als sich den Forderungen Napoleons zu fügen, denn er war viel zu schwach, sich ihm jetzt zu widersetzen, er ließ daher am 1. April 1806 **Hannover** (nebst dem damals dazu gehörigen Herzogthum Lauenburg) vollständig für Preußen in Besitz nehmen und die Nordseehäfen den englischen Schiffen verschließen. Endlich war es somit dem Franzosenkaiser gelungen, Preußen aller seiner Stützen zu berauben, den Staat Friedrichs des Großen in die »Gemeinschaft der Gewaltthaten« hineinzuziehen und dadurch zu einem willenlosen Mitschuldigen zu machen.

Was Napoleon vorausgesehen und gewollt hatte geschah nun. England berief seinen Gesandten aus Berlin ab und erklärte an Preußen den Krieg (11. Juni), ließ die in englischen Häfen befindlichen preußischen Schiffe wegnehmen und stellte Caperbriefe aus, während die ihnen verbündeten Schweden die preußischen Ostseehäfen blockieren mußten. Es dauerte gar nicht lange, so war der preußische Handel zur See vernichtet.

[Ursachen und Ausbruch des Krieges gegen Frankreich.]

Hatte man in Berlin geglaubt, durch Annahme des Cessionstractates zu Paris die Stimmung des französischen Herrschers gegen Preußen zu verbessern, so hatte man sich abermals getäuscht. Napoleon suchte Preußen noch mehr in den Staub zu ziehen. Unter dem Vorwande, die Abteien Essen, Werden und Elten seien alte clevische Lehen, nahm er dieselben trotz des Widerspruchs des Königs zugleich mit dem abgetretenen Cleve in Besitz, auch die Festung Wesel ward allen Verträgen zuwider dem französischen Reiche einverleibt. Unter dem Protectorate des französischen Kaisers trat eine Anzahl deutscher Fürsten zu dem sogenannten Rheinbunde zusammen. Zahlreiche Fürsten wurden mediatisiert (auch solche, die zu dem preußischen Königshause in nahen Beziehungen standen,) und willkührlich der Oberhoheit anderer unterworfen. Napoleon ließ dem Reichstage in Regensburg erklären, er erkenne kein deutsches Reich mehr an. Bayern und Würtemberg nahmen den Königs-, Baden und Hessen-Darmstadt den großherzoglichen Titel an. Hierauf legte Kaser Franz II seine Würde nieder und nannte sich Franz I Kaiser von Oesterreich. Hiermit hatte das römisch-deutsche Kaiserreich sein Ende gefunden (6. August 1806).

Preußen faßte hierauf den Plan, zur Sicherung Norddeutschlands dem Rheinbunde einen norddeutschen Bund entgegenzusetzen. Aber obwohl Napoleon erklärt hatte, diesem Bunde kein Hinderniß in den Weg legen zu wollen, arbeitete er doch dem Zustandekommen desselben bei Sachsen, Hessen-Kassel und anderen norddeutschen Staaten entgegen. Das Stärkste aber, was der übermüthige Kaiser dem Könige Friedrich Wilhelm zu bieten wagte, war, daß er sich, um von England Frieden zu erlangen, gegen dasselbe erbot, das Kurfürstenthum Hannover Preußen wieder zu entreißen und daß er auch mit Rußland den Frieden auf Kosten Preußens herzustellen bemüht war.

Friedrich Wilhelm hatte unterdessen schon mit England und Rußland um die Wiederherstellung eines guten Verhältnisses unterhandelt. Verletzt durch das Auftreten Napoleons, waren die Gemüther sowohl in Berlin als auch im ganzen Lande für den Krieg. Auch der König konnte sich dem Gebote der Ehre, Genugthuung von Frankreich zu fordern, nicht länger entziehen. Am 3. August 1806 ergieng der Befehl, die Armee mobil zu machen; am 1. October gieng das preußische Ultimatum an Napoleon ab. In demselben ward verlangt:

1) Die Zurückziehung aller französischen Truppen über den Rhein.
2) Anerkennung des norddeutschen Bundes.
3) Wiederherausgabe der Festung Wesel.
4) Die Eröffnung von Unterhandlungen, durch welche Preußen wieder in den Besitz von Essen, Werden und Elten gelangen könne.
5) Eine Antwort binnen 8 Tagen.

Da keine Antwort von Seiten Napoleons erfolgte, so erklärte Preußen an Frankreich den Krieg (8. October).

[Niederlage bei Jena. Preußens jäher Sturz.]

Da Oesterreich neutral blieb, Rußlands Heere aber noch zu weit entfernt waren, als daß sie Preußen gleich zu Anfang hätten unterstützen können, so war dasselbe vorläufig auf seine eigenen Kräfte angewiesen. Nur Sachsen sandte 20000 Mann Hülfstruppen. Während aber nun die Preußen unter dem Herzog von Braunschweig, dem Fürsten von Hohenlohe und dem General Rüchel in drei abgesonderten Heerhaufen nach Thüringen zogen, hatte bereits Napoleon seine Streitkräfte in Schwaben und Franken zusammengezogen und die Pässe des Thüringer Waldes besetzt. Am 10. October kam es zum ersten Kampfe. Prinz Louis Ferdinand griff voll Ungestüm eine überlegene Abtheilung der Feinde bei Saalfeld an, ward geschlagen und fiel selbst tapfer kämpfend. Vier Tage darauf brach das Unglück in seiner ganzen unermeßlichen Größe über Preußen herein. In der Doppelschlacht bei Jena und Auerstedt ward das preußische Heer am 14. October von den Franzosen vollständig geschlagen und der Herzog von Braunschweig bei Auerstedt selbst so schwer verwundet, daß er einige Wochen darauf starb. Der gemeine Mann schlug sich tapfer, aber seine Führer waren dem Kriegsglück eines Napoleon nicht gewachsen. Die ganze preußische Armee ward zersprengt und das Unglück kam so wider Vermuthen und unerwartet, daß selbst besonnene Männer in jähem Schrecken den Kopf verloren. Schon am Tage nach der Schlacht capitulirte Erfurt, drei Tage nach derselben ward ein preußisches Corps, welches den Rückzug decken wollte, bei Halle geschlagen. Bei Prenzlau streckte der Prinz von Hohenlohe in einer unwürdigen Capitulation mit 10000 Mann die Waffen. Noch schmählicher aber als die Niederlage bei Jena und die Capitulation bei Prenzlau war die unerhört rasche Uebergabe der preußischen Festungen an den Feind. Am 20. October ward Stettin übergeben, am 1. November Küstrin, am 10. November capitulirte Magdeburg, das Bollwerk der Monarchie, mit einer Besatzung von 20000 Mann und unermeßlichem Kriegsmaterial. Nur der General von Blücher rettete die preußische Waffenehre, indem er sich bis Lübeck durchschlug und erst nach tapferem Kampfe bei Ratkau auf ehrenvolle Weise capitulirte. Nach so unerhörten Erfolgen wies Napoleon die Friedensanerbietungen des Königs, welcher sich verpflichten wollte, alle Länder zwischen Rhein und Elbe (Magdeburg und die Altmark ausgenommen) an Frankreich abzutreten und 25 Millionen Kriegskosten zu zahlen, zurück. Schon am 27. October war er siegreich in die preußische Hauptstadt eingezogen und hatte von hieraus die strengsten Befehle erlassen, sämmtliche Häfen dem englischen Handel zu verschließen (Continentalsperre), um auf diese Weise das Inselreich, dem er auf andere Weise nicht beizukommen vermochte, zu Grunde zu richten.

Die Königin Luise war ihrem Gemahl bis in die Nähe des Schlachtfeldes gefolgt; aber als der Sieg sich bereits auf die Seite der Franzosen geneigt, hatte sie die Wahlstatt eilig verlassen müssen. Nachdem sie in Langensalza nur eine kurze Zeit angehalten, um ein Glas frischen Wassers zu sich zu nehmen, hatte sie die Flucht nach Norden zu unaufhaltsam fortgesetzt. Nach Tagen schweren Leidens trafen sich die Gatten erst in Küstrin wieder. Friedrich Wilhelm war tief darniedergebeugt; aber war er erst in seiner Politik schwankend gewesen, so war er jetzt entschlossen, bis auf den letzten Mann um einen ehrenvollen Frieden zu kämpfen. Er hoffte auf die Hülfe der Russen, welche bereits zu seiner Unterstützung heranzogen.

[Die Schlachten bei Preußisch Eilau und bei Friedland. Friede zu Tilsit.]

Aber wenn auch viele auf die schmachvollste Weise in diesem Kriege ihre Ehre preisgegeben und den ihrem Könige geleisteten Eid gebrochen hatten, so gab es doch auch eine Anzahl Männer, welche bewiesen, daß der alte preußische Muth noch nicht verschwunden war, und ihr Beispiel leuchtete in der Zeit des allgemeinen Verrathes nur um so heller. Die Festungen Danzig, Glatz, Kosel wurden tapfer vertheidigt; besonders aber waren es Kolberg und Graudenz, welche durch ihren tapfern Widerstand die preußische Waffenehre retteten; jenes vertheidigte der nachher so berühmt gewordene Gneisenau unter Mitwirkung des tapfern Bürgers Nettelbeck, dieses der greise Courbière. Dies hinderte aber die Franzosen nicht, unaufhaltsam gegen Ostpreußen vorzurücken. Da sie vergeblich versuchten, bei Thorn das rechte Weichselufer zu gewinnen, so überschritten sie den Fluß weiter oben bei Warschau. Die gesammten polnisch-preußischen Provinzen hatten sich unter Dombrowski zum Aufstande gegen die preußische Herrschaft erhoben und sich den Franzosen angeschlossen. Unterdessen hatten aber die Russen die preußische Grenze überschritten und sich mit den Resten der Preußen vereinigt. So kam es am 7. und 8. Februar 1807 zu der mörderischen Schlacht bei Preußisch Eilau, in der sich beide Theile den Sieg zuschrieben. Napoleon war durch die großen Verluste, die er in dieser Schlacht erlitten hatte, so geschwächt, daß eine Reihe von Wochen verging, ehe er wieder zum Angriff übergehen konnte; endlich aber siegte er in der Entscheidungsschlacht bei Friedland (14. Juni 1807). Die Folge dieser Niederlage war, daß sich die Russen und Preußen bis an die äußerste Grenze des preußischen Staates zurückziehen mußten. So war ganz Preußen mit Ausnahme weniger Festungen in den Händen der Sieger. Schon am 21. Juni wurde ein Waffenstillstand zwischen Franzosen und Russen, am 25. mit den Preußen abgeschlossen. Am 26. fand eine Zusammenkunft der drei Herrscher auf dem Flusse Niemen statt. Während aber Napoleon alles daran setzte, um durch freundliches Benehmen und glänzende Vorspiegelungen den Kaiser Alexander zu sich herüberzuziehen, nahmen die Friedensunterhandlungen für Preußen einen schlimmen Verlauf. Obschon noch im April zwischen Friedrich Wilhelm und Alexander ein Vertrag abgeschlossen worden war, in welchem der letztere versprochen hatte, nicht eher die Waffen niederzulegen, als bis für Preußen sämmtliches verlorene Gebiet wiedererlangt sei, so ließ er jetzt doch seinen Freund im Stiche. Auch die edle Königin Luise, welche in einigen Zusammenkünften mit dem Sieger glimpflichere Bedingungen für ihr Vaterland zu erlangen suchte, erreichte ihren Zweck nicht. Ja Napoleon war unzart genug, ihr in einem Gespräche mit ihr die Frage vorzulegen: »Wie konnten Sie sich so über Ihre Kräfte täuschen und mit mir Krieg anfangen?« Die Königin aber antwortete würdevoll: »Sire, dem Ruhme Friedrichs war es erlaubt, uns über unsere Kräfte zu täuschen, wenn wir uns anders getäuscht haben.« Am 9. Juli 1807 kam der Friede zu Tilsit zu Stande. Die Bedingungen für Preußen waren hart und bitter, ihr Inhalt war im Wesentlichen folgender:

1) Preußen verliert alle seine Besitzungen zwischen Rhein und Elbe, den Kottbuser Kreis (Kottbus und Peiz), ganz Südpreußen (mit Thorn), ganz Neuostpreußen, den südlichen und größeren Theil des Netzedistricts, von Westpreußen das Culmerland außer Graudenz, endlich Stadt und Gebiet von Danzig, später mußte auch noch Neuschlesien abgetreten werden.

2) Preußen erkennt die Brüder Napoleons auf ihren Thronen an, ebenso den Beherrscher des noch zu bildenden Großherzogthums Warschau.

3) Preußen tritt der Continentalsperre gegen England bei.

4) Es darf künftig nur ein Heer unterhalten, das aus einer feststehenden Anzahl von Soldaten gebildet ist. (Später ward der Bestand des preußischen Heeres auf 42000 Mann festgestellt.)

5) Preußen zahlt an Frankreich die Summe von 154,500,000 Frs. als Kriegscontribution (die Summe ward später auf 126 Millionen herabgesetzt).

Im Ganzen verlor Preußen sonach (mit Hannover) an 3350 ☐M. mit über 4²/₃ Millionen Einwohnern, über die Hälfte der Monarchie. Am 24. Juli entband der König von Memel aus seine bisherigen Unterthanen ihres Eides in einem rührenden Manifest. »Euer Andenken kann kein Schicksal, keine Macht aus meinem und der Meinigen Herzen vertilgen.« Von allen Seiten kamen die rührendsten Antworten. Besonders zeichnete sich eine solche westfälischer Bauern durch die Treuherzigkeit der darin ausgesprochenen Gesinnung aus; sie begann mit den Worten: »Das Herz wollte uns brechen, als wir Deinen Abschied lasen, und wir konnten uns nicht überreden, daß wir aufhören sollten, Deine treuen Unterthanen zu sein, wir, die wir Dich immer so lieb hatten.«

[Vertheilung der von Preußen im Tilsiter Frieden abgetretenen Landestheile.]

Die von Preußen abgetretenen Länder wurden auf folgende Weise vertheilt:

Südpreußen, Neuschlesien, die Theile des Netzedistricts und Westpreußens, und fast ganz Neuostpreußen fielen dem Großherzogthum

Warschau anheim, über welches seit dem Juli Friedrich August von Sachsen regierte, welcher im Frieden zu Posen den 11. Dezember 1806 sich von Preußen getrennt und als König dem Rheinbunde beigetreten war.

Der Rest von Neuostpreußen oder die Kreise Bialystock und Bielsk nebst Theilen der Kreise Suracz und Drogyczin (136 □M. mit 200000 Einwohnern) nahm Friedrich Wilhelms Bundesgenosse, der Kaiser Alexander.

Die Stadt Danzig mit ihrem Gebiet (11 □M.) wurde zum Freistaat unter preußischem und warschauischem Schutze erhoben. Ihre Unabhängigkeit aber blieb wegen der französischen Besatzung eine nur scheinbare.

Der Kottbuser Kreis wurde mit dem Königreiche Sachsen vereinigt, (wofür dasselbe einige Gebiete an das neugebildete Königreich Westfalen abtrat).

Die Altmark, Magdeburg westlich der Elbe, Halberstadt, Hohnstein, Mansfeld, Hildesheim, das Eichsfeld, Paderborn, Ravensberg, Minden, Quedlinburg, Mühlhausen, Nordhausen, Goslar fielen an das für Napoleons Bruder den 15. Novbr. 1807 gegründete Königreich Westfalen (mit der Hauptstadt Kassel).

Die Stadt Erfurt mit ihrem Gebiete blieb unmittelbar französisch.

Das Fürstenthum Baireuth gab Napoleon im Jahre 1810 an Bayern, so daß dasselbe nun beide fränkische Fürstenthümer besaß.

Die Grafschaft Mark und das frühere Fürstenthum Münster wurden sammt den Grafschaften Tecklenburg und Lingen im Jahre 1809 dem 1806 für seinen Schwager Murat zum Großherzogthum erhobenen Berg (welches Bayern für Anspach abgetreten hatte) einverleibt, doch ward der nördliche Theil von Münster nebst Tecklenburg und Lingen im Jahre 1810 wieder von Berg getrennt und unmittelbar mit Frankreich vereinigt.

Ostfriesland ward dem Königreich Holland (unter Napoleons Bruder Ludwig), mit demselben aber im Jahre 1810 dem französischen Kaiserreiche einverleibt. Endlich

Hannover, welches Preußen eigentlich wieder an England abgetreten hatte, was aber Napoleon besetzt hielt, ward in seinen südlichen Theilen dem Königreich Westfalen, in seinen nördlichen im Jahre 1810 dem französischen Kaiserreiche einverleibt.

[Ursachen des raschen Sturzes der preußischen Monarchie.]

Fragen wir uns nach den Gründen, wie es kommen konnte, daß eine mächtige Monarchie, deren Ansehen zwar durch eine vorhergegangene schwankende Politik bedeutend geschwächt war, welche aber doch die Mittel besaß, sobald sie sich zur That aufraffte, den verlorenen Einfluß wiederzuerlangen, durch eine einzige große Niederlage ihres Heeres in eine Lage versetzt werden konnte, welche nicht weit vom gänzlichen Untergange entfernt war, so ist die Antwort hierauf aus der Betrachtung der gesammten inneren Verhältnisse dieses Staates zu entnehmen. Während andere Staaten in Verwaltung und Militärwesen seit Ausbruch der französischen Revolution wesentliche Fortschritte gemacht hatten, war man in Preußen bei den Einrichtungen Friedrichs des Großen stehen geblieben. »Wir sind eingeschlafen auf den Lorbeeren Friedrichs des Großen« schrieb die Königin Luise, »wir sind mit der Zeit nicht fortgeschritten, deshalb überflügeln sie uns.« Die Einrichtungen Friedrichs II waren vortrefflich, man sah sie als das einzig richtige Mittel zur Erhaltung des preußischen Staates an, aber sie waren nur auf eine leitende Persönlichkeit, wie der große König selbst war, berechnet. Die Beamten waren sehr brauchbare Werkzeuge zur Ausführung der Ideen und Plane

Friedrichs des Großen gewesen, aber sie bedurften einer Leitung, wie die Friedrichs gewesen war. Durch die Erfolge des letztern nach Innen und Außen verblendet, hatte sich ein maßloser Hochmuth der preußischen Beamtenwelt bemächtigt; was Friedrich der Große durch seinen Geist aus ihnen gemacht hatte, glaubten sie selbst zu sein und im Vertrauen auf ihre Geschäftsgeschicklichkeit waren sie der Meinung, nicht nur den preußischen, sondern auch jeden andern Staat auf das Beste regieren zu können. Die Folge davon war, daß nach Friedrichs Tode sich die Staatsmaschine zwar in der von ihm geschaffenen Weise fort arbeitete, aber ohne das bisherige belebende Princip mußte sie stocken, sobald ein äußerer Sturm über sie hereinbrach. Auch das preußische Heer war im Wesentlichen auf der Stufe stehen geblieben, auf welche es Friedrich erhoben hatte. Vortrefflich von ihm organisiert und eingeübt, hatte sich dasselbe die Fortschritte der neuen Kriegskunst nicht zu eigen gemacht, sondern die noch in Friedrichs Schule gebildeten Generale sahen hochmüthig auf dieselbe herab und versuchten die veraltete Kriegsführung gegen die neuern Erfahrungen und Regeln eines Napoleon zur Anwendung zu bringen. Aber je größer die preußische Zuversicht auf die Unfehlbarkeit der Staats- und militärischen Einrichtungen und die Siegeszuversicht beim Heere gewesen war, um so unerwarteter und betäubender kam der Schlag, zum Theil auch durch die sonstige Unfähigkeit der Heerführer, die an sich mit den Heereseinrichtungen nichts zu thun hatte, verschuldet; nur gewohnt, die Befehle von oben stricte zur Ausführung zu bringen, mußten sich die höchsten wie die untersten Staatsbeamten nicht zu helfen, als es jetzt auch einmal galt, unter plötzlich veränderten Verhältnissen das Staatswohl im Auge zu behalten, und eine Kopflosigkeit griff bei dem jähen Schrecken, welcher alle Kreise der Bevölkerung bei der Nachricht von dem unerwarteten Unglück erfaßt hatte, um sich, die die Auflösung aller staatlichen Bande und die rasche Eroberung des Reiches durch die Feinde nur zu erklärlich macht.

III. Preußens Wiedergeburt und Erhebung.
[Berufung Steins.]

Die Bedrängnisse des unglücklichen Landes fanden mit dem Abschluß des Friedens nicht ihr Ende. Unter allerlei Vorwänden blieben die französischen Truppen so lange in des Königs Staaten, bis die hohe Kriegscontribution abgetragen war. Weit mehr noch als durch die Bezahlung dieser hohen Summe litt das Land durch Requisitionen und Plünderungen aller Art, was um so schwerer empfunden wurde, als Handel und Gewerbe gänzlich darniederlagen.

Die sittliche Kraft des erhabenen Königspaares leuchtete in diesen trüben Zeiten auf das Hellste. In seiner Betrübniß suchte es Trost und Genugthuung im Gebete zu Gott. Mit dem erhabensten Beispiele giengen König und Königin ihren Unterthanen in allen Tugenden voran, besonders auch in der der Enthaltsamkeit und Sparsamkeit. Gern trug das hart geprüfte Volk sein schweres Geschick, wenn es auf das Beispiel und die edle Entsagung des geliebten Herrscherhauses blickte. Daß das Unglück meistentheils die davon Betroffenen zur Rückkehr zu sich selbst, zu einem Leben voll ernster sittlicher Zucht führt, zeigte sich auch hier. Während in den Tagen des Glückes, trotz des Religionsediktes Wöllners, wahre Religiosität fast gänzlich dahingeschwunden war und Heuchelei und Unsittlichkeit um sich gegriffen hatten, strebte jetzt das ganze Volk darnach in uneigennützigem Patriotismus, im wiedergewonnenen Glauben an Gottes Gnade und in der Hoffnung auf eine bessere Zukunft, sich innerlich umzubilden, und bald machte sich ein ernstes sittliches Streben überall geltend.

Es war keine leichte Aufgabe für Friedrich Wilhelm, an die Heilung der Schäden heranzugehen, die den Staat in eine so traurige Lage gebracht hatten, denn das Land war verwüstet und alle Kräfte desselben in der Weise erschöpft, daß auch die Mittel für die geringsten wohlthätigen Einrichtungen zu fehlen schienen. Aber er verzagte nicht und gieng im Vertrauen auf die Hülfe Gottes an das schwierige Werk. Zu seiner Hülfe berief er den Freiherrn von Stein, einen durch seine Geschäftskenntniß, seinen weiten Blick und seine glühende Liebe zum Vaterlande ausgezeichneten Staatsmann, der schon früher im Dienste des Königs gestanden hatte. Derselbe gieng bei seiner Verwaltung von dem Grundgedanken aus, den sittlich-religiösen Sinn der Nation zu heben und ihr wieder Selbstvertrauen, Muth und Opferwilligkeit einzuflößen, um bei erster bester Gelegenheit den Kampf für die Befreiung Deutschlands aufnehmen zu können. Er zählte hierbei auf die Hülfe Englands. Durch die größte Sparsamkeit wurden endlich die Reste der Kriegscontribution im Jahre 1808 abgetragen und am 23. Dezember 1809 zog das königliche Paar, welches bis dahin in Königsberg residiert hatte, unter ungeheurem Jubel der Bevölkerung wieder in Berlin ein.

[Aufhebung der Erbunterthänigkeit. Städteordnung.]

Um den Sinn für das Wohl des Staates beim Volke zu beleben, war zunächst nöthig, dem Einzelnen ein regeres Interesse für seine Privatangelegenheiten, sowie für das Wohl und Wehe seiner Gemeinde beizubringen. Zu diesem Zwecke sollte jeder innerhalb der gesetzlichen Schranken seine Kräfte und Anlagen möglichst frei entwickeln dürfen. Aber diese Schranken mußten auch so gezogen sein, daß eine freie Entwicklung innerhalb derselben möglich war. Deshalb suchte Stein zunächst den Bauern eine freiere Stellung zu verschaffen. Der Bauer war noch persönlich unfrei, wenn auch nicht gerade leibeigen. Ihn drückten doppelte Lasten, denn er mußte nicht nur Staatssteuern bezahlen, sondern war auch dem Gutsherrn durch mannichfache Frohndienste verpflichtet. Um also einen freien Bauernstand zu gründen, erwirkte Stein vom

Könige die Cabinetsordre vom 9. Oct. 1807, wodurch zunächst auf den Domänen die Aufhebung der Erbunterthänigkeit des Bauernstandes ausgesprochen ward, und gleich darauf ein Edikt, welches den erleichterten Besitz und den freien Gebrauch des Grundeigenthums, sowie die persönlichen Verhältnisse der Landbewohner betraf, nach welchem überhaupt alle Gutsunterthänigkeit aufhören sollte, nur sollten alle Verbindlichkeiten, welche den Bauern als nunmehr freien Leuten vermöge ihres Besitzes eines Grundstückes oblagen, in Kraft bleiben. — Auch die Verhältnisse der Städte erlitten eine wohlthätige Veränderung. In vielen derselben (den sogenannten Mediatstädten) hatten Grundherren wie auf den Dörfern die Gerichtsbarkeit und das Recht, die Bürgermeister und die Gemeindebeamten einzusetzen. Aber auch in den Immediatstädten war die Selbständigkeit der Verwaltung und damit der städtische Gemeingeist immer mehr gesunken. Um nun auch bei den Städtern ein regeres Interesse für ihre Angelegenheiten zu erwecken und dadurch die Liebe zur Heimath und zum Vaterlande zu heben, erschien am 19. November 1808 die sogenannte Städteordnung, nach welcher die Städte das Recht haben sollten, ihre Bürgermeister und Beamten selbst zu wählen und ihr Vermögen und alle städtischen Angelegenheiten selbst zu verwalten.

[Umgestaltung der Staasverwaltung.]

Auch die ganze Staatsverwaltung erlitt eine Aenderung; bisher waren die einzelnen Zweige derselben in den Händen von Cabinetsräthen, deren jeder unmittelbar unter dem König stand, gewesen, jetzt wurden aber sämmtliche Zweige der Verwaltung einem Gesammtministerium unter dem Vorsitz des Königs untergeordnet, so daß sich die verschiedenen Verwaltungsbehörden gegenseitig mehr ergänzten und einander mehr in die Hände arbeiten konnten. An die Spitze der Civilverwaltung der Provinzen wurden Oberpräsidenten gestellt. Dieselben sollten in ihren Provinzen denselben geistigen Mittelpunkt bilden, welchen der Präsident des Ministeriums für die Gesammtheit der Provinzen bildete. Alljährlich sollten sich die Oberpräsidenten einmal in Berlin versammeln, über ihre ganze Verwaltung Bericht erstatten und sich ihre Erfahrungen gegenseitig austauschen. Aus diesen Bestimmungen hat sich die heutige musterhafte preußische Verwaltung herausgebildet. Eine königliche Verordnung, daß von jetzt an nicht mehr Geburt, sondern nur persönliches Verdienst bei der Anstellung der Staatsdiener entscheiden solle, führte dem höhern Beamtenpersonal bald viele tüchtige Kräfte zu und wirkte somit wohlthätig auf das Staatsganze ein.

[Umgestaltung des Heerwesens. — Der Tugendbund.]

Während so Stein in der Civilverwaltung unablässig reformirte, wurde das Militärwesen nicht vernachlässigt. An der Spitze desselben stand der edle Generalmajor von Scharnhorst. Sein Gehülfe in der

Ausführung der Reformen auf militärischem Gebiete war der schon genannte Gneisenau. Im Frieden zu Tilsit hatte sich Preußen, wie oben gezeigt, verpflichten müssen, nicht mehr als 42000 Soldaten zu halten. Schon im Jahre darauf zählte es 50000 Mann. In Folge der Bemühungen der genannten Ehrenmänner erschienen königliche Verordnungen, durch welche eine allgemeine Dienstpflicht ohne Stellvertretung eingeführt ward, wodurch man die Wehrhaftmachung des ganzen Volkes bezweckte. Nächst der raschen und tüchtigen Ausbildung der Massen war das ausgesprochene Ziel der Verordnungen, »sittliche und wissenschaftliche Haltung der Offiziere, Gleichheit der Rechte und Pflichten aller ohne Rücksicht auf Geburt, Aufsteigen des Soldaten bis zur höchsten Befehlshaberstelle nach Verdienst, Begründung der Kriegszucht auf Vaterlands- und Ehrgefühl mit Abschaffung der herabwürdigenden Strafen der Stockschläge, Einfachheit und Leichtigkeit der Uebungen mit Beschränkung des geisttödtenden Gamaschendienstes«. Auf solchen Bestimmungen beruhte die Umgestaltung des preußisches Heeres. Alle trägen und übelgesinnten Offiziere wurden entfernt und mußten tüchtigen und vaterlandsliebenden Männern Platz machen. Daß auf diese Weise gar bald ein ganz anderer Geist im Heere herrschend ward, ist leicht einzusehen. — Um eine größere Masse von ausgedienten Soldaten heranzubilden, wurden die ausgebildeten Mannschaften immer wieder entlassen und neue bis zur Höhe von 42000 Mann eingezogen, und so währte es gar nicht lange und man war im Stande an 150000 Mann für den Fall einer Erhebung in's Feld zu stellen; auch sonst wurde für die Ausrüstung der Festungen und für Anhäufung von Kriegsmaterial möglichst gesorgt.

Viel that zur Hebung des Patriotismus und zur Belebung der edleren, sittlichen Gefühle des Volkes der sogenannte Tugendbund. Derselbe hatte sich aus Männern gebildet, welche voll glühenden Hasses gegen die Fremdherrschaft entschlossen waren, alle sittlichen Hebel für die Befreiung der Nation in Bewegung zu setzen und dieselbe besonders durch Verbreitung eines ernstern Sinnes und Erweckung der Vaterlandsliebe zu befördern suchten. Stein selbst hatte die Zwecke des Tugendbundes gebilligt, wenn er auch nicht Mitglied desselben war.

[Entlassung Steins und Berufung Hardenbergs. — Einführung der Gewerbefreiheit. — Tod der Königin Luise.]

Die Reformen und Absichten Steins waren Napoleon kein Geheimniß geblieben; er war daher darauf bedacht, den Minister aus seiner Stellung zu verdrängen. Ein von den Franzosen aufgefangener Brief des Freiherrn, in welchem von den Zwecken des Tugendbundes die Rede war, ward von ihnen veröffentlicht. In Folge dessen nahm Stein, welcher dem Könige keine Verlegenheiten bereiten wollte und durfte, seine Entlassung, welche ihm Friedrich Wilhelm nur sehr ungern gewährte (26. November 1808). Von Napoleon ward er förmlich in die Acht erklärt und flüchtete deshalb nach Rußland, von wo aus er seine Bemühungen für das Wohl seines Vaterlandes fortsetzte. An seiner Statt stellte Friedrich Wilhelm den Freiherrn von Hardenberg mit dem Titel eines Staatskanzlers an die Spitze der Verwaltung. Derselbe wirkte im Sinne des Ministers Stein fort und brachte die bereits von Stein entworfenen Gesetzentwürfe zur Ausführung. Nächst seiner Sorge für Regelung und Verbesserung der Finanzverhältnisse wandte er seine Aufmerksamkeit auch besonders auf die Angelegenheiten des Handwerkerstandes. Durch Einführung der **Gewerbefreiheit** suchte er die Thätigkeit dieses Standes zu erhöhen und dem gewerblichen Betrieb überhaupt einen höhern Schwung zu geben. — Auch für die Volksbildung, in welcher man ein Hauptmittel zur Erlangung eines freieren selbständigern Wesens erkannt hatte, ward auf die großartigste Weise in jener trüben Zeit gesorgt. Als ein Mittelpunkt aller neuen wissenschaftlichen Bestrebungen ward 1810 die **Universität Berlin** gegründet, an welcher der berühmte Philosoph **Joh. Gottl. Fichte** lehrte, der sich durch seine **Reden an die deutsche Nation**, in welcher er das Gefühl für Freiheit und Vaterland zu erwecken suchte, ein unvergängliches Denkmal gesetzt hat.

Lebendigen Antheil an allem, was zur Wiedererhebung des preußischen Vaterlandes geschah, nahm die edle Königin Luise. Aber das Unglück des Landes hatte sie zu tief berührt, ihr Herz war gebrochen, nur die Hoffnung auf bessere Zustände erhielt sie noch einigermaßen aufrecht. Das eheliche glückliche Verhältniß des königlichen Paares war durch das Unglück nur befestigt worden. Um so tiefer betrübte es den König, als seine Gemahlin den Sommer 1809 hindurch sich leidend fühlte. Im Sommer des folgenden Jahres unternahm sie eine Reise an den väterlichen Hof nach Strelitz. Hier erkrankte sie ernstlich. Der König eilte auf die Nachricht hiervon mit seinen beiden ältesten Söhnen an ihr Krankenbett. Kurz nach seiner Ankunft erlag ihm die theuere Gemahlin an einem heftigen Brustkrampf (19. Juli 1810) zu Hohenzieritz. Ihre letzten Worte waren: »Herr Jesus, mach' es kurz.« Der König war untröstlich und des ganzen Volkes bemächtigte sich der tiefste Schmerz. Bis auf den heutigen Tag hat es das Andenken an die geliebteste seiner Fürstinnen treu bewahrt. Ihre Ruhestätte fand Luise in dem berühmten Mausoleum zu Charlottenburg.

[Spannung zwischen Rußland und Frankreich. — Gährung in Deutschland. — preußisch französisches Bündniß.]

Seit dem Frieden von Tilsit hatte Napoleon mit Rußland Freundschaft gehalten. Dieses und Frankreich theilten sich gewissermaßen damals in die Weltherrschaft. Aber der unersättliche Ehrgeiz des Franzosenkaisers konnte keinen Zweiten neben sich dulden. Nachdem er 1809 Oesterreich in einem neuen Kriege abermals besiegt und vollends geschwächt hatte (Oesterreich mußte unter anderem im Frieden Galizien an das Herzogthum Warschau abtreten) und seine unmittelbare Herrschaft von den Pyrenäen bis nach Lübeck, von der Nordsee bis nach Rom ausgedehnt hatte, trieb er es auch auf einen Bruch mit Rußland. Gründe hierzu waren bald gefunden. Alexander hatte sich gegen Napoleon dazu verstanden, die Continentalsperre in seinen Landen gegen die Engländer handhaben zu lassen. Da aber seinem Staate dadurch ein zu großer Schade erwuchs, so erließ er Verordnungen, welche die Bestimmungen der Sperre theilweise wieder außer Kraft setzten. Erbittert wurde Kaiser Alexander auf Napoleon, als dieser die deutsche Nordseeküste im Jahre 1810 mit Frankreich vereinigte und dadurch auch dem Herzog von Oldenburg, einem Angehörigen des russischen Kaiserhauses, sein Land raubte. Die Entfremdung zwischen den beiden Monarchen wurde immer stärker und von beiden Seiten wurde mit Macht gerüstet.

Große Hoffnungen auf Befreiung von der Fremdherrschaft knüpfte man in Deutschland auf den Ausbruch eines Krieges zwischen Rußland und Frankreich. Eine bedenkliche Gährung hatte sich schon seit längerer Zeit aller Schichten des hartgeprüften deutschen Volkes bemächtigt, die sich schon in einigen Aufstandsversuchen gegen die fränkischen Schergen Luft zu machen versucht hatte. So hatte der preußische Major von Schill an der Spitze seines Regimentes, mit dem er von Berlin eigenmächtig ausgezogen war, im Jahre 1809 das Volk zur Erhebung fortzureißen versucht, war aber, von der französischen Uebermacht bedrängt, nachdem er sich bis Stralsund durchgeschlagen, in dieser Stadt tapfer kämpfend gefallen. Auch der nach dem unglücklichen Ausgange des Krieges gegen Oesterreich vom J. 1809 unternommene Zug des Herzogs Wilhelm von Braunschweig-Oels mit seiner schwarzen Schaar von Böhmen, quer durch Deutschland bis an die Mündung der Weser lieferte den Beweis, daß in den Deutschen Kraft und Nationalsinn keineswegs erstorben seien.

In eine sehr bedenkliche Lage gerieth Preußen, als der Ausbruch des Krieges zwischen Napoleon und Alexander drohender wurde, da das Gerücht laut wurde, jener wollte das ihm verdächtige Preußen vor Beginn des Krieges vollständig vernichten, um seinen Rücken gegen die Russen zu sichern. Es wurden Stimmen in der Umgebung des Königs laut, derselbe solle jetzt die Gelegenheit zum Kampfe gegen den Unterdrücker ergreifen und sich mit den Russen verbinden. Aber der Zeitpunkt hierzu war noch nicht gekommen. Da Napoleon schon an Preußens Grenzen stand, die russischen Heere aber noch tief im Innern Rußlands standen, so war an ein Bündniß von Seiten Friedrich Wilhelms mit dieser Macht nicht zu denken, da sonst Preußen von der Uebermacht bereits, ehe ihm Hülfe geworden, übermannt worden wäre. Andererseits aber konnte der König nicht neutral bleiben, weil er sonst bei dem Argwohn Napoleons die Maßregel, von welcher man munkelte, zu erwarten gehabt hätte. Er gab daher der gebieterischen Nothwendigkeit nach und schloß zu Paris am 24. Februar 1812 ein Bündniß mit Frankreich, nach welchem sich Preußen verpflichtete, zu dem Kriege gegen Rußland 20000 Mann zu stellen. Dafür solle es nach glücklich beendetem Kampfe eine Territorialentschädigung erhalten.

[Krieg gegen Rußland. Vernichtung des französischen Heeres. — Die Convention von Poscherun.]

Die Kriegserklärung gegen Rußland erfolgte. In unermeßlicher Reihenfolge wälzten sich die Schaaren Napoleons heran, aus der Blüthe der Jugend aller ihm unterworfenen oder verbündeten Nationen bestehend. In drei Heersäulen brachen die Verbündeten in Rußland ein. Die Oesterreicher, welche sich ebenfalls dem französischen Kaiser angeschlossen hatten, von Galizien aus, Napoleon selbst mit dem Hauptheere, der großen Armee, gieng bei Kowno über den Niemen und im Norden gieng eine Heeresabtheilung, bei welcher sich auch die Preußen unter General York befanden, über Tilsit gegen Kurland vor. Während aber die letztere Riga nach mehreren Kämpfen belagerte, drang der Kaiser im Herzen Rußlands vor, schlug die Russen bei Smolensk (17. und 18. August) und bei Borodino (7. September) und zog am 15. September siegestrunken in Moskau ein. Er glaubte den Krieg beendet zu haben und knüpfte mit dem Kaiser Alexander Verhandlungen an. Aber dieser, entschlossen nicht eher Frieden zu machen, als bis kein Franzose mehr auf Rußlands Boden stehe, zog die Unterhandlungen in die Länge. Moskau gieng in Flammen auf, wahrscheinlich auf Befehl Rostopschins, des russischen Gouverneurs, und ungewöhnlich früh brach der Winter in seiner ganzen russischen Strenge los. Endlich entschloß sich Napoleon zum Rückzuge. Aber Mangel und eine schreckliche Kälte richteten eine furchtbare Verheerung unter seinen Truppen an, die Russen drängten unaufhörlich nach und der Uebergang über die Beresina zeigte die völlige Auflösung der napoleonischen Streitmacht. Von etwa 500000 Mann erreichten nur etwa 30000 im elendesten Zustande die preußische Grenze. So hatte die Vorsehung den Hochmuth Napoleons auf eine furchtbare Weise gestraft.

General York hatte keine bestimmte Instructionen für einen solchen Fall, wie er jetzt eingetreten war; er glaubte daher, als das Unglück über die Franzosen in seiner ganzen Macht hereingebrochen war, auf eigene Verantwortung handeln zu müssen. Er that dies im patriotischen Sinne. Am 30. Dezember 1812 schloß er mit dem russischen General Diebitsch die Convention in der Poscheruner Mühle (bei Tauroggen), nach welcher er sich von den Franzosen in der Erwartung trennte, daß Preußen sich jetzt dem verhaßten Bündnisse mit Frankreich entziehen und den Kampf zur Befreiung Deutschlands aufnehmen werde. York schrieb an den König: »Ew. Majestät lege ich willig meinen Kopf zu Füßen, wenn ich gefehlt haben sollte.« Allerdings wurde Yorks eigenmächtiger Schritt von Friedrich Wilhelm öffentlich gemißbilligt, weil er einen plötzlichen sofortigen Bruch mit Frankreich noch nicht an der Zeit hielt, ja der General ward sogar vor ein Kriegsgericht gestellt, aber doch war der erste bedeutende Schritt zur Lostrennung von Frankreich und zur Befreiung von der Fremdherrschaft gethan.

[Bündniß Rußlands und Preußens zu Kalisch. Kriegserklärung an Frankreich. — Aufruf des Königs an sein Volk. Erhebung der Nation.]

Die Kunde von dem Untergange des französischen Heeres hatte in ganz Deutschland die Ueberzeugung geweckt, daß jetzt oder nie der Zeitpunkt zur Befreiung des Vaterlandes gekommen sei. Die Flamme patriotischer Begeisterung schlug überall mit Macht empor; alles blickte nach Preußen in der Erwartung, daß von dort her das große Wort der Erhebung erschallen werde. In des Königs Umgebung drängten die patriotisch gesinnten Männer auf einen Bruch mit Frankreich. In der Provinz Preußen war York mit Jubel empfangen worden, im Namen des Kaisers Alexander hatte hier der Minister von Stein das Volk zur Freiheit aufgerufen und die ostpreußischen Stände hatten sich zu den größten Opfern bereit erklärt. Friedrich Wilhelm hatte sich nach Breslau begeben und erließ von hier aus am 3. Februar den Aufruf zur Bildung freiwilliger Jägercorps. Jünglinge und Männer aller Stände und Berufsarten eilten darauf hin zu den Fahnen und überzeugten den König von dem Ernste ihres Willens, für die Wiederaufrichtung Preußens alles einzusetzen. Es ermuthigte ihn dies, sich nun ganz und gar auf die Seite der Feinde Napoleons zu wenden. Am 28. Februar 1813 wurde zu Kalisch zwischen Hardenberg und Kutusow das russisch-preußische Bündniß abgeschlossen. In demselben ward die Wiederherstellung der preußischen Macht in dem Besitzstand von 1806 verheißen, Rußland solle ein Heer von 150000 Mann, Preußen ein solches von 80000 Mann stellen. Bald darauf brachte Gneisenau auch die Verheißung englischer Hülfe und so erfolgte am 16. März 1813 die förmliche Kriegserklärung an Frankreich.

Es war ein schweres Werk, welches der König zu vollbringen unternahm, und er sah ein, daß er es nicht ohne die ausdauerndste Beihülfe seines Volkes würde durchführen können. Deshalb erließ er am 17. März den ewig denkwürdigen Aufruf: »An mein Volk«, welcher mit den Worten endigt: »Vertrauen auf Gott, Ausdauer, Muth und der mächtige Beistand unserer Bundesgenossen werden unsern Anstrengungen einen siegreichen Lohn gewähren. Aber welche Opfer auch von einzelnen gefordert werden mögen, sie wiegen die heiligen Güter nicht auf, für die wir sie hingeben, für die wir streiten und siegen müssen, wenn wir nicht aufhören wollen, Preußen und Deutsche zu sein. Es ist der letzte entscheidende Kampf für unsere Existenz, unsere Unabhängigkeit und unsern Wohlstand. Keinen andern Ausweg giebt es, als einen ehrenvollen Frieden oder einen ruhmvollen Untergang. Auch diesem würdet Ihr getrost entgegen gehen um der Ehre willen, weil ehrlos der Preuße und der Deutsche nicht zu leben vermag. Allein wir dürfen mit Zuversicht vertrauen, Gott und unser fester Wille werden unserer gerechten Sache den Sieg verleihen, mit ihm einen sichern Frieden und die Wiederkehr einer glücklichen Zeit.« Auf dieses königliche Wort hin entstand durch ganz Preußen, ja durch ganz Deutschland eine Begeisterung, wie sie bis dahin wohl nie ein Volk entflammt hat. »Der König rief, und alle, alle kamen.« Tausende und aber Tausende strömten zu den Fahnen. Männer wie Arndt, Schenkendorf und Körner entzündeten durch kampfathmende Lieder die Jugend zum höchsten Enthusiasmus, aller Eigennutz, alle bösen Leidenschaften traten zurück; Frauen und Jungfrauen brachten ihre Schmucksachen, ja sogar ihre Haare, Kinder ihre Sparpfennige dem Vaterlande zum Opfer dar. Als eine Schande galt es für den kräftigen und gesunden Jüngling, daheim zu bleiben. Dabei wehte jener wahrhaft religiöse und ideale Zug durch die ganze Erhebung, der jede wahrhafte und hohe Begeisterung auszeichnet. Man wollte lieber untergehen, als jenes Ziel nicht erreichen, was dem Dichter als Preis des Kampfes damals vorschwebte:

>»Alles Große kommt uns wieder,
Alles Schöne kehrt zurück.«

Es wurden Landwehrregimenter errichtet mit dem Wahlspruch: »Mit Gott für König und Vaterland« und mit dem Zeichen des Kreuzes, zum Beweise, daß man den bevorstehenden Kampf als einen religiösen auffasse, der zur Rettung der heiligsten Menschenrechte unternommen werde. Auch ward am 10. März (dem Geburtstage der Königin Luise) der Orden des eisernen Kreuzes für Auszeichnung vor dem Feinde gegründet.

IV. Preußens und Deutschlands Befreiung und Wiederherstellung.

[Die Befreiungskriege 1813—1815. — Die Schlacht bei Groß-Görschen. — Die Schlacht bei Bautzen. — Waffenstillstand von Poischwitz. Beitritt Oesterreichs zu den Verbündeten.]

Bereits Ende März belief sich das regelmäßige Heer Preußens auf 111000 Mann, von denen 70000 dem Feinde entgegengestellt werden konnten; die Landwehr berechnete man auf 150000 Mann. Aber auch Napoleon hatte unerhörte kriegerische Anstrengungen gemacht. Nachdem er aus Rußland zurückgekehrt war, hatte er in Paris die Aushebung von 350000 Mann neuer Truppen und nach Preußens Kriegserklärung noch andere 180000 decretirt. Im April bereits stand er in Sachsen. Schon hatte zwischen Preußen und Franzosen den 5. April bei Möckern ohnweit Magdeburg ein für erstere ruhmvolles Gefecht stattgefunden, indem des Kaisers Stiefsohn Eugen, Vicekönig von Italien, bei seinem Versuche, gegen Berlin vorzudringen, daselbst zurückgeschlagen worden war; aber bald sollten die Franzosen noch mehr inne werden, daß die Preußen von 1813 andere waren, als die von 1806. Die erste große Schlacht fand bei Groß-Görschen (ohnweit Lützen) am

2. Mai statt. Hier ward Napoleon auf seinem Marsche nach Leipzig zu von den Verbündeten unter Wittgenstein, York und Blücher angegriffen. Anfangs waren dieselben im Vortheil, aber Napoleon hatte die Uebermacht und errang einen obwohl schweren Sieg. Die Preußen hatten so tapfer gefochten, daß sie 8000 Mann verloren, während die Franzosen an 15000 einbüßten. In bester Ordnung zogen sich die Preußen und Russen über die Elbe zurück. Ein empfindlicher Verlust für Friedrich Wilhelm war der Tod des Generals Scharnhorst, welcher kurze Zeit nach der Schlacht seinen in derselben erhaltenen Wunden zu Prag erlag. Napoleon benutzte den theuer erkauften Sieg sehr geschickt, indem er durch denselben seine Verbündeten in ihren Pflichten gegen ihn festzuhalten wußte. Namentlich vermochte er es durch einen Drohbrief, den König von Sachsen, welcher in Prag mit den Oesterreichern unterhandelte, um sich eine neutrale Stellung zu sichern, nach Dresden zurückzurufen und ihn zu zwingen, sein Heer den Franzosen abermals zur Verfügung zu stellen.

Hatte aber Napoleon geglaubt, der Sieg bei Groß-Görschen würde ihm alles Land bis zur Oder überliefern, so hatte er sich getäuscht, schon an der Spree stellten sich ihm die Verbündeten von Neuem entgegen und es kam, den 20. und 21. Mai bei Bautzen zu einer zweiten Schlacht, welche ebenfalls keine volle Entscheidung brachte. Auch hier mußten sich die Preußen und Russen vor der Uebermacht der Franzosen zurückziehen, obgleich sie, namentlich die Preußen, mit der allergrößten Tapferkeit gekämpft hatten. Erst in Schlesien wollte man den Franzosen wieder Widerstand leisten. Hier wäre es beinahe zu einer Trennung zwischen den Verbündeten gekommen, indem der russische Obergeneral Barclay den Rückzug nach Polen forderte. Blücher, welcher für diesen Fall mit den Preußen allein den Franzosen in Schlesien entgegentreten wollte, vermochte aber den Kaiser Alexander, den unheilvollen Plan nicht zur Ausführung gelangen zu lassen.

Am 4. Juni schlossen die Kriegführenden einen Waffenstillstand zu Poischwitz bei Jauer. In demselben war bestimmt, daß sämmtliche verbündete Truppen bis zu einem bestimmten Zeitpunkte auf dem rechten Elbufer sein sollten. Das hatte ein Theil des lützowschen Freicorps, welches einen Streifzug nach Franken und Thüringen unternommen, zu spät erfahren, um noch rechtzeitig das rechte Elbufer erreichen zu können. Bei Kitzen in der Nähe von Leipzig wurde daher die Schaar überfallen und fast ganz vernichtet. Auch Theodor Körner ward hier schwer verwundet. — Während dessen versuchte Oesterreich auf einem Congresse zu Prag einen Frieden zwischen den streitenden Partheien zu vermitteln. Da aber Napoleon die von dem Kaiser Franz ihm vorgeschlagenen Bedingungen nicht annahm, so trat derselbe am 12. August dem Bündnisse Rußlands und Preußens bei, nachdem bereits am 10. August der Waffenstillstand sein Ende erreicht hatte.

[Aufstellung der verbündeten Heere. — Die Schlacht bei Großbeeren.]

Da man während des Waffenstillstandes beiderseits die äußersten Anstrengungen gemacht hatte, so traten sich die feindlichen Partheien jetzt mit bedeutend größern Streitmassen gegenüber. Außer Oesterreich war auch Schweden auf die Seite der Verbündeten getreten, während sich England zu Hülfsgeldern verpflichtete. Die Verbündeten stellten folgende Heere auf:

1) Die Nordarmee, etwa 150,000 Mann stark unter dem Kronprinzen von Schweden als Oberbefehlshaber (dem frühern französischen Marschall Bernadotte) und den preußischen Generalen Bülow und Tauentzien; sie sollte Berlin decken und vom Norden her auf Napoleon eindringen.

2) Die schlesische Armee, 95000 Mann stark unter Blücher als Oberbefehlshaber, den preußischen Generalen York und Gneisenau (als Generalstabschef) und den russischen Generalen Sacken und Langeron; sie sollte von Schlesien aus auf Napoleon eindringen.

3) Das Hauptheer, gegen 200000 Mann stark unter dem Fürsten Schwarzenberg. der zugleich den Oberbefehl über alle Heerestheile führte; sie sollte von Böhmen her gegen die Franzosen operiren.

Durch die Aufstellung dieser drei Heere war Napoleon gezwungen, seine Streitkräfte ebenfalls zu theilen. Kaum war der Waffenstillstand abgelaufen, so befahl er dem Marschall Oudinot, mit 80000 Mann von Magdeburg aus gegen Berlin vorzudringen. Unter einer Reihe von Scharmützeln gelangte derselbe bis zwei Meilen vor Berlin. Der Kronprinz von Schweden, welcher überhaupt während des ganzen Krieges eine sehr verdächtige Rolle spielte, schien die Hauptstadt bereits dem Feinde preisgeben zu wollen, als sich die Preußen unter Tauentzien und Bülow den Franzosen und Sachsen (unter Reynier) bei Großbeeren entgegen stellten (23. August). Der Regen fiel in Strömen herab, so daß die Gewehre nicht Feuer geben wollten, da drehten die tapfern Landwehrmänner die Gewehre um und schlugen mit den Kolben auf die Feinde. Besonders um den Kirchhof des Dorfes Großbeeren ward mit großer Erbitterung gekämpft. Bald war das feindliche Heer gänzlich zerstreut und nur die hereinbrechende Dunkelheit hielt die Verfolgung der Sieger auf, welche den Besiegten 26 Kanonen abgenommen hatten. Die Schlacht von Großbeeren ist nicht nur deshalb von Bedeutung, weil für den Augenblick die Absicht der Franzosen Berlin zu nehmen vereitelt war, sondern besonders deshalb, weil in diesem Kriege preußische Truppen allein (denn eine schwedische Batterie, welche ebenfalls mitkämpfte, kann nicht in Betracht kommen) gegen ein französisches Heer den Sieg davon trugen, wodurch ihr Zutrauen zu sich selbst nicht wenig erhöht wurde.

[Die Schlacht an der Katzbach.]

Drei Tage nach der Schlacht bei Großbeeren erfocht auch die schlesische Armee unter Blücher einen herrlichen Sieg über den Marschall Macdonald, welchen Napoleon gegen jenen vorgesandt hatte. Blücher hatte die Absicht, von dem rechten auf das linke Ufer der Katzbach zu gehen und war eben im Begriff diesen Plan auszuführen, als er merkte, daß die Franzosen bereits den Fluß überschritten. Er störte sie darin nicht; aber als er so viel der Feinde auf dem rechten Ufer hatte, als er wollte, rief er seinen Soldaten zu: »Nun, Kinder, hab' ich genug Franzosen herüber, nun vorwärts.« Da das rechte Ufer der Katzbach höher war, als das linke, so hatte er die Absicht, die Franzosen in den Fluß hinabzuwerfen. Dieser Plan gelang ihm vollkommen. Zwar weigerte sich der russische General Langeron, die ihm von Blücher angewiesene Stellung zu behaupten, indem er von geheimen Instructionen sprach, nach welchen er seine Truppen nicht auf's Spiel setzen dürfe, aber um so tapferer kämpften die Preußen unter York. Die feindlichen Vierecke wurden niedergeworfen, ein furchtbares Handgemenge entstand, ganze französische Regimenter wurden mit dem Kolben niedergeschlagen. In wilder Hast wurden die Feinde über die Katzbach gejagt und Tausende von ihnen fanden in dem angeschwollenen Gewässer ihren Tod. Einhundert und drei Kanonen und 18000 Gefangene fielen den Verbündeten in die Hände. Macdonalds Heer war so gut als vernichtet, Schlesien befreit. In ganz Preußen, ja in ganz Deutschland jubelte man bei der Kunde von diesem herrlichen Siege. Der König ernannte den alten Blücher, »den Marschall Vorwärts«, zum Feldmarschall und später zum Angedenken an den 26. August zum »Fürsten von Wahlstatt«.

[Die Schlachten bei Dresden und bei Kulm. — Die Schlachten bei Dennewitz und bei Wartenburg.]

Nicht so glücklich kämpfte an demselben Tage das Haupttheer, bei welchem sich Friedrich Wilhelm und Alexander befanden. Dasselbe war über das Erzgebirge gegen Dresden vorgerückt, ward aber hier in einer mörderischen zweitägigen Schlacht (26. und 27. August) von Napoleon zurückgeschlagen. Auf dem Rückzuge, welchen die Hauptarmee nach Böhmen antreten mußte, gerieth sie in eine äußerst schwierige Lage; General Vandamme wollte in den Pässen des Erzgebirges die Vernichtung der Verbündeten vollenden und griff am 29. August dieselben bei Kulm mit ungestümem Muthe an. Schon schien sich der Sieg auf seine Seite zu neigen, als König Friedrich Wilhelm die Reservereiterei heranführte und das Gleichgewicht wiederherstellte. Der Sieg ward am folgenden Tage dadurch für die Verbündeten herbeigeführt, daß General Kleist, welcher in der Nacht auf dem Kamme des Gebirges nach Nollendorf dem Feinde in den Rücken marschiert war, demselben den Rückzug abschnitt. Nur ein Theil der französischen Reiterei schlug sich durch, Vandamme selbst nebst 10000 Mann wurden gefangen genommen,

81 Geschütze fielen den Siegern in die Hände. General Kleist erhielt später den ehrenden Beinamen »von Nollendorf« vom Könige.

Acht Tage nach der Niederlage von Kulm erlitt einer der ausgezeichnetsten Generale Napoleons einen furchtbaren Schlag durch dieselben Truppen, welche bei Großbeeren gesiegt hatten, es war dies der Marschall Ney, »der Löwe der Schlacht«. Demselben hatte der Kaiser das bisherige oudinotsche Corps unterstellt und ihm befohlen abermals gegen Berlin vorzugehen. Am 5. September setzte er sich von Wittenberg aus in Bewegung und schon am 6ten traf er bei Dennewitz ohnweit Jüterbogk mit den Alliierten zusammen. Wiederum waren es Bülow und Tauentzien, welche hier den Hauptkampf zu bestehen hatten, nur ihrer Anstrengung und der begeisterten Tapferkeit der preußischen Landwehr war der Sieg zu danken; erst am Abend langte der Kronprinz von Schweden in Jüterbogk an. Mehr als funfzehn Tausend Todte, Verwundete und Gefangene, achtzig Kanonen und vier Fahnen verloren die Franzosen in dieser Schlacht und auf dem ihr folgenden Rückzuge. Berlin war abermals gerettet und abermals hatte es sich gezeigt, daß selbst des Kaisers beste Generale dem verzweifelten Muthe eines schmachvoll unterdrückten Volkes nicht zu widerstehen vermochten. Der Lohn Bülows war der ihm von Friedrich Wilhelm verliehene Beiname »von Dennewitz«. Einer gleichen Auszeichnung machte sich der General York theilhaftig, welcher auf Blüchers Befehl am 3. October bei Wartenburg ohnweit Torgau den Uebergang über die Elbe, welchen der französische Geneneral Bertrand vertheidigte, auf eine so ruhmreiche Weise erzwang, daß er mit dem Zunamen »von Wartenburg« belohnt ward.

[Die Schlacht bei Leipzig.]

Durch die Niederlagen seiner Generale war die Stellung Napoleons bei Dresden eine unhaltbare geworden. Nach dem Uebergang Blüchers über die Elbe mußte er fürchten von Frankreich abgeschnitten zu werden. Deshalb zog er sich in die Gegend von Leipzig zurück und concentrierte hier seine gesammte Streitmacht zu einem großen entscheidenden Schlage. Bald standen sich die ungeheuren Heere kampfbereit in den Ebenen Leipzigs gegenüber, 200000 Franzosen und Rheinbundtruppen und gegen 300000 Russen, Preußen und Oesterreicher. War auch die Minderheit der Streitkräfte auf Seiten Frankreichs, so ward doch das Mißverhältniß durch den Umstand reichlich aufgewogen, daß das französische Heer sich der strengen einheitlichen Leitung des größten Kriegsherrn seiner Zeit erfreute. Schon am 16. October hatten südöstlich von Leipzig bei Liebertwolkwitz bedeutende Reitertreffen stattgefunden, aber erst am 19ten kam es zu der gewaltigen Völkerschlacht, welche dann noch am 18ten und 19ten wüthete. An drei Punkten entbrannte der Kampf zugleich, westlich von Leipzig bei Lindenau, nordwestlich bei Möckern, wo der tapfere Blücher den Oberbefehl führte und südlich bei Wachau. Besonders war die Schlacht bei Möckern wiederum eine der glorreichsten für die preußischen Waffen. Hier hatte Yorks Armeecorps fast allein den ganzen Kampf gegen den französischen Marschall Marmont zu bestehen, erntete aber auch dafür den größten Ruhm. Dreiundfunfzig Kanonen, zwei Fahnen, ein Adler und 2000 Gefangene fielen den Siegern in die Hände. Bei Wachau kämpfte Napoleon selbst und der Sieg schien sich auf seine Seite zu neigen. Schon ließ er in Leipzig die Siegesglocken läuten. Aber am Abend des Tages sah er ein, daß er trotz seiner augenblicklichen Vortheile dem gemeinsamen Andrange der Verbündeten nicht würde widerstehen können. Am 18. October, nachdem am 17ten Ruhetag gewesen, kämpfte er nur noch für den Rückzug, der bereits am Mittag dieses Tages begann, aber dies geschah mit einer Erbitterung und Ausdauer, welche den Verbündeten und namentlich den Preußen die schmerzlichsten Verluste kostete. Napoleons Hauptstellung am 18. October war näher an Leipzig heran, bei dem Dorfe Probsthaida wüthete der blutigste Kampf des Tages, aber auch an andern Punkten rings um Leipzig wurde auf das Hartnäckigste gefochten. Mitten im Kampfe gieng der größere Theil der Sachsen mit klingendem Spiele zu seinen deutschen Brüdern über und ward von diesen jubelnd begrüßt. Napoleons Heer würde wahrscheinlich ganz vernichtet worden sein, wenn ihm die Oesterreicher nicht seine einzige Rückzugslinie über Lindenau frei gelassen hätten. Der Rückzug der französischen Schaaren ward am Abend des 18ten und in der Nacht vom 18ten zum 19ten ununterbrochen fortgesetzt. Um ihn möglichst zu decken, ließ der Kaiser Leipzig am 19ten meistentheils von Rheinbundstruppen (seine Franzosen suchte er zu schonen) hartnäckig vertheidigen, aber die Stadt ward mit stürmender Hand genommen, wobei sich besonders die ostpreußische Landwehr auf das Glänzendste hervorthat. Tausende von Feinden wurden in Leipzig selbst gefangen genommen, Hunderte, unter ihnen der französische Marschall Poniatowski, kamen in den Fluthen der angeschwollenen Elster um, über welche ihnen der Rückzug durch zu frühes Sprengen der Brücke abgeschnitten war. Der König von Sachsen ward in Leipzig gefangen genommen. Noch am 19. October zogen die drei verbündeten Monarchen siegreich in die eroberte Stadt ein.

[Folgen der Schlacht bei Leipzig.]

Der Sieg bei Leipzig, seit Jahrhunderten der größte, hatte ungeheure Opfer gefordert. Mit 48000 Todten und Verwundeten war er von den Siegern gegen 38000 Todte und Verwundete und 30000 Gefangene der Feinde erkauft worden. Aber die Opfer waren nicht vergeblich. Napoleons Herrschaft über Deutschland war gebrochen. Flüchtig eilten seine Schaaren dem Rheine zu und wenige von den Franzosen würden ihr Vaterland wiedergesehen haben, wäre es ihnen nicht gelungen, sich bei Hanau am 2. November durch die von ihnen abgefallenen Bayern durchzuschlagen.

Durch die Niederlage bei Leipzig erhielt die Macht Napoleons ihren eigentlichen Todesstoß; zwar war zunächst nur sein Einfluß auf Deutschland beseitigt, aber die moralische Wirkung seines Unglücks war ganz ungeheuer; auch die übrigen unterdrückten Völker athmeten jetzt freier auf und sahen auch ihrer Befreiung mit Zuversicht entgegen. Der Glaube an die unbesiegbare Macht des gewaltigen Kriegsfürsten, durch die er noch bis dahin Fürsten und Völker an sich zu ketten gewußt, war für immer dahin, seine Tyrannenherrschaft über Europa war in ihrem innersten Bestande geknickt und eine ganz neue Ordnung der Zustände bildete sich in Folge des Sieges bei Leipzig aus den bis dahin bestehenden Verhältnissen heraus.

[Einfall in Frankreich. — Glückliche Kämpfe Napoleons.]

Da der nächste Zweck des Krieges, die Befreiung Deutschlands, erreicht war, so war man über die Fortsetzung desselben unschlüssig. Oesterreich war für den Frieden. Friedrich Wilhelm aber und Alexander von Rußland waren, da Napoleon in seinem auch jetzt noch nicht gebrochenen Hochmuthe sich nur gegen weitgehende Zugeständnisse von Seiten der Verbündeten zum Frieden entschließen wollte, der Ansicht Steins, daß nur durch die Entfernung des Ruhestörers vom französischen Throne eine dauernde Ruhe in Europa zurückkehren könne. Die Rheinbundsfürsten hatten sich sämmtlich von Frankreich lossagen müssen; für die als erobert angesehenen Länder, wie Sachsen, Berg, Würzburg, Frankfurt u. s. w. ward eine Verwaltungscommission in Dresden unter Steins Leitung niedergesetzt. Der Kreis Kottbus, das Magdeburgische, die Altmark u. s. w. wurden für Preußen wieder in Besitz genommen. Bald standen die verbündeten Heere, durch Truppen aller deutschen Länder verstärkt, zum Einfall in Frankreich selbst am Rhein bereit. In der Neujahrsnacht von 1813—1814 überschritt Blücher bei Kaub den Rhein und betrat somit den französischen Boden, gleichzeitig sollte Schwarzenberg vom Oberrhein her in das feindliche Gebiet eindringen, während Bülow mit einem preußischen Heere Holland befreite. Napoleon hatte ungeheure Anstrengungen gemacht, um auch seinerseits den Verbündeten bedeutende Streitkräfte entgegensetzen zu können; aber es war ihm das nicht in der Weise gelungen, als er gehofft hatte. Die Begeisterung der Franzosen vom Jahre 1793 war jetzt nicht künstlich wieder zu erwecken, umsoweniger als Bonapartes Gewaltherrschaft bei dem größten Theile des französischen Volkes schon längst verhaßt war. Durch sein Feldherrntalent und seine raschen und verzweifelten Bewegungen suchte er daher über die zögernde Kriegsführung Schwarzenbergs das Uebergewicht zu gewinnen. Da er in Blücher seinen gefährlichsten Gegner erkannt hatte, so suchte er denselben zu vernichten, ehe es ihm möglich wäre, sich mit Schwarzenberg zu vereinigen. Deshalb warf er sich am 29. Januar bei Brienne auf ihn und es gelang ihm, seinen Hauptgegner, der hier beinahe gefangen genommen wurde, zurückzudrängen.

Nichtsdestoweniger fand die Vereinigung bei **Bar sur Aube** statt, und schon am 1. Februar konnte der alte Blücher Napoleon wieder angreifen, dem er an diesem Tage bei **La Rothière** eine empfindliche Niederlage beibrachte. Doch da sich die verbündeten Heere wieder trennten und jedes für sich auf Paris losziehen sollte, so faßte Napoleon den Plan, jedes einzeln zu besiegen. Zuerst warf er sich auf Blücher, dessen Untergenerale er in den Gefechten bei **Champaubert** den 10ten und **Montmirail** den 11. Febr. besiegte. Ja am 14ten gelang es ihm, Blücher selbst bei **Bauxchamps** (zwischen Montmirail und Champaubert) zurückzuschlagen.

Währenddem war aber Schwarzenberg bereits bis etwa eine Tagereise von Paris vorgedrungen, deswegen warf sich der Kaiser jetzt auf diesen. Auch hier glückte es ihm erst einzelne Abtheilungen und dann das Hauptheer den 18. Februar bei **Montereau** zu besiegen.

[Einnahme von Paris. Erster Pariser Friede.]

Diese Erfolge verleiteten Napoleon auf dem seit dem 5. Februar zu **Chatillon** an der Seine eröffneten Congresse die Friedensanerbietungen der Verbündeten zurückzuweisen, weil er durch das Glück der Waffen noch günstigere zu erlangen hoffte. Doch bald sollten seine Hoffnungen zu Schanden werden. Zwar war Schwarzenberg nach der Schlacht bei Montereau bis nach **Langres** zurückgewichen, aber Blücher drang von Neuem vor und stand schon am 27. Februar nur funfzehn Stunden von Paris. Der Kaiser, welcher ihm nacheilte, erlitt am 9. und 10. März bei **Laon** eine empfindliche Niederlage. Als es ihm darauf am 20. März bei **Arcis sur Aube** gleichfalls nicht glückte das schwarzenbergsche Heer zurückzutreiben, wandte er sich plötzlich der lothringischen Grenze zu, in der Hoffnung, die Verbündeten würden sich dadurch von ihrem weitern Vordringen gegen seine Hauptstadt abbringen lassen. Die verbündeten Heere ließen sich aber dadurch nicht beirren, sondern drangen gegen Paris vor und schlugen vereint die Marschälle Mortier und Marmont am 30. März auf den Höhen des Montmartre. Der Kaiser war zwar, als er merkte, daß ihm die Alliierten nicht folgten, sogleich wieder umgekehrt, aber erst am 31. März kam er vor Paris an, als das Schicksal der Stadt bereits entschieden war. An diesem Tage hielten Alexander und Friedrich Wilhelm an der Spitze eines großen Theiles ihrer Truppen unter klingendem Spiele ihren Einzug in die eroberte Stadt. Das Volk jauchzte ihnen als Befreiern entgegen und empfieng sie mit Blumenkränzen. Schon am 1. April entsetzte der französische Senat, der bis dahin alle Befehle des Kaisers in kriechender Unterwürfigkeit dahingenommen hatte, denselben des Thrones. Vergebens suchte Napoleon zu **Fontainebleau** die Herrschaft über Frankreich seinem Sohne zu sichern, man wies seine Vorschläge zurück, und so unterzeichnete er am 7. April die Entsagungsacte. Er erhielt von den Verbündeten die Insel **Elba** als Eigenthum und Aufenthaltsort angewiesen und gieng am 20. April dahin ab. Den französischen Thron aber bestieg auf Beschluß des Senats als König Ludwig XVIII der Bruder des unglücklichen Ludwigs XVI. Mit ihm schlossen die siegreichen Mächte den 30. Mai den (ersten) Pariser Frieden, durch welchen Frankreich auf die Grenzen von 1792 beschränkt ward.

So war nach schweren Kämpfen das hohe Ziel erreicht. Napoleon war gestürzt, Europa eines furchtbaren Druckes enthoben. Mit Zuversicht sahen die Völker Deutschlands der Wiedergeburt des Vaterlandes entgegen. Am 3. Juni erließ Friedrich Wilhelm seinen öffentlichen Dank an das Heer, die siegreichen Generale wurden königlich belohnt; so ward Blücher in den Fürstenstand, York, Kleist, Bülow, Tauentzien und Gneisenau in den Grafenstand erhoben. Zugleich traf der König die Verordnung, daß alle Theilnehmer an dem ruhmreichen Kampfe eine Kriegsdenkmünze, welche aus dem Metall eroberter Kanonen gegossen wurde, erhalten sollten; die Namen der Gefallenen befahl er zum ewigen Gedächtniß in den Kirchen ihrer Kirchspiele auf einer Ehrentafel zu verzeichnen. Nachdem er darauf noch mit dem Kaiser Alexander und seinen hervorragendsten Generalen einen Ausflug nach London unternommen, hielt er am 7. August an der Spitze seiner Garden, umgeben von sämmtlichen Prinzen und Generalen seines Heeres, unter unermeßlichem Jubel des Volkes einen glänzenden Einzug in Berlin.

[Der Congreß zu Wien. — Die deutsche Bundesacte.]

Auf einem Congresse, so hatten die verbündeten Monarchen beschlossen, sollten die Verhältnisse Europas nach wiederhergestelltem Frieden geordnet werden. Dieser Congreß ward am 1. October 1814 zu Wien eröffnet. Kaiser Alexander und König Friedrich Wilhelm erschienen auf demselben persönlich, sonst aber waren fast sämmtliche europäische Mächte durch ihre ausgezeichnetsten Staatsmänner und Diplomaten vertreten. Dabei aber wurden nicht nur Berathungen abgehalten, sondern eine Reihe der glänzendsten Festlichkeiten wurden zu Ehren der gekrönten Häupter und zur Unterhaltung der Congreßmitglieder veranstaltet. Die Verhandlungen selbst zwischen den Mächten geriethen bald in's Stocken. Durch den Vertrag zu Kalisch hatte Preußen nicht nur zugesichert bekommen, daß es nicht weniger Gebiet erhalten solle, als es im Jahre 1805 besessen, sondern auch, daß seine Grenzen möglichst günstig hergestellt werden sollten. In Folge dessen und bei den unerhörten Anstrengungen, die es geleistet, verlangte es jetzt das ganze Königreich Sachsen, während Rußland auf das ganze ehemalige Königreich Polen Anspruch machte. Friedrich Wilhelm und Alexander verbanden sich gegenseitig zur Geltendmachung ihrer Forderungen, aber auch England, Frankreich und Oesterreich, welche mit diesem Verlangen nicht einverstanden waren, schlossen einen Bund gegen Preußen und Rußland. Schon stand ein Bruch zwischen den Partheien bevor, als sich Friedrich Wilhelm bewegen ließ, mit der Hälfte von Sachsen fürlieb zu nehmen, und auch Alexander ließ von seinen Ansprüchen etwas ab.

Nicht erfüllt auf dem Wiener Congresse wurden die Hoffnungen, welche alle vaterlandsliebenden Deutschen in Betreff der Wiederherstellung des deutschen Reiches an denselben geknüpft hatten. Man hatte nicht anders geglaubt, als daß mit der Freiheit Deutschlands auch seine Einheit und Macht wiedererkämpft sei, ja in einem Aufrufe, der noch vor Beginn des Krieges von Kalisch aus von den Verbündeten erlassen worden, war eine Wiederherstelluug Deutschlands geradezu als Kampfpreis hingestellt worden. Jetzt aber zeigte es sich, daß die den ehemaligen Rheinbundsfürsten für ihren Abfall von Napoleon gewährleistete Souveränetät eine unübersteigliche Schranke der innigen Vereinigung der deutschen Staaten sei, da die betreffenden Fürsten nicht daran dachten, die gewonnene freie Stellung zu Gunsten des gesammten deutschen Vaterlandes wiederaufzugeben. Nach langwierigen Verhandlungen kam daher eine nur sehr lose Vereinigung der deutschen Fürsten zu Stande, welche in der sogenannten deutschen Bundesacte vom 8. Juni 1815 ihren Ausdruck fand. Als Zweck des deutschen Bundes war die Erhaltung der äußern und innern Sicherheit Deutschlands und die Unabhängigkeit und Unverletzlichkeit der Bundesstaaten hingestellt. Streitigkeiten zwischen Bundesgliedern sollten vor dem Bundesgericht entschieden werden; jeder einzelne Staat solle zwar mit auswärtigen Mächten in Bündnisse treten dürfen, jedoch nicht zum Nachtheil anderer Bundesglieder. Eine Bundesversammlung, aus Abgesandten der einzelnen Regierungen bestehend, sollte über die gemeinsamen Angelegenheiten berathen und beschließen und ihren ständigen Sitz in Frankfurt a. M. haben. Ehe man sich aber über diese Umgestaltung Deutschlands zu Wien geeinigt hatte, war der Krieg gegen Napoleon bereits auf's Neue ausgebrochen.

[Napoleons Rückkehr. — Schlacht bei Ligny.]

Der abgesetzte Kaiser war aufmerksam von Elba aus dem Gange der Verhandlungen zu Wien gefolgt; die Uneinigkeit der Mächte war ihm nicht unbekannt geblieben. Auf diesen Umstand und auf die Unzufriedenheit der Franzosen über das neue bourbonische Regiment, welches ganz wieder in die Bahnen eingelenkt hatte, die es vor der großen Revolution inne gehalten, gründete er seine Hoffnung, sich des Thrones wieder zu bemächtigen. Er verließ heimlich die Insel Elba und landete am 1. März 1815 mit 1100 Mann seiner alten Soldaten an der Küste Frankreichs. Hier wurde er mit Jubel empfangen und zog kühn gegen Paris. Die gegen ihn vom Könige ausgesandten Generale giengen zu ihm über, das Volk gewann er durch Versprechungen freisinniger Staatseinrichtungen. Schon am 20. März zog er in Paris ein, welches kurz zuvor Ludwig XVIII flüchtig verlassen hatte. Als die Kunde von diesen Ereignissen nach Wien gelangte, vergaßen die Fürsten und Herren daselbst allen Streit und Zank und erklärten Napoleon als einen Störer der öffentlichen Ruhe in die Acht aller Völker, obwohl derselbe erklärte, nur eine **friedliche** Herrschaft über Frankreich führen zu wollen.

Von Neuem stellte Preußen ein bedeutendes Heer in's Feld. Abermals und mit derselben Begeisterung wie zwei Jahre zuvor ergriffen die Freiwilligen die Waffen. Bald stand der Feldmarschall Blücher am Niederrhein, während der englische General Herzog von Wellington ein Heer von Engländern, Hannoveranern, Nassauern u. s. w. an der belgischen Grenze sammelte. Oesterreich verpflichtete sich eine Armee unter Schwarzenberg über den Mittelrhein her in Frankreich einbrechen zu lassen, während auch Rußland seine Heere wieder in Bewegung setzte. Napoleon konnte den Verbündeten nicht die gleiche Zahl Truppen entgegensetzen, dennoch nahm er den Kampf mit Entschlossenheit auf. Zunächst richtete er seinen Angriff gegen Blücher und Wellington. Er hoffte dieselben zu vernichten und sich dann gegen Schwarzenberg wenden zu können. Der erste bedeutende Kampf fand bei Ligny in Belgien statt. Hier griff Blücher Napoleon an. Zwar waren seine Truppen in der Minderzahl, aber er rechnete auf die rechtzeitige Unterstützung Wellingtons. Allein dieser, welcher die Nacht sorglos auf einem Ball in Brüssel zugebracht hatte, erschien nicht. So wurde Blücher, welcher in der Schlacht bei Ligny noch obendrein beinahe gefangen genommen wurde, von der Uebermacht der Feinde zurückgedrängt. Napoleon konnte aber diesen Erfolg nicht benutzen, weil die Preußen noch stark genug waren um Widerstand zu leisten; zudem hatte der von Ney befehligte linke Flügel der französischen Streitkräfte bei Quatrebras, wo der Herzog von Braunschweig-Oels fiel, gegen die Engländer und Niederländer umsonst gekämpft. Auf die Nachricht von dem Unglücke Blüchers zog sich der Herzog von Wellington von Quatrebras auf die Höhen von Mont St. Jean zurück. Hier kam es zur Entscheidungsschlacht.

[Die Schlacht bei Belle Alliance.]

Am 18. Juni, halb 12 Uhr Vormittags griff Napoleon die Engländer und Hannoveraner an. Mit der größten Tapferkeit schlugen dieselben alle Angriffe der Franzosen siegreich zurück, namentlich gelang es dem Kaiser nicht, das englische Mitteltreffen zu durchbrechen, wodurch er den Tag zu seinen Gunsten entschieden haben würde. Blücher hatte Wellington versprochen, ihm mit seinem gesammten Heere zu Hülfe zu kommen. Aber große Regengüsse hatten den Boden aufgerissen und nur mit Mühe und langsam vermochten sich seine Truppen, noch obendrein durch die Mühsale der letzten Tage erschöpft, vorwärts zu bewegen. Besorgt, sein Versprechen nicht halten zu können, rief der alte Feldmarschall seinen Leuten sein »Vorwärts« zu. Als ihm geantwortet ward, daß es nicht gienge, entgegnete er: »Es muß gehen, ich habe es ja meinem Bruder Wellington versprochen! Ich habe es versprochen, hört Ihr wohl? Ihr wollt doch nicht, daß ich wortbrüchig werden soll?«

So strengten sich die braven preußischen Truppen auf's Neue an, um ihrem geliebten Feldherrn sein Wort einzulösen. Unterdessen hatten die Franzosen die äußersten Anstrengungen gemacht, um die Schlachtreihe der Engländer zu durchbrechen, nur mit Mühe widerstanden dieselben noch, 10000 ihrer Tapfern lagen bereits auf dem Schlachtfelde hingestreckt, seufzend sagte Wellington: »Ich wollte, es wäre Nacht oder die Preußen kämen,« und ohne Zweifel hätte Napoleon hier den Sieg davon getragen, wenn nicht Blücher noch zur rechten Zeit erschienen wäre und die Entscheidung herbeigeführt hätte. Dem Angriffe der Preußen, der sich auf ihre Flanke richtete, vermochten die Franzosen nicht zu widerstehen, ihr ganzes Heer löste sich in wilder Flucht auf. Bei dem Pachthofe La Belle Alliance trafen und umarmten sich die siegreichen Feldherren; von diesem Punkte benannten die Preußen die Schlacht, welche bei den Engländern die von Waterloo, dem Hauptquartiere Wellingtons, heißt. Die von den Preußen während der ganzen Nacht energisch fortgesetzte Verfolgung führte fast bis zur vollständigen Vernichtung der französischen Armee. Napoleon selbst gerieth beinahe in Gefangenschaft und von den 120000 Mann, mit welchen er den Boden Belgiens betreten hatte, brachte er nur 40000 Mann in größter Auflösung nach Frankreich zurück. In Paris angelangt, dankte der Kaiser zum zweiten Male ab; in Rochefort ergab er sich als Kriegsgefangener den Engländern, welche ihn nach der felsigen Insel St. Helena, westlich von Afrika, abführten, wo er scharf bewacht im Jahre 1821 sein abenteuerliches Leben beschloß.

[Zweiter Pariser Friede.]

Schon am 7. Juli ergab sich Paris den verbündeten Truppen. Den Tag darauf kehrte Ludwig XVIII zurück und am 9ten hielten die alliierten Monarchen ihren Einzug. Diesmal ward mit der Stadt nicht so glimpflich verfahren, als nach ihrer ersten Einnahme, besonders drang Blücher auf eine strenge Behandlung derselben. Sämmtliche von den Franzosen den verschiedenen Städten und Ländern abgenommene Kunstschätze wurden ihren Eigenthümern zurückgegeben. Lange waren die verbündeten Monarchen nicht mit sich klar, auf welche Weise Frankreich eine abermalige Beunruhigung Europas unmöglich gemacht werden könne. Aber erst am 20. November kam der zweite Pariser Friede zu Stande. Leider wurden in demselben die ehemals deutschen Länder Elsaß und Lothringen den Franzosen nicht wieder entrissen, sondern Frankreich ward nur auf die Grenzen, die es im Jahre 1790 inne gehabt hatte, beschränkt, doch sollte es 700 Millionen Franken Kriegsentschädigung bezahlen und 130000 Mann alliierter Truppen fünf Jahre lang innerhalb seiner Grenzen als Besatzung unterhalten.

[Nicht wiedererworbene ältere Landestheile Preußens.]

Am 3. Mai 1815 war von Seiten Preußens die sogenannte Wiener Congreßacte unterzeichnet worden, in welcher von den Entschädigungen die Rede war, welche den einzelnen Regierungen für ihre Verluste während der Regierung Napoleons zu Theil werden sollten. Die preußischen Erwerbungen und Wiedererwerbungen gestalteten sich nach derselben und in Folge von zahlreichen Tausch- und andern Verträgen mit einzelnen deutschen Regierungen folgendermaßen:

Von ältern Landestheilen trat Preußen ab:

1) An Rußland: Neuschlesien, ganz Neuostpreußen mit Ausnahme eines geringen an Thorn grenzenden Landstriches, und von Südpreußen den östlichen Theil zwischen Weichsel und Prosna, d. h. den größten Theil des ehemaligen Posener und einen Theil des ehemaligen Kalischer Kammerdepartements. Diese Gebiete wurden mit dem von Oesterreich im Jahre 1809 an das Großherzogthum Warschau abgetretenen Westgalizien zu einem russischen Königreiche Polen vereinigt.

2) An das (bereits im Jahre 1807 seinem Kurfürsten zurückgegebene) nunmehrige Königreich Hannover: das Fürstenthum Hildesheim nebst der ehemaligen Reichsstadt Goslar, das niedere Eichsfeld mit Duderstadt, die niedere Grafschaft Lingen nebst dem nördlichsten zwischen dieser und der Ems gelegenen schmalen Striche des Fürstenthums Münster und das Fürstenthum Ostfriesland. Dagegen behielt Preußen vom hannoverschen Fürstenthum Osnabrück das in Westfalen enclavirte Amt Reckeberg und das Herzogthum Lauenburg (mit Ausnahme des zwischen Dömitz und Boizenburg gelegenen Amtes Neuhaus, der südlich der Elbe gelegenen Theile des Amtes Lauenburg und des Landes Hadeln).

3) An Bayern: die Fürstenthümer Ansbach und Bayreuth, doch gelangte der südwestliche Theil von jenem in den Besitz Würtembergs.

4) An Sachsen-Weimar: den östlichen Theil des Fürstenthums Erfurt mit Blankenhayn und Kranichfeld.

5) An die Niederlande: den westlichsten Theil des Herzogthums Cleve und des Oberquartiers von Geldern.

[Neuerworbene Landestheile Preußens.]

Dagegen erwarb Preußen folgende Länder und Landstriche neu:

1) **Die Hälfte des Königreichs Sachsen** und zwar:

a) den ganzen Thüringer Kreis.

Derselbe war früher ein Bestandtheil der alten Landgrafschaft Thüringen gewesen und mit dieser nach dem Aussterben der Landgrafen im Jahre 1247 an Heinrich den Erlauchten von Meißen gefallen. Bei den spätern häufigen Ländertheilungen zwischen den Gliedern des meißnischen Hauses blieb gewöhnlich die Landgrafschaft ungetrennt, bis sie im Jahre 1485 bei der Theilung des nunmehrigen sächsischen Kurfürstenthums zwischen der ernestinischen und albertinischen Linie zersplittert ward, indem der südliche Theil jener, der nördliche Theil dieser zufiel. Dieser nördliche Theil Thüringens, das Land an der Unstrut mit der Hauptstadt Langensalza, theilte als thüringischer Kreis die Geschicke der albertinischen Ländermasse (seit 1547 Kurfürstenthum) und fiel nunmehr bei der Theilung des Königreichs Sachsen mit an Preußen.

b) Den ganzen Kur- oder Wittenberger Kreis, d. h. denjenigen Kreis, an welchem die Kurstimme des ehemaligen Kurfürstenthums gehaftet hatte.

Die Gebiete um Wittenberg an der Mittelelbe waren von Albrecht dem Bären den Slaven entrissen worden und zu seinen Hausbesitzungen geschlagen worden. (S. Seite 9.) Nach seinem Tode erbte sie sein Sohn Bernhard, welcher nach Heinrichs des Löwen Sturz die Würde eines Herzogs von Sachsen erhielt. Durch die goldene Bulle ward auf das Herzogthum Sachsen-Wittenberg die sächsische Kurstimme übertragen. Nach dem Tode des letzten Ascaniers, Albrechts III, fiel das Land an Meißen, auf welches mit demselben auch der Name Sachsen übergieng. (S. Seite 26.)

c) Einen Theil des Leipziger Kreises, namentlich Delitzsch, Eilenburg, Düben und Zörbig.

d) Einen Theil des meißnischen Kreises (Senftenberg, Finsterwalde, Torgau, Mühlberg, Großenhain).

Leipziger und Meißner Kreis waren Bestandtheile der eigentlichen alten Mark Meißen.

e) Vom vogtländischen Kreise die im Reußischen gelegenen Enclaven (Gefell, Sparendorf 2c.).

f) Vom Neustädter Kreise das Amt Ziegenrück (die beiden übrigen Aemter desselben fielen an Weimar).

Die Landstriche des spätern Neustädter Kreises waren 1306 durch Heirath an den Landgrafen Friedrich den Gebissenen von Thüringen gelangt. Bei der großen Theilung im Jahre 1485 fielen sie an die ernestinische Linie, später aber als Kosten für die vom Kurfürst August von Sachsen an seinen Vetter Johann Friedrich von Gotha vollstreckte Reichsacht gelangten sie als Neustädter Kreis an das albertinische Haus.

g) Den größern westlichen Theil des Stiftes Merseburg und fast das ganze Stift Naumburg-Zeitz.

Beide Stifter wurden im Jahre 968 vom Kaiser Otto dem Großen gegründet, gelangten aber nicht zur Reichsunmittelbarkeit. Nach Einführung der Reformation waren zunächst sächsische Prinzen Administratoren, später aber die regierenden Kurfürsten selbst, weswegen die Stifter als unmittelbare Besitzungen angesehen wurden, obwohl sie ihre eigene Verwaltung hatten.

h) Den sächsischen Antheil an der gefürsteten Grafschaft Henneberg (Suhl und Schleusingen).

Nach dem Tode des letzten Fürsten (1583) fand eine Theilung der Grafschaft zwischen den sächsischen Fürsten albertinischer und ernestinischer Linie statt, durch welche der genannte Antheil an Kursachsen kam.

i) Das sächsische Mansfeld (siehe Seite 113 f.) und die Aemter Barby und Gommern.

Barby war früher eine eigene Grafschaft gewesen, aber nach dem Aussterben der Grafen zwischen Magdeburg, Anhalt und Sachsen getheilt worden. Letzteres hatte das Amt Barby erhalten. Gommern war das alte Burggrafenthum Magdeburg und von den Erzbischöfen an die ascanischen Herzoge von Sachsen verkauft worden. Es ward zum Kurkreise gerechnet. Im Jahre 1808 waren alle drei Ländchen für den Kottbuser Kreis an das Königreich Westfalen überlassen worden.

k) Das Fürstenthum Querfurt. (S. Seite 56.)

l) Die Graffschaften Stollberg (Stollberg und Roßla) am Harze. Beide waren im Jahre 1807 zum Königreiche Westfalen geschlagen worden.

m) Die Ganerbschaft Treffurt und die Vogtei Dorla.

An derselben hatte Preußen schon als Besitzer des Eichsfeldes einen Theil gehabt. Jetzt erhielt es auch den sächsischen Antheil.

n) Die ganze Niederlausitz (siehe Seite 13, 16, 19) und nicht ganz die Hälfte der Oberlausitz (mit Görlitz, Lauban, Muskau u. s. w.)

Beide Lausitzen waren im Prager Frieden 1635 von Böhmen an Sachsen abgetreten worden.

Sämmtliche von Sachsen abgetretenen Landestheile hatten eine Größe von 368 ☐M. mit 864000 Einwohnern. Sie wurden mit Ausnahme der Lausitzen zu einem Herzogthume Sachsen vereinigt.

2) Von Schweden das bisher schwedische Vorpommern (von jetzt an Neu-Vorpommern genannt) mit der Insel Rügen.

Dasselbe tauschte Preußen gegen das Herzogthum Lauenburg ein, welches Schweden seinerseits wieder gegen das Königreich Norwegen an Dänemark abtrat. Neu-Vorpommern hatte eine Größe von 79 ☐M.

3) Von Hannover das in der Altmark eingeschlossene Amt Klötze.

Dasselbe hatte früher zur Altmark gehört, war aber in den Wirren nach dem Aussterben der Askanier an die lüneburgischen Herzoge gelangt. (S. Seite 16.)

4) Von Nassau-Oranien (dem Könige der Niederlande):

a) Das Fürstenthum Corvey.

Dasselbe war früher eine reichsunmittelbare Abtei und ward im Jahre 1794 zu einem Bisthume erhoben. Nachdem es 1803 säcularisiert worden, kam es an das Haus Oranien; später ward es ein Bestandtheil des Königreichs Westfalen. Seine Größe betrug 5 ☐M.

b) Die ehemalige freie Reichsstadt (und Graffschaft) Dortmund.

Dieselbe war 1803 oranisch geworden, seit 1806 aber dem Großherzogthum Berg zuertheilt gewesen.

c) Das Fürstenthum Siegen und den größern Theil des Fürstenthums Dillenburg.

5) Das Herzogthum Berg (Siehe Seite 41—42).

Dasselbe wurde im Jahre 1806 von Pfalz-Bayern gegen Ansbach an Napoleon abgetreten, der es für seinen Schwager Murat zu einem Großherzogthum erweiterte, es aber nach dessen Besteigung des Thrones von Neapel seinem Neffen Ludwig verlieh.

6) Von Nassau:

a) Die Aemter Braunfels und Greifenstein der Graffschaft Solms-Braunfels und das Amt Hohensolms der Graffschaft Hohensolms.

Beide Graffschaften hatten im Jahre 1806 ihre Selbständigkeit an Nassau und Hessen-Darmstadt verloren; in den Besitz Preußens gieng nur der nassauische Antheil über.

b) Die Grafschaften Sayn-Altenkirchen (Siehe Seite 131) und Sayn-Hachenburg.

c) Die Grafschaft Neuwied

(in deren Besitz Nassau seit 1806 gewesen war; die Grafschaft Wied-Runkel verblieb bei Nassau).

7) Von **Hessen-Darmstadt**:

a) Das früher kölnische Herzogthum Westfalen

(in dessen Besitz Hessen-Darmstadt durch den Reichsdeputationshauptschluß von 1803 gelangt war).

b) Die Grafschaften Sayn-Wittgenstein-Wittgenstein und Sayn-Wittgenstein-Berleburg (nebst der Grafschaft Homburg »an der Mark«), die Hessen seit 1806 besessen hatte.

8) Folgende von 1807—13 zum **Großherzogthum Berg** gehörigen Länder.

a) Die Grafschaft Recklinghausen, Besitzthum des Herzogs von Aremberg

(bis 1803 kölnisch).

b) Die Herrschaft Rheda, und die Grafschaft Limburg, beide dem Fürsten von Bentheim-Tecklenburg gehörend.

c) Die Herrschaft Wildenburg des Fürsten von Hatzfeld.

d) Die Grafschaft Gimborn-Neustadt des Grafen von Walmoden.

e) Den westlichen Theil des frühern Bisthums Münster.

Derselbe war 1803 an mehrere Herren (Looz-Corswarem, Croy, Salm) vertheilt und 1807 ebenfalls der bergischen Hoheit unterworfen worden.

9) Von **Westfalen** und von **Frankfurt**:

a) Die Grafschaft Rietberg des Fürsten Kaunitz

(von 1807—13 zum Königreich Westfalen gehörig).

b) Die frühere freie Reichsstadt Wetzlar

(von 1807—13 ein Bestandtheil des Großherzogthums Frankfurt).

10) Von **Frankreich**, links des Rheines:

a) Das frühere Herzogthum Jülich.

Dasselbe theilte mit Berg bis zum Jahre 1794 dasselbe Schicksal. Seit diesem Jahre aber von den Franzosen besetzt, ward es durch den Frieden von Lüneville dem französischen Reiche einverleibt. Der westliche Theil des Herzogthums ward 1815 an die Niederlande überlassen.

b) Die ehemals reichsunmittelbare Herrschaft Wickerad.

c) Das frühere Erzbisthum Köln.

Köln war schon in den ersten Jahrhunderten n. Chr. Geb. ein Bisthum; unter Karl d. Gr. ward es Erzbisthum. Sein weltliches Gebiet erstreckte sich in geringer Breite längs des linken Rheinufers hin. Nach dem Sturze Heinrichs des Löwen erwarb das Hochstift auch das Herzogthum Westfalen und später auch die Grafschaft Recklinghausen. Durch die goldene Bulle ward der Erzbischof einer der geistlichen Kurfürsten. Die Reformation fand trotz des Versuches einiger Erzbischöfe, sie einzuführen, keinen Eingang. Seit dem Jahre 1583 behaupteten sich 178 Jahre lang bayrische Prinzen auf dem erzbischöflichen Stuhl. Im Frieden von Lüneville ward auch das linksrheinische Köln eine Beute Frankreichs.

    d) Fast das ganze frühere Erzbisthum Trier.

    Auch Trier war ein uraltes Stift. Später ward es, wie Köln, Kurfürstenthum. Sein Gebiet erstreckte sich auf dem linken Rheinufer zu beiden Seiten der Mosel hin, auf dem rechten bis in das Lahnthal. Auch die gefürstete Abtei Prüm und die Grafschaft Virneburg wurden zu Trier gerechnet. Der letzte Kurfürst war Clemens Wenzel von Sachsen. Schon seit dem Jahre 1794 hatten die Franzosen das linksrheinische Trier besetzt, 1801 ward es ihnen von Deutschland abgetreten, das rechtsrheinische erhielt 1803 Nassau. Preußen erhielt im Jahre 1815 fast das ganze Erzbisthum.

    e) Von ehemals pfälzischen Landen auf dem linken Rheinufer: Theile der vordern Grafschaft Sponheim (Kreuznach, Burg, Rheinstein u. s. w.), Theile der hintern Grafschaft Sponheim (Trarbach, Sponheim, Kirchberg u. s. w.), das Fürstenthum Simmern (mit der Herrschaft Bretzenheim, Stromberg u. s. w.), der an der Mosel gelegene Theil des frühern Fürstenthums Veldenz.

    f) Den auf dem linken Rheinufer gelegenen Theil der früher kurhessischen niedern Grafschaft Katzenellenbogen (St. Goar), von welcher der rechtsrheinische Theil an Nassau fiel.

    g) Das Fürstenthum Aremberg.

    Dasselbe, früher eine Grafschaft, hatte im Jahre 1773 auch die Herrschaft Schleiden erlangt.

    h) Die Grafschaft Manderscheid mit den Herrschaften Gerolstein und Blankenheim

    (früher den böhmischen Grafen von Sternberg gehörig).

    i) Zerstreut liegende ehemals salmsche Besitzungen, besonders die Herrschaft Reifferscheid.

    k) Die Abteien Malmedy und Cornelismünster.

    l) Die ehemalige freie Reichsstadt Aachen.

    m) Theile der Herzogthümer Limburg (Eupen) und Luxemburg (Bittburg, Echternach u. s. w.)

Beide Herzogthümer waren früher Theile der österreichischen (spanischen) Niederlande gewesen.

Durch den zweiten Pariser Frieden erhielt Preußen noch von Frankreich:

    n) Fast die ganze ehemals nassauische Grafschaft Saarbrücken.

    o) Den nördlichsten Theil des ehemaligen Herzogthums Lothringen mit der Festung Saarlouis.

(Schon seit dem Jahre 1764 in den dauernden Besitz Frankreichs übergegangen).

Während der französischen Herrschaft hatten diese eben aufgezählten Landstriche zu den Departements der Roer, des Rheines und der Mosel, der Saar, der Maas, der Ourthe, der Wälder und der Mosel gehört. Preußen bildete aus den linksrheinischen Bestandtheilen von d—o das »Großherzogthum Niederrhein«.

Gleich bemerkt mag hiermit werden, daß aus frühern pfälzischen Landestheilen auf dem linken Rheinufer ein sogenanntes »Fürstenthum Lichtenberg« für Sachsen-Koburg gebildet ward). Auch dieses erwarb Preußen im Jahre 1834, indem es dem Herzoge dafür Besitzungen einräumte, welche eine Rente von jährlich 80000 Thlr. abwarfen.

[Folgen der Befreiungskriege für Preußen.]

Wiederum war Deutschland, in welchem nun schon seit zwei Jahrhunderten die großen Kriege Europas ausgefochten worden waren, der Schauplatz eines gewaltigen Kampfes gewesen. Durch eine siebenjährige Fremdherrschaft so schon ausgesogen gieng ein großer Theil des Vaterlandes abermals verwüstet aus dem Kriege hervor. Aber es hatte seine Freiheit wieder erlangt, wenn auch mit fremder Hülfe so doch anerkanntermaßen vorzugsweise durch die ungeheuren Opfer des preußischen Volkes, durch die staunenswerthe Tapferkeit der preußischen Heere. Auf's Neue war klar geworden, daß sich die Thatkraft deutscher Nation in Preußen concentriere und von Neuem lebte der durch den Baseler Frieden erschütterte Glaube an die deutsche Mission Preußens, und diesmal um so stärker, wieder auf, da Oesterreich den Befreiungskrieg nicht als Volks-, sondern als reinen dynastischen Krieg mit durchgekämpft hatte. An Flächeninhalt und auch an Bevölkerungszahl war zwar Preußen nach Einverleibung der neuerworbenen Landestheile im Jahre 1815 etwas kleiner als vor Ausbruch des Krieges von 1806, aber dafür hatte es anstatt der weiten Strecken polnischen Gebietes deutsche Landstriche erhalten und war dadurch aus einem halb slavischen ein fast rein deutscher Staat geworden. Dieser nicht hoch genug anzuschlagende Gewinn trat erst später recht klar zu Tage, als das Königreich Polen, welches fast nur aus den frühern preußisch-polnischen Provinzen gebildet worden ist, durch die häufigen Aufstandsversuche Rußland die empfindlichsten Verlegenheiten bereitete und seine Kraft dadurch nach Außen hin lähmte. Nun waren zwar die Grenzen des neuen Preußen höchst ungünstig; der ganze Staat, in zwei Haupttheile auseinandergerissen, dehnte sich von der russischen bis zur französischen Grenze hin und stieß an alle großen Miltärmächte des europäischen Continents, aber dieser Nachtheil brachte hinwiederum indirekt den Vortheil, daß Preußens Interessen in denen Deutschlands ganz und gar aufgehen mußten, so daß dieser Staat fortan gezwungen wurde, eine rein deutsche Politik zu verfolgen, oder doch, wenn er dieselbe einmal verlassen hatte, bald wieder zu ihr zurückzukehren, wodurch Preußen so recht der natürliche Kern des sich neu bildenden deutschen Reiches werden mußte und wirklich wurde. — Daß durch die ruhmvolle Theilnahme der preußischen Heere im Befreiungskriege das Ansehen Preußens auch bei den auswärtigen Mächten mächtig gewachsen war, zeigte sich in allen spätern Welthändeln, in denen seine Stimme von bedeutendem Einfluß war.

Sechster Abschnitt.
Geschichte des Preußischen Staates von 1815 bis zur Gründung des norddeutschen Bundes.

I. Friedrich Wilhelm III bis zu seinem Tode und Friedrich Wilhelm IV bis zum Jahre 1848.

[Die heilige Allianz.]

Die Leiden, welche Europa seit dem Ausbruche der französischen Revolution zu erdulden gehabt hatte, waren zu schwer gewesen, als daß es nicht hätte etwas sehr Natürliches sein müssen, daß sich die mächtigeren Monarchen die Frage vorlegten, auf welche Weise die Ruhe und das Glück der einzelnen Länder für die Zukunft auf festerer Grundlage als bisher zu sichern sei. Die Ursache des Unglückes, welches über die Völker hereingebrochen war, glaubte man in der Verleugnung aller christlichen Demuth und Liebe, in der Verfolgung eigennütziger und selbstsüchtiger Plane ohne Rücksicht auf das Wohl und Wehe anderer zu erkennen. Schon in Potsdam und Kalisch hatten sich Kaiser Alexander und König Friedrich Wilhelm das Versprechen gegeben, eine bessere sittlichere Ordnung der Dinge auf christlichen Grundlagen wiederherstellen zu wollen. So schlossen Alexander, Friedrich Wilhelm und Franz I am 26. September 1815 zu Paris die sogenannte heilige Allianz, welcher nach und nach alle Regenten Europas mit Ausnahme des Pabstes und des Prinz-Regenten von England beitraten. Nach derselben sicherten sich die Monarchen gegenseitige Bruderliebe, Hülfe und Beistand zu und erklärten, daß sie sich als Glieder einer und derselben christlichen Familie betrachteten, von der Vorsehung beauftragt, ihre Unterthanen als Familienväter beherrschen und die Religion, den Frieden und die Gerechtigkeit aufrecht zu erhalten. Die Unterthanen aller christlichen Fürsten sollten einander in allen Fällen Hülfe und Beistand leisten. Gewiß lag dieser Allianz eine schöne und edle Idee zu Grunde, auch haben die Fürsten, welche dieselbe schlossen, selbst keine Kriege gegen einander geführt, dennoch hat sie nicht die schönen Früchte getragen, welche man sich von ihr versprach, indem die Fürsten ihre Staaten durch Zollschranken, Handelsbeschränkungen u. s. w. nicht nur gegen einander abschlossen, sondern auch aus allzugroßer Furcht vor neuen revolutionären Bewegungen jeder freieren Regung ihrer Völker mit Härte zu unterdrücken suchten. Die heilige Allianz wurde von den Nachfolgern ihrer Gründer nicht erneuert.

[Neue Organisation der Staatsverwaltung.]

Die wichtigste Einrichtung, welche nach wiederhergestelltem Frieden in's Leben trat, war die neue Eintheilung des Staates in Provinzen und Regierungsbezirke nebst den dadurch bedingten Veränderungen in der Verwaltung. Waren schon die Bestandtheile, aus welchen die preußische Monarchie bisher zusammengesetzt war, von den neuen Erwerbungen sehr verschiedenartig, so machte die Menge der jetzt erworbenen Gebiete es um so nothwendiger, behufs Vereinfachung der Verwaltung die einzelnen Länder zu größeren Gebieten zu vereinigen. Es ward demnach das ganze Staatsgebiet im Jahre 1816 in zehn Provinzen eingetheilt und zwar in folgende:

1) **Ostpreußen** (das eigentliche Ostpreußen und Ermeland).
2) **Westpreußen** (Westpreußen und der nördliche Theil des Netzedistrictes).
3) **Posen** (der von Preußen wiedererworbene Theil von Südpreußen und der südliche Theil des Netzedistrictes). Diese Provinz ward zu einem **Großherzogthum** erhoben.
4) **Schlesien** (Schlesien, die Grafschaft Glatz und der von Preußen erworbene Theil der Oberlausitz).
5) **Pommern** (Vorpommern, Hinterpommern, der nördliche Theil der Neumark und ein Theil der Uckermark).
6) **Brandenburg** (Priegnitz, Mittel- und Uckermart, südliche Neumark mit Krossen, Niederlausitz und Theile von Querfurt).
7) **Sachsen** (Altmark, Magdeburg, Halberstadt, Herzogthum Sachsen, Erfurt, Hohnstein, Wernigerode, Mansfeld, Eichsfeld).
8) **Westfalen** (Münster, Tecklenburg, Lingen, Recklinghausen, Minden, Paderborn, Corvey, Ravensberg, Mark, Herzogthum Westfalen, Siegen und die kleinern eingeschlossenen Gebiete).
9) **Jülich-Cleve-Berg** (außer den Herzogthümern Jülich, Cleve und Berg auch Geldern, Köln, Essen, Werden, Elten, Gimborn).
10) **Niederrhein** (das Großherzogthum Niederrhein und die auf dem rechten Rheinufer gelegenen von Nassau und Hessen-Darmstadt erworbenen Gebiete).

Ost- und Westpreußen wurden später zu einer **Provinz Preußen** vereinigt, ebenso Jülich-Cleve-Berg und Niederrhein zur **Rheinprovinz**, das Fürstenthum Neuenburg war zwar wieder preußisch geworden, verblieb aber im Verbande der Eidgenossenschaft.

Als die oberste berathende Behörde ward der Staatsrath neu organisiert, zu dem auch die königlichen Prinzen gehören; die oberste vollziehende Behörde sollte der Staatskanzler mit dem Staatsministerium sein, welches in mehrere Abtheilungen zerfallen sollte. An die Spitze einer jeden Provinz ward ein Oberpräsident gestellt, welcher als der höchste Civilbeamte derselben die allgemeinen Angelegenheiten des ihm untergebenen Gebietes zu überwachen hat.

Jede Provinz ward in Regierungsbezirke zerlegt, in deren jedem eine Regierung mit zwei oder drei Abtheilungen die oberste Verwaltungsbehörde bildet. Die einzelnen Regierungsbezirke wurden wieder in Kreise zertheilt, deren Verwaltung als Regierungsorgan ein gewöhnlich aus den Rittergutsbesitzern des betreffenden Kreises gewählter Landrath leitet. An der Spitze des höheren Unterrichtswesens einer jeden Provinz steht ein Provinzialschulcollegium, für die öffentliche Gesundheitspflege ein Medicinalcollegium, beide Behörden dem Oberpräsidenten untergeordnet. Die katholischen Kirchenangelegenheiten werden von den Bischöfen, die evangelischen einer jeden Provinz von einem Consistorium geleitet, neben welchem ein Generalsuperintendent im Namen des Staates die Aufsicht übt. Auch für die Justizpflege ward gesorgt; für dieselbe ward in jeder Provinz ein Oberlandesgericht eingesetzt. Vor allem aber behielt der König die Militärangelegenheiten im Auge. Am 3. September ward ein Gesetz in Betreff derselben erlassen. Nach demselben ist die Grundeinrichtung die allgemeine Dienstpflicht. Das Heer zerfällt in das stehende Heer und in die Landwehr, die letztere wieder in solche ersten und zweiten Aufgebotes. Zu Offizieren sollen, ohne Rücksicht auf Stand und Geburt, nur diejenigen genommen werden, welche sich durch Dienstkenntniß und Bildung auszeichnen. Besonders durch den Umstand, daß seitdem Vornehme und Geringe als gemeine Soldaten in Reihe und Glied stehen, bildete sich jener edle soldatische Wetteifer aus, welcher das preußische Heer vor allen übrigen auszeichnet.

[Aeußere Politik Friedrich Wilhelms III.]

In Bezug auf die äußeren Angelegenheiten verfuhr Friedrich Wilhelm III mit vorsichtiger Zurückhaltung; er glaubte es für seine Pflicht ansehn zu müssen, dem Lande den Frieden zu erhalten, um die allmählig heilenden Wunden desselben nicht von Neuem aufzureißen. Im Allgemeinen schloß er sich eng an Rußland an, dessen Kaiser ihm in engster Freundschaft verbunden blieb, besonders da im Jahre 1817 der Großfürst Nicolaus seine älteste Tochter geheirathet hatte. Auch mit Oesterreich war er bemüht ein herzliches Verhältniß aufrecht zu erhalten; doch gab er leider dem Einflusse des österreichischen Ministers Metternich zu sehr nach, was sich besonders auch in der strengen Verfolgung und harten Bestrafung einer Menge junger Männer zeigte, denen man Schuld gab, sie hätten auf den Universitäten verrätherische Pläne zum Umsturz der bestehenden Verhältnisse in Deutschland angesponnen (demagogische Umtriebe). Auf dem Congresse zu Aachen i. J. 1818 (wo er für

Zurückziehung der Besatzungstruppen aus Frankreich stimmte) und Verona i. J. 1822 (wo er sich den Vorschlägen Metternichs für gewaltsame Unterdrückung der damals in den südlichen Ländern Europas gährenden Volksaufregung anschloß) erschien der König persönlich. Von Verona machte er einen Ausflug nach Mittel- und Unteritalien und trat in freundschaftliche Beziehungen zum Pabste Pius VII. Dem Freiheitskampfe der Griechen, welche sich in den zwanziger Jahren gegen die türkische Tyrannei erhoben, war er nicht abgeneigt, doch nahm er an dem Kriege anderer Mächte gegen die Türkei keinen thätigen Antheil, sondern suchte nur im J. 1820 zwischen dieser Macht und Rußland zu vermitteln. Auch als im J. 1830 König Karl X von Frankreich von seinen Unterthanen vertrieben und an dessen Stelle Ludwig Philipp von Orleans zum Könige erhoben ward, zeigte sich die weise Mäßigung Friedrich Wilhelms III; er erkannte den neuen König an und vermittelte dessen Eintritt in den Kreis der europäischen Fürsten. Ebenso wenig ließ er sich zu einer Einmischung in die niederländischen Angelegenheiten verleiten, als das im J. 1815 neugegründete **Königreich der Niederlande** durch den Aufstand der **Belgier** auseinanderfiel (1831). Dagegen half er durch eine militärische Besetzung der polnischen Grenze den Aufstand Polens gegen Rußland in den Jahren 1830—31 indirect unterdrücken, weil Gefahr vorhanden war, daß auch die Provinz Posen mit in den Strudel des Aufruhrs hineingezogen würde.

[Provinzialstände.]

Mit großer Zurückhaltung und nur zögernd benahm sich Friedrich Wilhelm, als es galt, die bereits am 22. Mai 1815 von Wien aus dem Volke versprochene »Repräsentation« (Volksvertretung) ins Leben treten zu lassen. Es konnte nicht fehlen, daß die Einführung neuer Einrichtungen, das Aufbringen vieler ungewohnter und doch in Betreff der Staatseinheit nothwendiger Formen (besonders der Steuer- und Militärverfassung) vorzugsweise in den neuerworbenen Landestheilen mannichfache Aufregung und Unzufriedenheit hervorrief, eine Mißstimmung, welche in manchen Provinzen durch die örtlichen Verhältnisse noch gesteigert ward. Durch Gewährung ständischer Vertretung fürchtete daher der König ähnliche Zustände hervorzurufen, wie sie sich unter dem großen Kurfürsten nach dem westfälischen Frieden gezeigt hatten. Daher ließ er es mit der Erfüllung seines Versprechens noch anstehen, bis sich die einzelnen Provinzen erst mehr in den Staatsorganismus hinein gelebt hatten und anfingen sich als Glieder eines großen Ganzen zu fühlen. Erst im J. 1823 wurden daher, wenn auch nicht eine allgemeine Volksvertretung, so doch **Provinzialstände** ins Leben gerufen. Dieselben, zur Hälfte aus den Standesherren und Rittergutsbesitzern, zur Hälfte aus den Vertretern der Städte und des Bauernstandes bestehend, erhielten die Befugniß, über ihre Provinz betreffende Gesetzentwürfe zu berathen. Die große Masse des Volkes fand sich durch diese Einrichtung, welche dem Adel in den Ständeversammlungen das Uebergewicht verlieh, nicht befriedigt.

[Kirchliche Angelegenheiten. — Sorge für das Unterrichtswesen.]

Mit weiser Fürsorge für das Wohl seines Volkes handelte Friedrich Wilhelm III auch in Bezug auf die kirchlichen Angelegenheiten. Von jeher war es ihm ein Lieblingsgedanke gewesen, die beiden protestantischen Confessionen kirchlich zu vereinigen, ein Plan, welchen schon die beiden Kurfürsten Johann Siegismund und Georg Wilhelm gehegt hatten. Als nun nach dem Friedensschlusse die hauptsächlichsten inneren Angelegenheiten geordnet waren und das dreihundertjährige Jubelfest der Reformation heran kam, glaubte der König dasselbe nicht besser verherrlichen zu können, als durch die Verwirklichung seines Lieblingsplanes. Deshalb erließ er am 27. September 1817 an die Consistorien, Synoden und Superintendenten eine Proclamation, worin er seine Wünsche aussprach und zur Bildung einer vereinigten evangelischen Landeskirche aufforderte, ohne daß er die einzelnen Gemeinden zwingen wollte, der Vereinigung beizutreten. Thatsächlich gelangte die Union bereits zum Ausdruck, als am Reformationsfeste der ganze königliche Hof das Abendmahl in einer Form nahm, welche den Ansichten beider Confessionen entsprach. Indessen so wohlgemeint die Union war, so fand sie doch bei vielen Geistlichen und Gemeinden Widerspruch, besonders als die Annahme der neuen Agende auch von denjenigen Gemeinden gefordert ward, welche der Vereinigung nicht beigetreten waren. Es bildeten sich deshalb separirte, sogenannte alt-lutherische Gemeinden, welche der neuen allgemeinen evangelischen Landeskirche fern blieben.

In harten Conflict gerieth die Regierung Friedrich Wilhelms mit der katholischen Kirche, als der Erzbischof von Köln, Droste Vischering, im J. 1836 ganz unerwartet die Ehen der Katholiken mit Protestanten als ungesetzmäßig verbot, wenn die Eltern nicht zuvor versprochen hätten, ihre Kinder einzig und allein in der katholischen Religion zu erziehen. Auch der Erzbischof von Gnesen und Posen, Dunin, erließ ähnliche Verordnungen. Die Verhandlungen der Regierung mit dem Pabste, um den Zwist beizulegen, blieben ohne Erfolg und erst unter Friedrich Wilhelm IV fand ein Vergleich statt.

Für die Hebung der Volksbildung ward unter Friedrich Wilhelm III auf die nachhaltigste und großartigste Weise gesorgt. Mit unermüdlicher Thätigkeit wirkte hierin besonders der Minister von Altenstein. Außer der Universität zu Berlin wurde auch eine solche zu Bonn 1819 neu begründet und die von Napoleon aufgehobene zu Halle wiederhergestellt und mit der von Wittenberg vereinigt. Außerdem wurden wohl an 70 Gymnasien neu gegründet und die alten verbessert. Schullehrerseminarien und Bürger- und Realschulen entstanden ebenfalls in Menge und alle diese Anstalten wurden mit reichen Mitteln bedacht.

Wo die Kräfte der Gemeinden nicht ausreichten, leistete der Staat Zuschuß. Auch für das Gedeihen der **Volksschule** ward auf's Eingehendste gesorgt, der Grundsatz der allgemeinen Schulpflicht ward streng gehandhabt und bald stand Preußen nicht nur keinem Staate in Ansehung des Schulwesens nach, sondern diente sogar zum allgemeinen Muster, so daß aus allen Ländern Schulmänner herbeieilten, um die preußischen Schuleinrichtungen zur Nachahmung kennen zu lernen.

[Finanzverwaltung. — Gründung des Zollvereins.]

Ausgezeichnet war die Finanzverwaltung unter Friedrich Wilhelm III, welcher es gelang eine Ordnung in den Staatshaushalt zu bringen, welche von allen Völkern bewundert ward. Es ward derselbe auf eine feste Norm gebracht und das erfreuliche Resultat erzielt, daß trotz verhältnißmäßig geringer Abgaben die Einnahmen des Staates die Ausgaben desselben überstiegen.

Mächtig hob sich nach wiederhergestelltem Frieden Handel und Verkehr sowohl innerhalb der preußischen Staaten, als auch mit dem Auslande. Bisher hatten sich die einzelnen Provinzen wie Ausland einander gegenüber gestanden, indem sie durch Zolllinien gegen einander abgeschlossen gewesen waren. Diese Beschränkung des Verkehrs zwischen den einzelnen Provinzen hörte seit dem Jahre 1818 auf; die Zollschranken fielen. Zugleich ward als Grundlage aller Handelsverträge mit andern Staaten die **Handelsfreiheit** hingestellt, nach welcher auf gegenseitige Verkehrserleichterung bei Zollfreiheit der Ausfuhr aus Preußen nach andern Ländern hingearbeitet ward. Solche Handelsverträge wurden mit verschiedenen Staaten Europa's abgeschlossen. Den großartigsten Aufschwung aber nahm Handel und Verkehr durch die Gründung des **Zollvereins**, welcher nach schwierigen Unterhandlungen mit einer Anzahl deutscher Staaten in den Jahren 1828—34 zu Stande gebracht ward. Nach demselben bildeten die Zollvereinsstaaten ein einheitliches Zoll- und Handelsgebiet, so daß zwischen den einzelnen Gliedern des neuen Vereins alle bisherigen Zollschranken fielen. Daß die Gründung des Zollvereins auch ein Act von der weitreichendsten und für Deutschland segensreichsten politischen Bedeutung war, zeigte sich besonders in neuerer Zeit. Durch denselben, welchem allmählich die meisten deutschen Staaten außer Oesterreich beitraten, sind die einzelnen deutschen Länder wieder in volkswirthschaftlicher Beziehung zu einer unauflöslichen Einheit verknüpft worden, ein Verein, welcher auch der staatlichen Einigung mächtig vorarbeitete. — Durch die Ausführung eines Netzes trefflicher Kunststraßen, durch die Vervollkommnung der Posteinrichtungen und durch den in den späteren Regierungsjahren des Königs unternommenen Bau von Eisenbahnen ward das durch das Sinken der Zollschranken erleichterte Verkehrswesen nicht wenig gehoben und Handel, Gewerbe- und Fabrikwesen befanden sich bald in einem blühenden Zustande.

[Friedrich Wilhelms III Charakter. Sein Tod.]

Friedrich Wilhelm III war eine durch und durch sittliche Erscheinung; auch wenn er nicht auf dem Throne gesessen hätte, würde er sich durch seine hohen Eigenschaften die Achtung und Liebe aller seiner Mitbürger erworben haben. Seine edle Gestalt, sein ernstes und doch mildes Antlitz ließen ihm die Herzen unwillkürlich entgegenschlagen; durch sein Unglück und durch die Würde, mit welcher er es ertrug, ward er noch beliebter, und die Einfachheit seines Wesens nicht nur, sondern auch seines Aeußern ließen ihn fast als einen Mann des Volkes im guten Sinne des Wortes erscheinen. Er war kein genialer Herrscher, aber er besaß einen festen, gesunden Blick, der ihn befähigte, die zur Staatsleitung geeigneten Personen herauszufinden. Besonders an ihm hervorzuheben ist seine Wahrhaftigkeit. Aller Schein, alle Lügenhaftigkeit, selbst alle in der Politik für erlaubt gehaltenen Winkelzüge waren ihm verhaßt; seine Offenheit und seine Ehrlichkeit machten ihn zu einem treuen Bundesgenossen, zu einem zuverlässigen Freunde. Seine Ehe galt allen Ständen als ein Muster und die hingebendste Erinnerung an seine geliebte ihm zu früh entrissene Gattin begleitete ihn durch sein ganzes Leben. Bei seiner Hingabe an ein gemüthliches Familienleben wurde ihm, nachdem er durch die Trennung von seinen geliebten Töchtern, welche sich mit der Zeit verheiratheten, mehr und mehr verwaist war, die Schließung einer zweiten Ehe zum Bedürfniß. Da es ihm bei einer zweiten Gattin nicht auf hohe Geburt, sondern nur auf edle Eigenschaften des Gemüthes ankam, so gieng er die Ehe zur linken Hand mit der Gräfin Auguste von Harrach ein, welche er zur Fürstin von Liegnitz erhob, und an welcher er die Eigenschaften, welche er hochschätzte, erkannt hatte. Die kirchliche Trauung fand am 9. November 1834 statt. Seine zweite Gemahlin ist ihm für sein Alter eine treue, liebevolle Pflegerin gewesen. Friedrich Wilhelm III erreichte ein Alter von fast 70 Jahren. Bis zum Frühjahre des Jahres 1840 erfreute er sich im Ganzen einer guten Gesundheit; aber um diese Zeit begann er zu kränkeln und starb am 7. Juni Nachmittags um 3½ Uhr, umgeben von seinen Kindern. Am 11ten ward er feierlich im Mausoleum zu Charlottenburg neben der unvergeßlichen Königin Luise beigesetzt. Sein Sohn und Nachfolger Friedrich Wilhelm IV veröffentlichte zwei Documente, welche sein Vater bereits im J. 1827 abgefaßt hatte. Das eine, überschrieben »Mein letzter Wille« hatte den Gedenkspruch: »Meine Zeit in Unruhe, meine Hoffnung in Gott.« Im andern legte er dem Kronprinzen seine schweren Pflichten an das Herz. Beide Documente sind ein ehrendes Zeugniß für den wahrhaft religiösen Sinn des Königs. Bei dem Tode Friedrich Wilhelms III hatte der Staat eine Größe von 5097 ◻M. mit beinahe 15 Millionen Einwohnern.

[Friedrich Wilhelm IV 1840—1861. — Seine Jugenderziehung
und Regierungsantritt.]

Friedrich Wilhelm IV, der älteste Sohn Friedrich Wilhelms III und der Königin Luise, ward am 15. October 1795 geboren. Frühzeitig entwickelten sich seine reichen Geistesanlagen unter der treuen, sorgsamen Pflege seiner Mutter, welche von ihm schrieb: »Der Kronprinz ist voller Leben und Geist, er hat vorzügliche Talente, die glücklich entwickelt und gebildet werden. Er lernt mit vorzüglichem Erfolge Geschichte, und das Große und Gute zieht seinen idealischen Geist an sich. Für das Witzige hat er viel Empfänglichkeit, und seine komischen, überraschenden Einfälle unterhalten uns sehr angenehm.« Sein erster Lehrer war der geheime Rath Delbrück, später ward er von dem Professor Ancillon unterrichtet. Seine militärische Bildung erhielt er von dem General Scharnhorst. Als sich im J. 1813 das Volk zum Kriege gegen seine Unterdrücker erhob, schloß sich der Kronprinz mit Begeisterung dem heiligen Werke an und nahm an den Schlachten von Großgörschen, Bautzen und Leipzig ruhmvollen persönlichen Antheil. Der Aufenthalt unter den Kunstschätzen in Paris nach dem Sturze Napoleons gab dem empfänglichen Gemüthe Friedrich Wilhelms eine bestimmte Richtung auf die Kunst, so daß er sich später durch Kunstsinn und feine Kenntniß der Kunstformen auszeichnete. — Um den Kronprinzen auf seinen hohen Beruf vorzubereiten und ihn zur Leitung eines großen Staates geschickt zu machen, ließ ihn sein Vater unter der Leitung von Savigny und Niebuhr, zweier der ausgezeichnetsten damaligen Gelehrten und Staatsmänner, sich mit dem Studium der Rechts- und Staatswissenschaften beschäftigen. Am 23. November 1823 vermählte sich Friedrich Wilhelm mit Elisabeth Luise von Bayern, einer durch Geist, echte Frömmigkeit und Herzensgüte ausgezeichneten Dame.

Als Friedrich Wilhelm IV den Thron seiner Väter bestieg, geschah dies unter Verhältnissen, welche die größten Anforderungen an seine Tüchtigkeit als Regenten stellten. Da Frankreich seine Gelüste nach der »Rheingrenze« wieder offen zur Schau trug, so drohten von daher Verwickelungen. Die Streitigkeiten mit den katholischen Erzbischöfen waren noch nicht beigelegt und besonders war es der immer lauter werdende Wunsch des Volkes nach einer Volksvertretung, welcher an den neuen König herantrat. Friedrich Wilhelm schien auch die Hoffnungen seiner Unterthanen, welche ihm mit Begeisterung entgegen kamen, in vieler Hinsicht zu erfüllen. Ein freier Zug machte sich nach seiner Thronbesteigung durch das Land bemerkbar, ein neues frisches Leben schien überall aufzusprossen, durch Erweiterung des Zollvereins bewies der König, daß er auch auf handelspolitischem Gebiet entschlossen sei, den von seinem Vater erfolgreich beschrittenen Weg innezuhalten. Künste und Wissenschaften erhielten eine belebendere Fürsorge, indem Friedrich Wilhelm die hervorragendsten Gelehrten und Künstler an seinen Hof

berief, so den größten Naturforscher der neueren Zeit Alexander von
Humboldt, den Philosophen Schelling, den Bildhauer Schinkel-
den Maler Cornelius, die Dichter Rückert und Tieck. Bald wurden auch die Streitigkeiten mit der katholischen Kirche beigelegt und der
König zeigte, daß es ihm ernst sei mit den Worten, welche er bei der
Huldigung in Königsberg gesprochen hatte: »ein gerechter Richter, ein
treuer, sorgfältiger, barmherziger Fürst, ein christlicher König zu sein,
wie sein unvergeßlicher Vater.«

[Der vereinigte Landtag. — Wachsende Mißstimmung. —
Die Märzbewegung.]

Dem Verlangen nach einer Volksvertretung suchte der König dadurch
gerecht zu werden, daß er die von seinem Vater überkommenen Provinzialstände weiter zu entwickeln versuchte. Im Jahre 1842 berief er
Ausschüsse der verschiedenen Landtage zu gemeinsamer Zusammenkunft
nach Berlin. Diese Ausschüsse sollten jedesmal dann in Wirksamkeit
treten, wenn die einzelnen Landtage in ihren Beschlüssen von einander
abgewichen seien. Damit war aber die große Masse der Bevölkerung
keineswegs zufriedengestellt. Das Verlangen nach der im J. 1815 versprochenen Repräsentation des Volkes ward immer dringender und im
Frühjahre 1845 forderten die Landstände fast aller Provinzen selbst eine
allgemeine Volksvertretung. Da beschloß der König die gesammten
Provinzialstände zu einem allgemeinen Landtag zu vereinigen. Er berief
im J. 1847 über 600 Vertreter aller Provinzen und Kreise nach Berlin.
Diese Einrichtung des vereinigten Landtages vermochte aber die
vorhandene Aufregung nicht zu vermindern, da man eine aus Volks-
wahlen hervorgegangene Landesvertretung mit beschließender,
nicht bloß mit berathender Stimme erwartete. Mißwachs und die
große Theuerung im J. 1846—47 hatten zudem die Unzufriedenheit im
Lande noch bedeutend vergrößert.

Nicht minder groß war die Verstimmung des Volkes über die allgemeinen deutschen Angelegenheiten. Der deutsche Bund erfüllte sowohl
nach seiner Organisation als auch nach seiner Wirksamkeit die Nation
mit Unzufriedenheit. Man strebte nach deutscher Einheit, ohne gerade die Einzelstaaten aufheben zu wollen. Seit Friedrich Wilhelm IV
König war, hatte er zwar manche Verbesserung bei der Bundesversammlung durchgesetzt, besonders war eine bessere militärische Einübung
der verschiedenen Bundescontingente und der Bau der Bundesfestungen
Ulm und Rastatt sein Verdienst, aber alle weitergehenden Vorschläge
des Königs waren an der Eifersucht Oesterreichs gescheitert. In diese
gespannten Zustände fiel die Nachricht von der Erhebung des französischen
Volkes gegen die Regierung Ludwig Philipps und die Erklärung Frankreichs zur Republik. Die Bewegung ergriff nicht nur die größern Städte
Deutschlands, sondern auch diejenigen der preußischen Monarchie. Schon
hatten in Köln und Magdeburg gewaltsame Conflicte stattgefunden und

auch die Hauptstadt ward unruhig. Dem gegenüber entschloß sich der König zur Nachgiebigkeit. Ein Patent vom 18. März gab die Presse frei, berief den vereinigten Landtag zum 2. April ein und verhieß Mitwirkung zur Umwandlung des deutschen Staatenbundes zu einem Bundesstaat, zur Regeneration Deutschlands. Aber mitten in der Freude über diese Zusagen gab ein beklagenswerthes Mißverständniß den Anlaß zu dem traurigen Straßenkampfe in Berlin am 18. u. 19. März zwischen Volk und Militär, in welchem zwar das letztere Sieger blieb, sich aber auf Befehl des Königs aus der Stadt entfernte. So wurden die friedlichen Reformen, in welche Friedrich Wilhelm eingetreten war, durch blutigen Zusammenstoß zwischen Kindern eines und desselben Volkes unterbrochen und eine Zeit der Verwirrung und Ueberstürzung begann, welche den Staat fast an den Rand des Verderbens geführt hätte.

II. Friedrich Wilhelm IV von 1848 bis zu seinem Tode 1861.

[Die Nationalversammlung. — Schleswig-Holsteinischer Krieg. — Waffenstillstand zu Malmoe.]

Niemand beklagte die blutigen Ereignisse des 18. März mehr als der König, der sich deshalb in den darauffolgenden Tagen dem Volke in der versöhnlichsten Stimmung näherte. Am 21sten hielt er einen Umzug durch die Straßen Berlins, mit den deutschen Farben geschmückt, zum Zeichen, daß er sich an die Spitze der deutschen Bewegung zur Wiederherstellung eines einigen Deutschlands stelle. Zugleich wurden Wahlen zu der sogenannten preußischen Nationalversammlung ausgeschrieben, welche eine preußische Verfassung vereinbaren sollte. Diese Nationalversammlung ward am 12. Mai in Berlin eröffnet. Eine deutsche Nationalversammlung versammelte sich in Frankfurt am Main nach der Auflösung des Bundestages, um für ganz Deutschland eine einheitliche Verfassung auszuarbeiten. Unterdessen aber währten die Unruhen fort. Demagogen verleiteten die Bevölkerungen in verschiedenen Städten zu Excessen, die sich in Berlin sogar bis zur Einnahme und Plünderung des Zeughauses verstiegen. In der Provinz Posen strebten die Polen nach nationaler Selbständigkeit bis zur Losreißung vom preußischen Staate; ihre Erhebung mußte mit Waffengewalt niedergeschlagen werden (Mitte Mai). Gleichzeitig gerieth auch Preußen auch in Krieg mit Dänemark. Dieses Land hatte das Bestreben gezeigt, die Herzogthümer Schleswig und Holstein ganz in sich aufgehen zu lassen, obwohl das Königreich und die Herzogthümer doch von einander unabhängig und nur durch die Person des gemeinschaftlichen Regenten mit einander verbunden waren (Personalunion). Schon früher hatte der Bundestag Schritte gethan, um das Recht der Herzogthümer zu wahren, aber ohne Erfolg. Jetzt bekam Preußen von Bundeswegen den Auftrag, die Execution gegen Dänemark zu vollziehen, um dasselbe zum Einhalten seiner Verpflichtungen gegen seine deutschen Lande zu zwingen. In Folge dessen rückten preußische Truppen in Schleswig-Holstein ein und drangen, nachdem sie unter dem Feldmarschall Wrangel die Dänen am 23. April bei Schleswig geschlagen hatten, in Jütland vor. Aber Dänemark fand Schutz bei Rußland, welches eine Flotte in die Ostsee gehen ließ, während die Schweden die dänischen Inseln besetzten. Im Vertrauen auf einen bevorstehenden Waffenstillstand zog Wrangel seine Truppen wieder aus Jütland zurück. Zwar schlug derselbe, als die Verhandlungen über den Waffenstillstand sich zerschlagen hatten, die Dänen am 29. Juni bei Hadersleben, aber auf Andringen der Großmächte schloß Preußen dennoch den Vertrag bei Malmoe am 26. August für eine Dauer von sieben Monaten ab. Nach demselben ward die Leitung der schleswig-holsteinischen Angelegenheiten einstweilen einer provisorischen Regierung von fünf Schleswig-Holsteinern übergeben und Wrangel kehrte mit seinen Truppen nach den Marken zurück. Nur zögernd genehmigten die Nationalversammlung zu Frankfurt und der von derselben zum Reichsverweser von Deutschland ernannte Erzherzog Johann von Oesterreich den Waffenstillstand von Malmoe.

[Die preußische Verfassung.]

Unterdessen hatte die Nationalversammlung ihre Wirksamkeit in Berlin während des Sommers von 1848 durch eine Reihe von Beschlüssen gekennzeichnet, welche bei dem Könige das höchste Mißfallen erregten. So beschloß sie die Beseitigung des Titels »Von Gottes Gnaden«, die Abschaffung des Adels, der Titel und Orden u. s. w. Die Straßentumulte mehrten sich, es fanden blutige Conflicte zwischen den Arbeiterklassen und der zur Aufrechterhaltung der öffentlichen Ordnung errichteten Bürgerwehr statt. Es kam so weit, daß der Pöbel die Nationalversammlung förmlich terrorisirte und auf ihre Beschlüsse den unheilvollsten Einfluß ausübte. Da verlegte der König die Versammlung nach Brandenburg und vertagte sie vom 9. bis zum 27. November. Aber dieselbe setzte nichts destoweniger in ihrer Mehrheit ihre Versammlungen fort und vergaß sich sogar bis zu der Erklärung, daß das Ministerium nicht berechtigt sei, Steuern zu erheben (Steuerverweigerung), obwohl doch noch gar keine Verfassung für den Staat bestand, sondern erst ausgearbeitet werden sollte. In Folge dessen löste der König die Versammlung am 5. Dezember auf und gab seinem Lande selbst eine Constitution, welche durch die nach dieser (octroyirten) Verfassung einberufene Landesvertretung revidiert werden sollte. Sie erhielt die Zustimmung derselben, ward aber erst am 31. Januar 1850 als Gesetz veröffentlicht und vom Könige beschworen. Nach derselben besteht die preußische Volksvertretung aus zwei Kammern (Häusern), der ersten Kammer (dem Herrenhause) und der zweiten Kammer (dem Abgeordnetenhause), deren Zustimmung zum Erlaß eines jeden Gesetzes nöthig ist.

[Ablehnung der deutschen Kaiserkrone von Seiten Friedrich Wilhelms IV. — Aufstände zu Dresden und in Baden.]

Die deutsche Nationalversammlung hatte während des Sommers 1848 und im Winter 1848—49 nach langen Berathungen für Deutschland ebenfalls einen Verfassungsentwurf zu Stande gebracht, nach welchem in bundesstaatlicher Form Deutschland ohne Oesterreich unter Preußens Leitung vereinigt werden sollte. An der Spitze des wiedergeborenen Deutschlands sollte Preußens König als **erblicher Kaiser** stehen. Eine glänzende Deputation begab sich am 28. März 1849 nach Berlin, um Friedrich Wilhelm IV die deutsche Krone anzubieten. Aber am 3. April erklärte derselbe die Kaiserwürde nur im Einverständnisse mit den Regierungen annehmen zu können, an diesen sei es, zu prüfen, ob die Verfassung den Einzelnen und dem Ganzen fromme und ihn in den Stand setzen werde, mit starker Hand die Geschicke Deutschlands zu leiten, eine Erklärung, die einer Ablehnung gleichkam. Und in der That ward die Reichsverfassung von den größeren deutschen Regierungen verworfen, weil sie sich nicht zu dem Entschlusse erheben konnten, für das Gesammtvaterland ihre Selbständigkeit wenn auch nur in den nothwendigsten Punkten zu beschränken. Zwar erhob sich das Volk an einzelnen Orten, um die Anerkennung der deutschen Verfassung von seinen Regierungen mit Gewalt zu ertrotzen, aber diese Aufstände, die obendrein noch republikanische Bestrebungen verbargen, wurden mit Waffengewalt niedergeschlagen, so in den ersten Tagen des Mai der zu **Dresden**, wo preußische Truppen neben den sächsischen die Empörung dämpften. Auch die Aufstände in der **Pfalz** und in **Baden** fanden ein rasches Ende. Ein ansehnliches preußisches Heer näherte sich vom Rheine her der Pfalz unter dem Bruder Friedrich Wilhelms, dem **Prinzen von Preußen**. In wenigen Tagen war die Pfalz besetzt, am 21. Juni wurden die badischen Aufständischen bei **Waghäusel** geschlagen, das ganze Land besetzt und am 23. Juli auch die von den Insurgenten besetzte Festung **Rastatt** durch Capitulation genommen. Die deutsche Nationalversammlung, welche zuletzt in Stuttgart getagt hatte, war schon am 18. Juni von dem würtembergischen Ministerium an der Fortsetzung ihrer Berathungen gehindert worden und hatte auf diese Weise ein klägliches Ende erreicht.

[Schleswig-Holsteinischer Krieg bis zum Waffenstillstand von Berlin. — Die Union. — Spannung zwischen Preußen und Oesterreich.]

Während ein Theil der preußischen Truppen die republikanischen Aufstände in Dresden und Baden niederschlug, kämpfte ein anderer wieder gegen Dänemark, gegen welches nach dem Ablaufe des Waffenstillstandes von Malmoe die Feindseligkeiten abermals begonnen hatten. Die Reichsgewalt hatte eine ansehnliche Macht dahin gesandt. Ruhmvoll begann der Feldzug der Deutschen. Ein Versuch der Dänen, in den Busen von Eckernförde einzulaufen, ward am 5. April 1849 durch die deutschen Strandbatterien abgeschlagen und dabei das dänische Linienschiff **Christian** VIII in die Luft gesprengt und die Fregatte **Gefion** genommen. Auch zu Lande giengen die deutschen Truppen siegreich vor, nahmen die **Düppler Schanzen** und besiegten die Dänen bei **Kolbing**. Aber vor der Festung **Fribericia** von der dänischen Uebermacht überfallen und geschlagen (6. Juli) mußte das schleswig-holsteinische Heer zurück und schon vier Tage darauf ward abermals ein Waffenstillstand zu **Berlin** unterzeichnet, wonach Schleswig von 6000 Preußen besetzt und durch eine Landesverwaltung regiert werden sollte.

Hatte aber Friedrich Wilhelm die Kaiserkrone ausgeschlagen, so dachte er nun daran, seinerseits »einen Zustand zu begründen, in welchem Deutschlands Einheit und Freiheit verbürgt sei«. Er schloß am 26. Mai 1849 auf Betrieb des Ministers **Radowitz** mit Sachsen und Hannover das sogenannte Dreikönigsbündniß, in welchem sich diese drei Staaten über einen Verfassungsentwurf für Deutschland mit **erblicher Oberhoheit des Königs von Preußen** einigten. Diesem Bündniß traten sieben und zwanzig deutsche Regierungen bei. Auf diese Weise entstand die **deutsche Union**, mit einem Verwaltungsrathe in Berlin und einem (provisorischen) Bundesschiedsgericht in Erfurt. Ein Unionsparlament in derselben Stadt sollte die Verfassung des Bundesstaates berathen. Aber Oesterreich, welches in den Jahren 1848 und 1849 durch Aufstände in Italien und Ungarn gelähmt gewesen, war jetzt nach Unterdrückung derselben wieder mächtiger geworden und trat Preußen mit seiner alten Eifersucht entgegen. Es hielt die süddeutschen Staaten vom Beitritte zur Union ab und bewirkte auch den Abfall von Hannover und Sachsen. Zwar ward das Parlament in Erfurt eröffnet, nahm auch die ihm vorgelegte Verfassung an (17. April 1850), aber Oesterreich und die ihm anhangenden Staaten drängten im Gegensatz zu Preußen wieder auf den alten Bundestag hin. Die auf diese Weise zwischen Oesterreich und Preußen eintretende Spannung ward noch erheblich durch die schleswig-holsteinischen Angelegenheiten erhöht. Preußen hatte am 2. Juli 1850 mit Dänemark Frieden geschlossen und die Herzogthümer sich selbst überlassen. Nichts destoweniger führten diese den Kampf fort, erlitten aber am 25. Juli bei **Idstedt** eine Niederlage. Die Großmächte mischten sich ein und schlossen zu London einen Vertrag, wonach die Herzogthümer zur Unterwerfung unter Dänemark aufgefordert, nöthigenfalls dazu gezwungen werden sollten. Oesterreich trat diesem Protokoll bei, Preußen aber protestirte gegen dasselbe, als der Ehre und dem Rechte Deutschlands zuwider.

[Kurhessische Wirren. — Convention von Olmütz. — Schicksal Schleswig-Holsteins.]

Am höchsten aber stieg die Spannung zwischen den beiden Großmächten durch die Ereignisse in **Kurhessen**, welches durch den Minister **Hassenpflug** der Union entzogen und in seinen Angelegenheiten den

Entscheidungen des von Oesterreich wiederhergestellten Bundestages anheim gegeben worden war. Wegen eines Streites mit den hessischen Ständen wirkte Hassenpflug auf Intervention des Bundes hin, Preußen aber schien entschlossen, die kurhessische Verfassung und mit ihr zugleich die Union zu schützen. Der König rief sein Volk zu den Waffen und preußische Truppen rückten in Kurhessen ein, aber auch Oesterreicher und Bayern hatten bereits den südlichen Theil des Kurstaates besetzt und ein Krieg schien unvermeidlich. Es kam auch am 18. November bei Bronzell ohnweit Fulda zu einem kleinen Zusammenstoß zwischen Bayern und Preußen, aber dem König widerstrebte ein Krieg Deutscher wider Deutsche, so daß er zu einer friedlichen Politik hinneigte, zumal auch Rußlands Haltung ein weiteres Vorgehen Preußens unmöglich machte. In der Convention von Olmütz gab daher der preußische Minister von Manteuffel, der Nachfolger von Radowitz, am 29. November 1850 gegen Oesterreich nach, daß die Angelegenheiten Deutschlands durch preußisch-österreichische Conferenzen geordnet werden sollten. Diese Conferenzen wurden zu Dresden gehalten und führten zu dem Resultate, daß Preußen die Idee nationaler Einheit (Union) aufgab und den Bundestag zu Frankfurt wieder beschickte. Kurhessen ward von Bundestruppen besetzt und dem Ministerium Hassenpflug mit Gewalt unterworfen. Auch in Holstein nahm man die Execution vor. Ein österreichisch-preußisches Heer besetzte das Land, entwaffnete es, setzte eine provisorische Verwaltung ein und duldete die Besetzung Schleswigs durch die Dänen, wo dieselben die deutsche Bevölkerung bald mit hartem Druck heimsuchten. Auch Holstein ward den Dänen im J. 1852 wieder ausgeliefert. Ja die Großmächte erklärten den 8. Mai 1852 sogar im Londoner Protokoll, daß die Herzogthümer für immer ein Bestandtheil der dänischen Monarchie bleiben sollten und diesem Vertrage trat auch Preußen bei.

[Friedrich Wilhelms IV äußere Erwerbungen.]

Der Zuwachs, welchen der preußische Staat während der Regierungszeit Friedrich Wilhelms IV erhielt, war gering, aber um so bedeutungsvoller. Durch Staatsvertrag vom 7. Dezember 1849 traten die Fürsten Friedrich Wilhelm von Hohenzollern-Hechingen und Karl Anton von Hohenzollern-Sigmaringen ihre Länder an Preußen ab, welches am 12. März 1850 die »Hohenzollern'schen Lande« in Besitz nahm. Die beiden Fürsten zogen sich mit dem Range der nachgeborenen Prinzen des königlichen Hauses in das Privatleben zurück. Am 23. August 1851 nahm König Friedrich Wilhelm IV zu Hechingen die Erbhuldigung ein.

Die schwäbische Linie der Hohenzollern war vom Grafen Friedrich von Zollern, Sohn des Burggrafen Friedrich II, gegründet worden (siehe S. 23). Mehrmals durch Theilungen geschwächt, gelangte sie erst seit Anfang des 16. Jahrhunderts zu Bedeutung, als Graf Eitel Friedrich IV im J. 1507 das Reichskämmereramt (d. h. nur die Vertretung des Erzkämmerers, Kurfürsten von

Brandenburg) an sein Haus brachte. Ende des 16. Jahrhunderts theilte sich das Geschlecht in die beiden Linien H.-Hechingen und H.-Sigmaringen. Die Reichsfürstenwürde erwarben sich die Grafen unter Kaiser Ferdinand II. Mit Kur-Brandenburg und den Markgrafen von Bayreuth und Ansbach wurden Erbverträge geschlossen. Im Jahre 1806 traten die Fürsten als souveräne Herrscher dem Rheinbunde und 1815 dem deutschen Bunde bei. Der Flächeninhalt der Fürstenthümer betrug bei der preußischen Besitznahme 21 □M. mit etwa 60000 Einwohnern.

Nicht minder wichtig für Preußen war die Erwerbung des Hafengebietes am Jahdebusen. In den mit Dänemark geführten Kriegen war die Ohnmacht Deutschlands zur See klar zu Tage getreten. Zwar hatte man den Anfang zur Gründung einer deutschen Flotte gemacht, indessen war dieselbe bei Wiederherstellung des alten Bundestages wiederaufgegeben worden. Deshalb beschloß Preußen selbst eine zum Schutz der deutschen Küsten ausreichende Flotte zu gründen. An der Mündung der Jahde in die Nordsee schien der zur Anlegung eines nöthigen Nordseekriegshafens passendste Platz zu sein. In dem Staatsvertrag vom 20. Juli 1853 trat daher Oldenburg an Preußen gegen eine Entschädigung von 500000 Thlrn. zu beiden Seiten des Jahdebusens ein kleines Gebiet ab. Die Arbeiten zur Herstellung des Kriegshafens wurden sofort in Angriff genommen und ununterbrochen bis auf den heutigen Tag fortgeführt. — Die Erwerbung der bisherigen lippischen Hälfte der Stadt Lippstadt in Westfalen von Seiten Friedrich Wilhelms im J. 1850 sei hier ebenfalls noch kurz erwähnt.

[Verlust Neuenburgs.]

Dagegen ist auch ein Verlust unter Friedrich Wilhelm IV zu beklagen, nämlich der des Fürstenthums Neuschatel. Dasselbe, seit dem Beginn dieses Jahrhunderts ein Bestandtheil der Eidgenossenschaft, war in dem Revolutionsjahre 1848 durch die Bemühungen der radicalen Parthei von Preußen abgefallen. Der König hatte dagegen protestiert und im Londoner Protokoll vom Jahre 1852 war ihm der Besitz des Fürstenthums auch von den Großmächten garantiert worden. Im September 1856 erfolgte eine Erhebung der Anhänger des Königs (Royalisten) gegen die republikanischen Gewalthaber, welche indessen mißlang und die Urheber des Aufstandes in eidgenössische Gefangenschaft brachte. Der König verlangte in Anbetracht seiner Rechte die Freigebung der Gefangenen, eine Forderung, welche die Schweiz verweigerte. Schon schien es zum Kriege zu kommen, als unter französischer Vermittelung ein Vergleich zu Stande kam, nach welchem die Schweiz die Gefangenen freigab, Friedrich Wilhelm aber auf seine Souveränetätsrechte über Neuenburg verzichtete.

[Haltung Preußens während des orientalischen und des italienischen Krieges.]

Während des großen Krieges, welcher im Jahre 1853 zwischen Rußland und den Westmächten (England und Frankreich) ausbrach, war Friedrich Wilhelm IV bemüht, eine vermittelnde Rolle zu spielen, doch fand er sich bewogen bei der drohenden Lage der Dinge Rüstungen anzuordnen. Als Großmacht nahm Preußen dagegen an der **Pariser Friedensconferenz** Theil und unterzeichnete den Friedensvertrag am 30. März 1856 mit, durch welchen der sogenannte **orientalische Krieg** beendet ward.

Näher für Preußen lag die Kriegsgefahr im J. 1859, als **Oesterreich gegen Sardinien und Frankreich** wegen des Besitzes der Lombardei in Krieg gerieth. Da die Erhaltung der österreichischen Machtherrschaft in Italien kein Interesse der deutschen Machtstellung und Nationalehre war, so fand sich Preußen vorerst nicht veranlaßt am Kampfe Theil zu nehmen. Um aber für alle Fälle gerüstet zu sein, wurde nach und nach das Heer in Kriegsbereitschaft gesetzt. Unterdessen suchte aber Oesterreich die deutschen Mittel- und Kleinstaaten zu bewegen, in Frankfurt für Kriegserklärung des Bundes gegen Frankreich zu stimmen, um auf diese Weise Preußen zu »majorisieren«. Als aber die österreichischen Waffen unterlagen, gieng Preußen selbständig vor, beantragte die Mobilisierung der Bundesarmee und stellte selbst ein bedeutendes Heer auf, welches sich gegen den Rhein hin in Bewegung setzte. Da erfolgte plötzlich der Friede zu Villa-Franca, zu welchem Napoleon durch die drohende Haltung Preußens, Oesterreich aber aus Eifersucht, Preußen möchte das Uebergewicht in Deutschland erhalten, veranlaßt wurde. Nichtsdestoweniger warf Oesterreich Preußen hinterher vor, von ihm im Stiche gelassen zu sein. Uebrigens hatte der Prinz von Preußen, welcher damals bereits an der Spitze Preußens stand, seinen Zweck vollständig erreicht.

[Innere Politik in den funfziger Jahren.]

Was die innere Politik anbelangt, welche in den funfziger Jahren unter Friedrich Wilhelm IV stattfand, so richtete das Ministerium Manteuffel sein Bestreben darauf, die staatlichen und socialen Veränderungen, welche in den Revolutionsjahren vor sich gegangen waren, möglichst wieder zu beseitigen und die früheren Verhältnisse wieder herzustellen (Restauration). Die bereits für erloschen gehaltenen Provinzialstände lebten wieder auf, früher beschlossene freisinnigere Gesetze wurden nicht zur Ausführung gebracht, die Preßgesetzgebung ward verschärft, die Beamtendisciplin strenger gehandhabt, die gutsherrliche Polizeigewalt wiederhergestellt. Großartig aber entwickelte sich Handel, Verkehr, Gewerbe und Wissenschaft. Das Eisenbahn-, Post- und Telegraphenwesen erlangte eine bedeutende Entwickelung. Durch Beitritt Hannovers ward der Zollverein erweitert und durch erneuten Abschluß befestigt. Dem Schulwesen ward die eingehendste Sorgfalt zu Theil, neue Gymnasien wurden gegründet und das Realschulwesen durch feste Normen geregelt (1859). Ueberhaupt hatte Preußen nach wie vor den Ruhm, als eine echte Pflegerin von Kunst und Wissenschaft bei allen Völkern anerkannt zu sein. Betreffs der Einrichtung des evangelischen Seminar-, Präparanden- und Elementarunterrichts erschienen Verordnungen (Regulative), welche zwar von vielen Seiten Mißbilligung erfuhren, aber nichts destoweniger in vielen Stücken von gutem Einfluß gewesen sind. — Ganz besondere Sorgfalt widmete Friedrich Wilhelm auch den kirchlichen Verhältnissen. Im Jahre 1848 war das Oberconsistorium, dem bis dahin die kirchlichen Angelegenheiten untergeben gewesen waren, aufgelöst worden. Nach Wiederherstellung der Ruhe ward auf Befehl des Königs der sogenannte Oberkirchenrath eingesetzt, welcher fortan die evangelische Kirche im Namen des Königs regierte. Für die Vermehrung der Pfarreien und für Stiftung neuer Kirchen scheute Friedrich Wilhelm selbst die größten Summen nicht. So sind unter seiner Regierung allein seit 1848 an 330 Kirchen neu gebaut und an 280 Pfarrstellen neu gegründet worden.

[Regentschaft des Prinzen von Preußen. — Tod Friedrich Wilhelms IV.]

In den letzten Jahren seines Lebens lenkte Friedrich Wilhelm den Staat nicht selbst. Im Juni 1857 hatte er in Marienbad in Böhmen eine Brunnenkur gebraucht und war dann zu einem Besuche am österreichischen Hofe bei drückender Hitze nach Wien gereist. Auf der Rückkehr traf ihn zu Pillnitz bei Dresden ein Schlaganfall, und nach seiner Ankunft in Berlin erfolgte ein zweiter. Wiewohl sich die körperlichen und geistigen Kräfte des Kranken wieder hoben, so trat doch die Nothwendigkeit für ihn ein, seinen Bruder Wilhelm, den Prinzen von Preußen, mit der Stellvertretung in den Regierungsgeschäften zu beauftragen (23. October 1857). Aber der Zustand des Königs ward immer bedenklicher und so übernahm der Prinz von Preußen am 7. Oct. 1858 die Regentschaft. Den Winter von 1858—59 brachte der König in Rom zu, wo eine scheinbare Wendung zum Bessern eintrat, aber nach seiner Rückkehr ward sein Zustand gänzlich hoffnungslos. So starb er in der Nacht vom 2. Januar 1861 zu Sanssouci bei Potsdam. Seine Bestattung fand am 7. Januar statt; er selbst hatte noch bestimmt, sein Herz solle im Mausoleum zu Charlottenburg neben den Ueberresten seiner Eltern, sein übriger Leib in der Friedenskirche zu Potsdam ruhen. In der Proclamation, welche sein Nachfolger an sein Volk erließ, hieß es von ihm: »Niemals hat eines Königs Herz treuer für seines Volkes Wohl geschlagen. Ueberall gewährte Er edlen Kräften Anregung und förderte deren Entfaltung. Mit freier Königlicher Hand gab Er dem Lande Institutionen, in deren Ausbau die Hoffnungen derselben sich erfüllen sollten. Mit treuem Eifer war Er bemüht, dem gesammten deutschen Vaterlande höhere Ehre und festere Einigung zu gewinnen. Als eine unheilvolle Bewegung der Geister alle Grundlagen des Rechtes erschüttert hatte, mußte Meines in Gott ruhenden Bruders Majestät die Verwirrung zu enden, durch eine neue politische Schöpfung die unterbrochene Entwickelung herzustellen und ihrem Fortgange feste Bahnen anzuweisen. Dem Könige, der so Großes zu begründen wußte, dessen unvergeßliches Wort: »»Ich und mein Haus, wir wollen dem Herrn dienen««, auch meine Seele erfüllt, gebührt ein hervorragender Platz in der glorreichen Reihe der Monarchen, welchen Preußen seine Größe verdankt, welche es zum Träger des deutschen Geistes machten.«

Der Staat erreichte unter Friedrich Wilhelm IV eine Größe von 5103 QM. mit 18,491220 Einwohnern.

III. Preußen unter Wilhelm I.

[Wilhelm I vor seiner Thronbesteigung.]

Wilhelm, der zweite Sohn König Friedrich Wilhelms III und der Königin Luise, ward am 22. März 1797 zu Berlin geboren. Seine Knabenjahre durchlebte er unter dem Einflusse seiner Mutter, welche über ihn schrieb: »Unser Sohn Wilhelm wird, wenn mich nicht alles trügt, wie sein Vater, einfach, bieder und verständig.« An den Kämpfen des Jahres 1813 nahm er, als noch zu schwach, nicht Theil, erst an denjenigen des Jahres 1814 durfte er sich betheiligen und zeichnete sich in der Schlacht bei Bar sur Aube durch persönlichen Muth aus. Später widmete er sich besonders der Ausbildung des preußischen Heeres. Am 11. Juni 1829 vermählte sich Prinz Wilhelm mit der Prinzessin Augusta von Sachsen-Weimar (geboren den 30. September 1811), die mit ihm den Thron bestiegen hat. Seit Friedrich Wilhelm IV König war, hieß Prinz Wilhelm als muthmaßlicher Thronerbe »Prinz von Preußen«. Nachdem er als Oberbefehlshaber in der Pfalz und in Baden rasch den Aufstand gedämpft, wie wir oben sahen, lebte er seit 1850 in Coblenz als Gouverneur von Rheinland und Westfalen, bis ihn die Erkrankung seines Bruders zu einem höheren Wirkungskreise berief. — Sein Sohn, Kronprinz Friedrich Wilhelm, geboren den 18. October 1831, ist seit Januar 1858 vermählt mit Victoria Prinzeß Royal von England, am 27. Januar 1859 wurde ihnen als erster Prinz und zukünftiger König Friedrich Wilhelm Victor geboren.

Nachdem der Prinz von Preußen im Jahre 1858 die Regentschaft übernommen hatte, erklärte er, er wolle die Staatseinrichtungen auf den altbewährten Grundlagen weiter entwickeln. In allen Regierungshandlungen solle sich Wahrheit, Gesetzlichkeit und Consequenz aussprechen. Auch die Vertretung der Interessen Deutschlands bezeichnete er als Preußens heiligste Pflicht. Zugleich entließ er das Ministerium Manteuffel und stellte freiere Männer an die Spitze der Regierung. Nachdem er als König den Thron bestiegen, sprach er in einer Proclamation die Worte: »Ich halte fest an den Traditionen Meines Hauses, wenn Ich den vaterländischen Geist Meines Volkes zu heben und zu stärken Mir vorsetze. Möge es Mir unter Gottes gnädigem Beistande gelingen, Preußen zu neuen Ehren zu führen.«

[König Wilhelms Stellung zur deutschen Frage. — Die Heeresreorganisation. — Der Verfassungsconflict.]

Als der König Wilhelm an die Spitze der Regierung gelangt war, machte sich sofort ein frischerer Geist, nicht nur in Preußen, sondern in ganz Deutschland bemerkbar. Ein den 12. Januar 1861 erlassenes Amnestiedecret für alle politischen Vergehen machte den besten Eindruck, und die ausgesprochene Absicht des Königs, sein Streben auf eine engere und segensreichere Verbindung der deutschen Staaten zu einem lebenskräftigen Ganzen zu richten, erregte durch das ganze Vaterland bei allen Patrioten die frohesten Hoffnungen. Als Schirm und Schutz, auf welchem die Sicherheit und das Wohl des Staates beruhe, hatte der König das Heer erkannt, dessen Tüchtigkeit und Schlagfertigkeit er die größte Sorgfalt lieh, zumal er erkannte, daß ein Kampf um die Oberherrschaft Preußens in Deutschland über kurz oder lang zum Ausbruch kommen müsse. Bei den Mobilmachungen von 1850 und 1859 hatten sich manche Mißstände gezeigt. Diese glaubte Wilhelm I durch die sogenannte Reorganisation, welche seit dem Jahre 1860 ins Leben gerufen ward, einestheils zu beseitigen, anderntheils aber auch durch dieselbe die Schlagfertigkeit und Menge der Streitkräfte noch um ein Bedeutendes zu erhöhen. Den hervorragendsten Antheil an der Umformung der Armee hatte der General v. Roon, welcher seit dem Jahre 1859 den Posten eines Kriegsministers inne hatte. Aber obschon die Reorganisation des Heeres sich des einmüthigsten Lobes der militärischen Fachmänner erfreute, so lehnte doch das Abgeordnetenhaus die Bewilligung der zu der Durchführung derselben nothwendigen Geldmittel ab. Nun ward zwar mehrere Male zur Auflösung der Landesvertretung geschritten, indem das Ministerium hoffte durch Neuwahl ein ihren Absichten günstiger gestimmtes Haus zu erzielen, aber die der Regierung feindliche Parthei (die sogenannte deutsche Fortschrittsparthei) erhielt dadurch nur immer mehr Stimmen. Nachdem der König den Freiherrn von Bismarck-Schönhausen an die Spitze des Ministeriums berufen hatte, verschärfte sich der »Verfassungsconflict« immer mehr, zumal die Mehrheit der Volksvertretung auch mit andern Maßregeln der Regierung nicht zufrieden war. Das Abgeordnetenhaus nahm das unbeschränkte Recht für sich allein in Anspruch, seine Genehmigung zu allen Staatsausgaben zu geben oder zu versagen (Budjetrecht), während das Ministerium die Staatsausgaben, die es für nöthig hielt, und namentlich die Summen für das vermehrte Militär, auch ohne Genehmigung des Abgeordnetenhauses weiter leistete, indem es behauptete, daß es erst dann verpflichtet sei die fraglichen Ausgaben zu sistieren, wenn alle drei Factoren der Gesetzgebung (Krone, Herren- und Abgeordnetenhaus) in der Verwerfung derselben übereinstimmten. Um die Entlassung des Ministeriums Bismarck-Roon zu erlangen, wandte sich das Abgeordnetenhaus in mehreren Adressen unmittelbar an den König, konnte aber die Entfernung der Männer, welchen derselbe sein Vertrauen schenkte, nicht erlangen.

[Krieg gegen Dänemark. — Der Vertrag von Gastein. — Preußisch-österreichische Verwickelung.]

Eine vortreffliche Gelegenheit, das Unrecht, was Deutschland an Schleswig-Holstein, als es dasselbe im J. 1851 an Dänemark überliefern half, wieder gut zu machen, bot sich dar, als im November 1863 König Friedrich VII von Dänemark ohne Nachkommen zu hinterlassen starb. Nach dem Londoner Protokoll von 1852 sollte in der gesammten dänischen Monarchie der Prinz Christian von Schleswig-Holstein-Glücksburg als König folgen; denselben erkannten aber die Herzogthümer nicht als ihren Fürsten an, weil nach ihrer Ansicht Herzog Friedrich von Augustenburg nähere Ansprüche auf den schleswig-holsteinischen Thron hatte. Noch bei Lebzeiten Friedrichs VII hatte Dänemark gegen frühere Verträge versucht, Schleswig von Holstein ganz zu trennen und dieses Herzogthum ganz und gar in das Königreich einzuverleiben, obwohl die beiden Herzogthümer Schleswig und Holstein seit alten Zeiten ein untrennbares Ganzes bildeten. Deswegen hatte der deutsche Bund, um Dänemark zu zwingen, die eingegangenen Verpflichtungen zu halten, bereits die Bundesexecution verfügt und sächsische und hannoversche Truppen hatten Holstein besetzt. Preußen aber beschloß nach dem Tode Friedrichs VII das Recht der Herzogthümer auf eigene Hand zu wahren und vermochte auch Oesterreich zur Theilnahme an dem Unternehmen heranzuziehen. Ein österreichisch-preußisches Heer rückte unter dem greisen Feldmarschall Wrangel am 1. Februar 1864 in Schleswig ein und drang gegen Norden vor. Unter Wrangel befehligte die preußischen Truppen Prinz Friedrich Karl, die österreichischen Feldmarschalllieutenant Gablenz. Während der letztere die glücklichen Gefechte bei Jagel und Königsberg bestand, kämpfte jener ruhmvoll bei Missunde und überschritt bei Arnis die Schlei, so daß die Dänen gezwungen waren, wenn sie nicht von den Preußen umgangen werden wollten, das stark befestigte Danewerk zu räumen und sich nördlich zurückzuziehen. Auf ihrem Rückzuge wurden sie von den Oesterreichern ereilt und den 6. Februar in dem blutigen Gefecht bei Oeversee besiegt. Binnen Kurzem hatten die Verbündeten ganz Schleswig mit Ausnahme der befestigten Düppelstellung und der Insel Alsen besetzt. Nicht einmal zur See vermochten die Dänen ihr früheres Uebergewicht zu behaupten, denn nachdem die Preußen am 16. März auf Kähnen den Fehmernsund überschritten und die Insel erobert hatten, bestand den 17. März ein Theil der jungen preußischen Flotte auch ein rühmliches Gefecht gegen überlegene dänische Schiffe ohnweit Arcona auf Rügen. Unterdessen hatte die Belagerung der Düppeler Schanzen von Seiten der Preußen begonnen. Nach einer furchtbaren Beschießung wurden sie am 18. April mit stürmender Hand genommen. Jetzt ließen sich die Dänen zu Friedensunterhandlungen herbei und so trat zu London am 25. April eine Friedensconferenz aus Vertretern der Großmächte, Deutschlands, Schwedens und Dänemarks zusammen. Preußen und Oesterreich arbeiteten auf die volle Trennung der Herzogthümer von Dänemark hin, dieses aber konnte sich nicht entschließen, die Forderungen der deutschen Mächte anzunehmen, und so lief der abgeschlossene Waffenstillstand zu Ende, ohne daß man sich geeinigt hatte. Noch hatten die Dänen das stark befestigte Alsen in den Händen. Aber am 29. Juni überschritten die Preußen den Alsensund, schlugen die Dänen aus ihren Stellungen zurück und eroberten die ganze Insel. Es war die entscheidende Waffenthat. Auch für die Insel Fünen mußten die Dänen das Gleiche fürchten und Hülfe von den Engländern, auf welche sie erst gehofft, hatten sie nicht zu erwarten. So suchten sie den Frieden. Am 15. Juli ward ihnen von den Siegern ein Waffenstillstand gewährt und bereits am 1. August trat Dänemark die Herzogthümer Schleswig, Holstein und Lauenburg an Oesterreich und Preußen ab. Am 30. October ward der Friede zu Wien unterzeichnet. Durch Civilcommissare ließen Oesterreich und Preußen die Herzogthümer vorläufig gemeinschaftlich verwalten. Das Ansehen Preußens ward durch den glücklich geführten Feldzug nicht wenig bei den übrigen Völkern gehoben. Freiherr von Bismarck ward vom Könige aus Dank für seine dem Staate geleisteten Dienste in den Grafenstand erhoben.

Während nun die vom dänischen Joche befreiten Herzogthümer einen selbständigen Staat unter dem Herzog Friedrich von Augustenburg zu bilden wünschten, richtete Preußen sein Bestreben darauf, dieselben in eine möglichst enge Verbindung mit sich zu bringen, indem es von der Ansicht ausgieng, daß ein neuer Kleinstaat im Norden Deutschlands dem Vaterlande wenig frommen, sondern dasselbe in seiner Zersplitterung nur noch mehr schwächen würde. Die von dem preußischen Ministerpräsidenten dem Herzoge von Augustenburg gemachten Anträge in Betreff eines engeren Anschlusses Schleswig-Holsteins an Preußen wurden aber von demselben stolz abgewiesen, indem der Prätendent hoffte, die Eifersucht Oesterreichs werde Preußen einen so bedeutenden Machtzuwachs der Nord- und Ostsee nicht gönnen und ihn daher in seinen gesammten Ansprüchen unterstützen. Darin hatte sich der Herzog auch nicht getäuscht. Oesterreich unterstützte heimlich die Ränke, welche er gegen die preußische Verwaltung spann und auch der österreichische Civilcommissar ward angewiesen, seinem preußischen Collegen bei der Verwaltung der Herzogthümer alle möglichen Schwierigkeiten zu bereiten. Auf diese Weise ward das gute Einvernehmen zwischen den beiden Großmächten nicht nur gestört, sondern es trat sogar eine bedenkliche Spannung zwischen ihnen ein. Diese Spannung ward durch den Vertrag von Gastein (August 1865) für einige Zeit beseitigt. Nach demselben trat Oesterreich seine Rechte auf das Herzogthum Lauenburg gegen eine Geldsumme an Preußen ab; Schleswig-Holstein sollte nicht mehr gemeinsam, sondern Holstein von Oesterreich, Schleswig von Preußen verwaltet werden.

Aber nur auf kurze Zeit war das Einverständniß zwischen den beiden Mächten wiederhergestellt. Oesterreich war entschlossen, der Ausdehnung Preußens sich auf alle Gefahr hin zu widersetzen. Seit Mitte März des Jahres 1866 begann es zu rüsten und zog Truppen in Böhmen zusammen. Auch Preußen sah sich in Folge dessen genöthigt, sein Heer allmählich auf den Kriegsfuß zu setzen und schloß für den Fall eines Krieges einen Bund mit Italien, welches das Königreich Venetien von Oesterreich zu erlangen hoffte. Mit Oesterreich verbanden sich dagegen die größeren deutschen Bundesstaaten, welche fürchteten durch Preußen einen Theil ihrer Selbständigkeit zu verlieren, da Graf Bismarck die Herstellung eines deutschen Bundesstaates unter Preußens Führung auf seine Fahne geschrieben hatte. Es waren dies besonders **Bayern, Würtemberg, beide Hessen, Sachsen, Hannover und Nassau.** Baden trat nur gezwungen diesem Bündnisse bei. Auf diese Weise kam durch den Streit über den Besitz Schleswig-Holsteins die große deutsche Frage, wer von beiden Großmächten über Deutschland herrschen solle, zum Austrag. Die Absicht der Feinde Preußens war dieses zu zerstückeln und es auf diese Weise des Einflusses und der Macht zu berauben, die es sich im Laufe von Jahrhunderten erworben. Am 14. Juni beschloß die Mehrheit des Bundestages zu Frankfurt auf den Antrag Oesterreichs, die deutschen Bundestruppen gegen Preußen zu mobilisiren, um dasselbe auf diese Weise zu zwingen, sich den Forderungen seines Gegners zu fügen. Diesen Beschluß faßte Preußen als Kriegserklärung auf. Doch mußten die preußischen Gesandten nochmals am 15. Juni den Königen von Sachsen und Hannover und dem Kurfürsten von Hessen Neutralität und Zustimmung zu den preußischen Reformvorschlägen in Betreff Deutschlands anbieten. Alle drei lehnten ab und der Krieg brach aus.

[Preußisch-deutscher Krieg. — Besetzung Sachsens, Hannovers und Kurhessens.]
Oesterreich hatte zwei große Heere aufgestellt, die Nordarmee unter Feldzeugmeister Ritter von Benedek über 200,000 M. stark in Böhmen gegen Preußen, und die Südarmee unter Erzherzog Albrecht gegen Italien. Preußens Streitkräfte standen in vier Heeren vertheilt, nämlich die erste Armee unter dem Prinzen Friedrich Karl in der Oberlausitz, die zweite Armee unter dem Kronprinzen in Schlesien, die Elbarmee unter General Herwarth v. Bittenfeld auf dem linken Elbufer gegen Sachsen, und die Westarmee (später Mainarmee genannt), welche sich im Norden Deutschlands aus der Besatzung Schleswigs und verschiedenen andern Truppentheilen gebildet hatte und gegen Hannover, Hessen und die süddeutschen Staaten operiren sollte; es befehligte sie General Vogel von Falckenstein. Nach der Ablehnung der preußischen Vorschläge in Dresden, Hannover und Kassel rückten die preußischen Truppen in Sachsen, Hannover und Kurhessen ein. König Wilhelm erließ nach dem Vorbilde seines Vaters im J. 1813

einen Aufruf an sein Volk und entflammte dadurch dasselbe zu hoher
Begeisterung. Die sächsischen Truppen zogen sich nach Böhmen zurück
und vereinigten sich daselbst mit den Oesterreichern, während die Preußen
rasch ganz Sachsen besetzten. Die Hannoveraner, vollständig überrascht,
sammelten sich bei Göttingen und gaben fast das ganze Königreich dem
General Vogel von Falckenstein preis. Die kurhessischen Truppen endlich wichen den Preußen aus und vereinigten sich mit den Bundestruppen
in der Gegend von Frankfurt. Nur der Kurfürst blieb auf seinem
Schlosse Wilhelmshöhe bei Kassel zurück. Er ward als Staats-
gefangener nach der Festung Stettin gebracht. So hatten in wenigen
Tagen die preußischen Truppen zwei Königreiche und ein Kurfürstenthum besetzt und sich die Hülfsmittel derselben für den weitern Kampf
gesichert. Ganz Europa staunte über die unerwartete Schnelligkeit und
Thatkraft, mit welcher die Preußen zu operieren begannen und ihren
Feinden zuvorkamen.

[Siege der Preußen in Böhmen.]

Am 23. Juni überschritt Prinz Friedrich Karl mit der ersten Armee
von der sächsischen Lausitz aus die böhmische Grenze, bereits am 26.
kam es zwischen der österreichischen sogenannten eisernen Brigade
unter General Poschacher und thüringischen Regimentern zu einem
blutigen Gefechte bei Podol, welches bis Mitternacht dauerte und in
welchem die Oesterreicher glänzend besiegt wurden. Die bessere Bewaffnung der Preußen, das Zündnadelgewehr, zeigte sich hier zuerst im glänzendsten Lichte. Am 27. Juni bestand auch die Vorhut
der Elbarmee, welche weiter westlich in Böhmen eingerückt war, ein
glückliches Gefecht bei Hühnerwasser, worauf beide Armeen sich am
28. Juni unter dem Oberbefehl des Prinzen Friedrich Karl vereinigten.
An demselben Tage schlug derselbe den österreichischen General Clam-
Gallas in dem blutigen Gefechte bei Münchengrätz, worauf die
Oesterreicher und Sachsen nach Gitschin zurückgingen. Auch hier wurden sie am 29. von zwei preußischen Divisionen angegriffen, aus einer
steilen Position hinabgeworfen und nach einem erbitterten Straßenkampfe
aus der Stadt gedrängt. Die Oesterreicher zogen sich in Folge dieser
Niederlagen auf Königgrätz zurück. — Unterdessen hatten aber andere
österreichische Streitkräfte unter Benedeks eigener Leitung namhafte Verluste erlitten. Am 26. Juni hatte die zweite Armee von Schlesien aus
die böhmische Grenze überschritten. Es geschah dies deshalb drei Tage
später als bei der ersten, weil nach dem Plane des ausgezeichneten
Generalstabschefs General v. Moltke die beiden Hauptheere sich bei
Gitschin vereinigen sollten, die erste Armee aber bis dahin einen weitern
Weg zurückzulegen hatte. Am 27. Juni kämpfte General Bonin gegen
den österreichischen Feldmarschalllieutenant v. Gablenz bei Trautenau,
ward aber von dessen überlegenen Streitkräften wieder in das Gebirge,
aus dem er vorgebrochen, zurückgedrängt. Siegreich aber focht bei

Nachob an demselben Tage der tapfere General Steinmetz gegen den österreichischen General Ramming, und eben so besiegte er am 28. Juni den Erzherzog Leopold bei Skalitz. An demselben Tage griffen auch die Garden die Oesterreicher unter Gablenz wiederum bei Trautenau an und schlugen sie vollständig. Am darauf folgenden Tage nahmen die Garden noch nach hartem Gefecht Königinhof, während Steinmetz bei Joromierz noch das 4te österreichische Corps unter Festetics schlug. Durch diese Siege der beiden großen preußischen Armeen war ihre Verbindung gesichert. Benedek concentrierte seine Armee rückwärts vor Königgrätz und erwartete hier den Angriff der Preußen zur Hauptschlacht. Er hatte in den vier Tagen vom 26. bis zum 30. Juni an 40,000 Mann verloren und die maßlose Siegeszuversicht seiner Truppen war um ein Bedeutendes geschwächt.

[Die Schlacht bei Königgrätz.]

Die Kunde von den großartigen Erfolgen erregte in Berlin wie in ganz Preußen unermeßlichen Jubel. Dem König und dem Grafen Bismarck wurden die begeistertsten Huldigungen dargebracht. Die Privatwohlthätigkeit zur Pflege und Unterstützung der Verwundeten und deren Angehörigen entwickelte sich in der großartigsten Weise. Ende Juni verließ König Wilhelm in Begleitung des Grafen Bismarck Berlin und begab sich auf den Kriegsschauplatz nach Böhmen. Am 2. Juli traf er in Gitschin ein und übernahm den Oberbefehl über das Heer. Dasselbe, durch die Anstrengungen der letzten Tage erschöpft, sollte einen oder zwei Tage Ruhe haben, aber auf die Nachricht, daß die Oesterreicher westlich von Königgrätz den Fluß Bistritz bei Sadowa überschritten hätten, befahl der König für den folgenden Tag den Angriff. Die erste Armee sollte den Feind in der Fronte so lange beschäftigen, bis der Kronprinz mit der zweiten von Königinhof her herangekommen sei und den Oesterreichern in die rechte Flanke fallen könnte. Diese standen in einer äußerst festen Stellung auf den Anhöhen hinter der sumpfigen Bistritz, im Rücken hatten sie die Elbe und die Festung Königgrätz. Früh 8 Uhr begann der Angriff von Seiten der ersten Armee bei Sadowa, die Elbarmee kämpfte weiter flußabwärts gegen die Sachsen, welche den linken feindlichen Flügel bildeten. Von einer Höhe bei Sadowa leitete der König selbst die Schlacht. Man kämpfte den ganzen Vormittag mit der äußersten Tapferkeit; zwar gelang es den Preußen die Bistritz zu überschreiten und die vordersten stark verschanzten Dörfer den Oesterreichern zu entreißen, nicht aber ihre Hauptstellungen zu erobern. Die Entscheidung brachte der Kronprinz, welcher gegen 1 Uhr Mittags auf dem Schlachtfelde erschien, die Feinde in ihrer rechten Flanke angriff und den Schlüssel ihrer Stellung, das Dorf Chlum, erstürmte. Jetzt rückte auch die erste Armee mit neuem Muthe vor und bald artete der Rückzug des Feindes in wilde Flucht aus. Unzählige fanden noch bei dem Uebergange über die Elbe ihren Tod.

18000 Gefangene, 174 Geschütze und 11 Fahnen waren die Trophäen dieses glänzenden Sieges. Wäre die preußische Armee nicht zu ermattet gewesen, daß eine sofortige energische Verfolgung hätte stattfinden können, so wäre das ganze feindliche Heer zweifelsohne vollständig vernichtet worden. Der Hauptrückzug Benedeks ging auf Olmütz, von den Preußen aber wendete sich nur die zweite Armee ihm nach, während die erste gegen Brünn, die Elbarmee gegen Iglau zog und auf diese Weise den geradesten Weg nach Wien einschlug.

[Weitere Erfolge der Preußen in Böhmen und Mähren.]

In Italien hatten unterdessen die Oesterreicher glücklicher gekämpft. Bei Custozza hatten sie am 24. Juni die Italiener geschlagen. Durch Abtretung Benetiens an den Kaiser der Franzosen und durch Herbeirufen der siegreichen Südarmee glaubte der Kaiser von Oesterreich der Lage der Dinge eine bessere Wendung zu geben. Erzherzog Albrecht erhielt das Obercommando über sämmtliche österreichische Streitkräfte. Aber die Hoffnung Franz Josephs erwies sich als nichtig. Die Preußen drangen unaufhaltsam von Böhmen nach Mähren vor; ein Corps des Kronprinzen schlug ein österreichisches Corps, welches von Olmütz nach Wien unterwegs war, den 15. Juli bei Tobitschau und eroberte 20 Geschütze, und der Prinz Friedrich Karl verlegte dem Feldzeugmeister Benedek den Weg von Olmütz nach Wien, so daß derselbe gezwungen war, auf das linke Ufer der March auszuweichen und seinen Weg über die kleinen Karpathen zu nehmen. Um ihn aber ganz und gar von Wien abzuschneiden, war am 22. Juli General Fransecky mit dem vierten Armeecorps (Magdeburger und Thüringer) gegen Preßburg vorgegangen und schon hatte sich das bei Blumenau entsponnene Gefecht zu Gunsten der Preußen gewendet, so zwar, daß die gegründete Aussicht vorhanden war, die sämmtlichen daselbst kämpfenden Oesterreicher gefangen zu nehmen, als der Eintritt einer Waffenruhe den Kampf unterbrach. Kaiser Napoleon nämlich, besorgt über die raschen Erfolge der Preußen und eifersüchtig auf ihr Waffenglück hatte die Rolle eines Vermittlers übernommen und nach langen Verhandlungen endlich die Waffenruhe am 22. Juli zu Stande gebracht, was ihm um so eher gelungen war, weil die Oesterreicher, außer Stande, den Kampf weiter zu führen, auf die preußischen Bedingungen einzugehen gezwungen waren.

[Kämpfe der Mainarmee.]

Nicht weniger ruhmvoll war unterdessen im Westen Deutschlands gekämpft worden. Die hannoversche Armee zog am 21. Juni von Göttingen südwärts, um sich mit den süddeutschen Truppen zu vereinigen. Während sie aber unentschlossen und zwecklos zwischen Gotha, Langensalza und Eisenach hin und her marschierte und die mit König Georg V, der sich bei seinen Truppen befand, wieder angeknüpften Unterhandlungen einige Tage in Anspruch nahmen, sammelte sich in der Gegend von

Gotha ein preußisches Heer unter dem Befehle des Generals von Flies, welches den Hannoveranern den Durchbruch gen Süden verlegen sollte, während General Vogel von Falckenstein mit der Hauptmacht bei Eisenach stand und General von Manteuffel im Rücken des Feindes von Göttingen heranzog. Nachdem die Unterhandlungen zu keinem Resultate geführt hatten, griff General v. Flies mit nur 9000 Mann und 16 Geschützen die 20,000 Mann mit 54 Geschützen starken Hannoveraner bei Langensalza am 27. Juni an, trieb sie zurück, vermochte aber in mörderischem Kampfe die feindliche Hauptstellung nördlich von Langensalza, bei Merxleben, nicht zu nehmen. Von der Uebermacht der Feinde zurückgeschlagen, nahm er am Abend des blutigen Tages die Stellung wieder ein, die er südlich von Langensalza am Morgen inne gehabt. Unterdessen war General Manteuffel im Rücken der Hannoveraner erschienen, ebenso zogen preußische Truppen von Osten und Westen heran, so daß am 28. die Umzingelung des Feindes gelungen war. In Folge dessen unterzeichnete König Georg V zu Langensalza eine Capitulation, nach welcher sein Heer die Waffen streckte und in die Heimath entlassen ward, er selbst aber außer seinem Lande zu bleiben sich verpflichtete.

Nach diesen Erfolgen marschierte General v. Falckenstein mit der gesammten Westarmee gegen die Bayern und das aus Würtembergern, Hessen, Nassauern und Badenern bestehende achte Bundesarmeecorps. In den Gefechten bei Dermbach und Hünfeld wurden die Bayern zurückgeworfen; Falckenstein überschritt darauf die hohe Rhön und griff den Feind am 10. Juli bei Kissingen an, wo sich derselbe hinter der Saale aufgestellt hatte. Der Uebergang über diesen Fluß ward erzwungen und die Bayern nach einem heftigen Straßenkampfe aus der Stadt vertrieben. Die Untergenerale Falckensteins, Beyer und Manteuffel, kämpften an demselben Tage siegreich bei Waldaschach und Hausen. Prinz Karl von Bayern zog sich hierauf nach Schweinfurt zurück. Falckenstein aber wandte sich ganz unerwartet gegen das achte Bundesarmeecorps, welches in der Gegend von Frankfurt stand. Er schlug einzelne Abtheilungen desselben am 13. Juli bei Frohnhofen und Laufach und am 14. bei Aschaffenburg, so daß er am 16. seinen Einzug in Frankfurt halten konnte. Nach der Ernennung Falckensteins zum Gouverneur von Böhmen setzte der neue Befehlshaber der Mainarmee, General v. Manteuffel, den Feldzug siegreich fort. Nachdem sich die Bayern und das achte Armeecorps vereinigt hatten, marschierte Manteuffel gegen Würzburg, erzwang am 24. Juli bei Tauberbischofsheim gegen die Würtemberger den Uebergang über die Tauber, schlug am 25. die Verbündeten bei Gerchsheim und Helmstedt und am 26. bei Roßbrunn und Uettingen und beschoß am 27. die Feste Marienberg bei Würzburg. Die Nachricht von dem Abschluß des Waffenstillstandes unterbrach den ruhmreichen Feldzug, der für Preußen um so entscheidender zu werden versprach, als auch bereits von Böhmen aus ein preußisches Heer unter dem Großherzog Friedrich Franz

von Mecklenburg-Schwerin in Bayern eingefallen war, Nürnberg
besetzt hatte und die Bayern im Rücken bedrohte.

[Der Friede zu Prag.]

Nachdem, wie bereits oben erwähnt, am 22. Juli eine Waffenruhe
abgeschlossen war, erfolgte am 26. Juli zu Nickolsburg der Abschluß
von Friedenspräliminarien. Am 2. August trat ein förmlicher Waffenstillstand auf vier Wochen ein. Aber noch vor Ablauf dieser Zeit ward
am 23. August der Friede zu Prag zwischen Oesterreich und Preußen
geschlossen, während der Friede mit den einzelnen süddeutschen Staaten
schon bereits vorher zu Berlin abgeschlossen worden war und der mit
Meiningen am 8. October, der mit Sachsen am 21. October folgte.
Außer bedeutenden Kriegskosten, welche die Besiegten dem Sieger zu
zahlen hatten, waren die wichtigsten Bedingungen des Prager Friedens
folgende:

1) Oesterreich scheidet aus Deutschland aus, behält aber, wie Sachsen,
seinen Besitzstand.

2) Es willigt in die Errichtung eines Bundesstaates, welcher die
deutschen Länder nördlich des Maines umfassen soll und giebt seine
Zustimmung zu allen in Norddeutschland von Preußen vorzunehmen-
den territorialen Veränderungen.

3) Die süddeutschen Staaten (welche außerdem bei ihren Friedensschlüssen ein vorläufig noch geheim gehaltenes Schutz- und Trutzbündniß mit Preußen eingegangen waren) sollten unter sich einen
süddeutschen Bund schließen, welcher mit dem Nordbund in nationaler Verbindung bleiben solle.

So hatte Preußen in einem beispiellos kurzen und glänzenden Feld-
zuge den Widerstand seiner Feinde, die es demüthigen und vernichten
wollten, niedergeworfen und gieng mit neuem Ruhm, neuen Ehren und
mit einem Länderzuwachs, wie es ihn früher auf einmal nie gewonnen,
aus dem gefährlichen Kriege hervor. Am 20. September hielt König
Wilhelm an der Spitze von Truppen aller siegreichen Armeecorps unter
unermeßlichem Jubel der Bevölkerung einen glänzenden Einzug in die
Hauptstadt. Die Heereseinrichtungen des Königs hatten sich auf das
Glänzendste bewährt und erfuhren nicht ferner den Widerspruch eines
Theiles der Landesvertretung. Das Vertrauen zwischen Regierung und
Volk, vor dem Kriege erschüttert, war wieder hergestellt und wurde durch
das Entgegenkommen des Königs und des Ministeriums befestigt.

[Die neuesten Erwerbungen Preußens.]

Die Erwerbungen Preußens in Folge der Ereignisse des Jahres
1866 sind, Lauenburg eingeschlossen, welches schon im Jahre 1865 in
den Besitz Preußens übergieng, folgende:

1. Das Herzogthum Lauenburg.

Das Land der Polaben auf dem rechten Ufer der Elbe ward von dem Herzoge Heinrich dem Löwen von Sachsen unterjocht. Nach seiner Aechtung kam es in Besitz Bernhards von Anhalt, Sohnes Albrechts des Bären, welcher die Lauenburg erbaute und die Würde eines Herzogs von Sachsen erhielt. Nach dem Aussterben der ascanischen Linie fiel das Herzogthum 1697 an das Haus Braunschweig und bildete einen Bestandtheil des Kurfürstenthums Hannover, mit welchem es 1806 an Preußen fiel. Das Weitere s. Seite 169 u. 171. Das Herzogthum hatte 1865 bei der preußischen Besitznahme eine Größe von 19 QM. mit 50000 Einwohnern.

2. Die Herzogthümer Schleswig und Holstein.

Holstein (zu Karls d. Gr. Zeit Transalbingien, das Land jenseit der Elbe, und von Sachsen bewohnt) bildete einen Theil des Herzogthums Sachsen und ward, nachdem es in Besitz des Grafen Adolf von Schauenburg übergegangen war, von Kaiser Heinrich V zur Grafschaft erhoben. Durch den Sturz Heinrichs des Löwen wurde das Land reichsunmittelbar. Im Jahre 1386 belehnte Margarethe von Dänemark den Grafen von Holstein auch mit dem dänischen Herzogthum Schleswig. Seit dem J. 1459 waren die Fürsten von Schleswig-Holstein auch Könige von Dänemark, doch bestand die Verbindung beider Länder nur in einer Personalunion, die beiden Herzogthümer sollten zusammenbleiben »ewig ungetheilt«. Im Jahre 1474 erhob Kaiser Friedrich III Holstein zu einem Herzogthum. Schon frühzeitig zeigte sich bei den Dänen das Bestreben, die Herzogthümer ganz und gar in Dänemark einzuverleiben. Diese Bestrebungen traten in den letzten fünfzig Jahren um so mehr hervor, als die königliche Linie in Dänemark dem Aussterben nahe war und sich auf diese Weise für die Herzogthümer, in welchen nur der Mannsstamm des oldenburgischen Hauses und nicht wie im Königreiche auch die weibliche Linie erbberechtigt war, die Gelegenheit bot, von Dänemark loszukommen. Letzteres wollte das dänische Erbfolgegesetz auch auf Schleswig-Holstein ausdehnen, woraus sich die Streitigkeiten herausbildeten, welche zu den Kriegen von 1848—50 und 1864 führten. Da nun nach dem Tode Friedrichs VII auch Oldenburg auf Schleswig-Holstein Erbansprüche erhoben hatte, so trat Preußen durch Vertrag vom 27. September 1866 an dieses das holsteinische Amt Ahrensböl ab, wogegen Oldenburg auf seine Ansprüche verzichtete. Der Flächeninhalt der beiden Herzogthümer beträgt 314 QM. mit gegen 1 Mill. Einwohnern.

3. Das Königreich Hannover.

Die mütterlichen Erbgüter, welche Heinrich der Löwe bei seiner Aechtung 1180 behalten durfte, während der herzoglichen Würde für Sachsen verlustig gieng, erhob im Jahre 1235 Kaiser Friedrich II zu einem Herzogthum Braunschweig-Lüneburg. Durch vielfache Theilungen bildeten sich im Laufe der Jahrhunderte die welfischen Theilfürstenthümer Calenberg, Grubenhagen, Lüneburg und Wolfenbüttel aus. Die bis zum Jahre 1866 bestehende Theilung des welfischen Gebietes in eine Linie Braunschweig-Dannenberg (Wolfenbüttel) und Braunschweig-Celle fand im Jahre 1569 statt. Letztere theilte sich wieder in Celle und Calenberg. Das Herzogthum Calenberg mit der Hauptstadt Hannover erlangte im J. 1692 die Kurwürde und das Herzogthum Celle fiel im J. 1705 wieder mit Calenberg zusammen. Die Kurfürsten von Hannover gelangten 1714 auf den englischen Thron, den sie, seit 1814 auch Könige von Hannover, bis zum Jahre 1837 inne hatten. In diesem Jahre bestieg Ernst August den hannoverschen Thron, während Königin von England, wo die weibliche Erbfolge gilt, seine Cousine Victoria wurde. Ernst Augusts Nachfolger wurde Georg V.

Zu dem Königreich Hannover gehörten außer dem altwelfischen Besitzthum (den Fürstenthümern Lüneburg, Grubenhagen und Calenberg) noch folgende von den hannoverschen Fürsten später erworbene Landestheile:

a) **Die Grafschaft Hoya.**

Dieselbe wurde in die untere und obere eingetheilt. Nach dem Aussterben beider Grafenlinien 1503 und 1543 kam das sämmtliche Gebiet an das welfische Haus.

b) **Die Grafschaft Diepholz.**

Diepholz gelangte im Jahre 1585 ebenfalls nach dem Aussterben der alten Grafenlinie in welfischen Besitz.

c) **Das Herzogthum Bremen und das Fürstenthum Verden.**

Unter Karl dem Großen wurden die Bisthümer Bremen und Verden gestiftet. Nach dem Sturze Heinrichs des Löwen wurden beide Bischöfe reichsunmittelbar. Nachdem die Reformation in den Stiftern Eingang gefunden, wurden sie 1648 vollständig säcularisiert und im westfälischen Frieden an Schweden gegeben, welches sie im Jahre 1719 an Hannover abtreten mußte, nachdem sich dasselbe mit an dem nordischen Kriege gen Karl XII von Schweden betheiligt hatte.

d) **Das Land Hadeln.**

Dasselbe stand ursprünglich unter den Grafen von Stade und hielt sich nach Heinrichs des Löwen Fall zu Herzog Bernhard von Ascanien. Auf diese Weise ward es ein Bestandtheil des Herzogthums Lauenburg, ward aber von Hannover 1815 nicht mit diesem an Preußen abgetreten.

e) **Das Fürstenthum Hildesheim.** S. Seite 140 u. 169.

f) **Die eigentliche Grafschaft Hohenstein** (sammt dem frühern Stift Ilfeld). S. Seite 56.

g) **Die frühere freie Reichsstadt Goslar.** S. Seite 141.

h) **Das untere Eichsfeld.** S. Seite 140 u. 169.

i) **Das Fürstenthum Ostfriesland** nebst dem Harlingerland. S. Seite 113 u. 169.

k) **Das Fürstenthum Osnabrück.**

Das Bisthum Osnabrück ward unter Karl d. Gr. im Lande der Sachsen gegründet. Nach dem Sturze Heinrichs des Löwen ward es reichsunmittelbar. Die Reformation fand im Stifte im 16. Jahrhunderte Eingang. Im westfälischen Frieden ward festgesetzt, daß das Stift abwechselnd einen katholischen und evangelischen Bischof haben solle, doch mußte der letztere immer dem Hause Braunschweig-Lüneburg angehören. Der letzte Bischof war der hannoversche Prinz Herzog Friedrich von York. Durch den Reichsdeputationsreceß fiel das Bisthum als weltliches Fürstenthum an Hannover, mit diesem 1806 an Preußen, welches 1815 nur das Amt Reckeberg behielt. (S. Seite 169.)

l) **Die niedere Grafschaft Lingen.** S. Seite 169.

m) **Der Kreis Emsbüren.**

Derselbe war ein Theil des Bisthums Münster und kam 1803 mit an den Herzog von Looz-Corswarem, dessen Gebiet 1815 der Hoheit Preußens (S. 172) und Hannovers unterworfen ward.

n) **Das Herzogthum Aremberg-Meppen.**

Dasselbe war ebenfalls ein Theil des Fürstenthums Münster. Im J. 1803 bekam es der Herzog von Aremberg für seine auf dem linken Rheinufer eingebüßten Besitzungen. Nachdem im J. 1806 der Herzog als Souverän dem Rheinbunde beigetreten war, ward er 1810 von Napoleon seines Landes beraubt, der Meppen zu Frankreich, Recklinghausen zu Berg schlug. (S. Seite 172.) 1815 wurde der Herzog für Meppen der hannoverschen Hoheit unterstellt.

o) **Die Grafschaft Bentheim.**

Die Grafen von Bentheim erwarben auch die Grafschaft Steinfurt als münstersches Lehen. Die eigentliche Grafschaft Bentheim ward 1753 von ihrem Besitzer an Hannover verpfändet, aber 1804 von Napoleon, der damals im Besitze Hannovers war, gegen die Erstattung der Pfandsumme zurückgegeben. Darnach ward sie mediatisiert und 1807 der bergischen, 1810 der französischen und 1815 der hannoverschen Oberhoheit unterworfen.

Ganz Hannover war, als es preußische Provinz wurde, in die Landdrosteien Hannover, Lüneburg, Stade, Hildesheim, Osnabrück und Aurich und in die Berghauptmannschaft Clausthal eingetheilt und hatte eine Ausdehnung von 699 □M. mit gegen 2 Millionen Einwohnern.

4. Das Kurfürstenthum Hessen.

Unter den Karolingern und den sächsischen Kaisern gehörte das eigentliche alte Hessenland (das kurhessische Nieder- und Oberhessen und das darmstädtische Oberhessen) zum Herzogthum Franken. Später erscheint als Graf von Thüringen und Hessen Ludwig der Bärtige. Landgrafschaft wurde Hessen im Verbande mit Thüringen im J. 1130 durch Kaiser Lothar II. Nach dem Aussterben der thüringschen Landgrafen erbte Hessen Heinrich das Kind von Brabant, Enkel des vorletzten Landgrafen. Seine Nachkommen vergrößerten das Land beträchtlich, welches vom Landgrafen Philipp dem Großmüthigen, dem aus der Reformationsgeschichte bekannten Fürsten, 1567 testamentarisch unter seine vier Söhne vertheilt ward. Da aber zwei von den Söhnen ohne Erben starben, so blieb das Land nur unter zwei Linien vertheilt, Hessen-Kassel und Hessen-Darmstadt. Ersteres erwarb nach dem Lüneviller Frieden die Kurwürde, welche es auch nach der Auflösung des deutschen Reiches beibehielt. Im Jahre 1806 ward Kurfürst Wilhelm von den Franzosen vertrieben und sein Land dem neugegründeten Königreich Westfalen einverleibt, 1813 aber von den treuen Hessen bei seiner Rückkehr mit Jubel begrüßt.

Außer den zur eigentlichen alten Landgrafschaft Hessen gehörigen Gebieten hatte das Kurfürstenthum noch folgende Bestandtheile:

a) **Die Herrschaft Schmalkalden.**

Dieselbe war ein Theil der gefürsteten Grafschaft Henneberg (s. Seite 170). Im Jahre 1360 erwarb Hessen die eine Hälfte der Herrschaft durch Kauf, im Jahre 1583 nach dem Aussterben der Fürsten die andere durch Erbschaft.

b) **Den größeren Theil der ehemaligen Grafschaft Schaumburg.**

Die Grafen von Schaumburg stammten von den Mannsfelder Grafen ab und wurden 1619 gefürstet. Aber schon 1640 erlosch das Geschlecht. Nach einem Vergleich wurde die Grafschaft zwischen Hessen-Kassel und dem Hause Lippe 1647 getheilt.

c) Das Fürstenthum Hersfeld.

Hersfeld war eine 736 gestiftete reichsunmittelbare Benedictinerabtei. Schon 1525 zwang sie Landgraf Philipp zur Huldigung. Seit 1606 waren Glieder des hessischen Fürstenhauses Administratoren; im westfälischen Frieden erhielt sie Hessen-Kassel als weltliches Fürstenthum.

d) Die Grafschaft Hanau-Münzenberg.

Die Herrschaft Hanau ward 1429 vom Kaiser Siegismund zur Grafschaft erhoben. Im Jahre 1643 ward ein Erbvertrag mit Hessen geschlossen, so daß, als 1738 das hanauische Geschlecht ausstarb, Hanau-Münzenberg an Hessen-Kassel, ein anderer Theil der Grafschaft an Hessen-Darmstadt fiel. Im Jahre 1810 gab Napoleon das Ländchen dem Großherzog von Frankfurt, 1815 kam es an Hessen zurück.

e) Das Fürstenthum Fritzlar.

Dasselbe begreift diejenigen in Hessen eingeschlossenen früher mainzischen Aemter, welche Hessen-Kassel 1803 für die Abtretung des linksrheinischen Theiles der niedern Grafschaft Katzenellnbogen erhielt. (S. Seite 173.)

f) Das Fürstenthum Fulda.

Im Jahre 744 ward zu Fulda auf Betrieb des Bonifacius ein Benedictiner-kloster gegründet, welches bald zu großem Ansehn gelangte. Der Abt ward im 11. Jahrhundert zum Fürstbischof erhoben und erhielt später durch die goldne Bulle den Titel »Kanzler der Kaiserin«. Seit 1752 war Fulda Bisthum, wurde aber 1803 als weltliches Fürstenthum eingezogen und dem Hause Nassau-Oranien gegeben. Napoleon gab es 1809 dem Fürsten Primas als Bestandtheil des Großherzogthums Frankfurt. 1815 kam Fulda, doch nur auf kurze Zeit, an Preußen, welches es zum größten Theil an Hessen abtrat, einige kleinere Theile kamen an Bayern und Sachsen-Weimar.

Das Kurfürstenthum Hessen kam in einer Größe von 172 □M. mit 750000 Einwohnern an Preußen.

5. Das Herzogthum Nassau.

Die Herren von Laurenburg an der Lahn erbauten um 1100 die Burg Nassau an der Lahn und nannten sich später nach derselben. Schon im 13. Jahrhundert waren die Herren von Nassau ein mächtiges Geschlecht. Im J. 1255 theilte sich dasselbe in die Walramsche und Ottonische Linie. Letztere erwarb auch Besitzungen in den Niederlanden und das Fürstenthum Oranien (Nassau-Oranien). Die deutschen Besitzungen des Hauses Nassau-Oranien fielen schon früher an Preußen. Die Walramsche Linie theilte sich in mehrere Zweige, von denen im Anfang dieses Jahrhunderts noch zwei blühten, Usingen und Weilburg, welche beide den Fürstentitel erworben hatten. Durch den Reichsdeputationsreceß bereichert, traten die beiden regierenden Fürsten dem Rheinbunde bei; 1813 giengen sie zu den Alliierten über. Nachdem 1816 Nassau-Usingen ausgestorben, besaß die Linie Nassau-Weilburg das vereinigte Herzogthum. Dasselbe ist aus zu verschiedenen Gebieten zusammengesetzt, als daß dieselben hier eingehend erwähnt werden könnten; bemerkt sei nur, daß es außer den altnassauischen Gebieten Theile von Trier, Köln (s. Seite 172 f.), Mainz, der niedern Grafschaft Katzenellnbogen (s. Seite 173), Wied (s. Seite 172) u. s. w. enthielt. Es hatte, als es in den Besitz Preußens übergieng, eine Größe von 85 □M. mit gegen 470000 Einwohnern.

6. Die bisherige freie Stadt Frankfurt.

Frankfurt galt seit 843 als Hauptstadt von Ostfranken oder Deutschland, 1245 wurde sie freie Reichsstadt, nach der goldenen Bulle sollten die Kaiser in ihr gewählt werden und seit dem 16. Jahrhundert wurden sie auch in Frankfurt gekrönt. Nachdem es 1803 seine Reichsfreiheit gerettet, ward es 1806 Bundesstadt des Rheinbundes, 1810—14 Hauptstadt des Großherzogthums Frankfurt. Nach dem Sturze Napoleons eine der vier freien Städte Deutschlands, war es der Sitz des deutschen Bundestages Ihr Gebiet betrug 1½ QM. mit 92000 Einwohnern.

7. Von Hessen-Darmstadt.

a) Die Landgrafschaft Hessen-Homburg.

Dieselbe ward 1622 von Hessen-Darmstadt abgezweigt und war ursprünglich ein 1504 an Hessen gelangtes pfälzisches Lehen. Im Jahre 1806 ward sie dem Großherzogthum einverleibt, doch 1817 wieder entmediatisiert und durch Preußen um die Herrschaft Meisenheim vergrößert, welche aus ehemals pfälzischen und nassauischen Gebieten des linken Rheinufers gebildet worden war. Der letzte Landgraf starb am 24. März 1866 und das Ländchen fiel an Hessen-Darmstadt zurück, aber noch in demselben Jahre mußte es dieses Preußen überlassen.

b) Die oberhessischen Kreise Biebenkopf und Vöhl, den nordwestlichen Theil des Kreises Gießen, den Ortsbezirk Rödelheim und den Antheil an Niederursel, zusammen 15 QM.

8. Von Bayern.

a) Das Bezirksamt Gersfeld
(die früher reichsunmittelbaren Herrschaften Gersfeld und Thann).

b) Das Landgericht Orb
(früher ein Theil des kurmainzischen Fürstenthums Aschaffenburg).

c) Die Enclave Caulsdorf bei Ziegenrück, alles zusammen gegen 10 QM.

9. Von Meiningen: Das Dorf Alt-Löbnitz in der Grafschaft Camburg.

10. Von Oldenburg: Erweiterung des Jahdegebietes.

Nach Einverleibung dieser sämmtlichen Gebiete ist demnach der Flächeninhalt des Staates auf 6392 QM. mit gegen 24 Millionen Einwohnern gestiegen. Aus den neuen Landestheilen sind drei neue Provinzen gebildet worden, nämlich Schleswig-Holstein (ohne Lauenburg, welches als besonderes Herzogthum eigene Verwaltung hat und noch nicht zum Königreich gerechnet wird), Hannover und Hessen-Nassau. Zu letzterer ist Frankfurt, Biebenkopf, Vöhl u. s. w., Gersfeld, Orb, Homburg ohne Meisenheim und der Kreis Wetzlar geschlagen worden. Dagegen zur Provinz Sachsen die hannoversche Enclave Ilefeld und die hessische Herrschaft Schmalkalden und zur Rheinprovinz das Amt Meisenheim.

[Gründung des norddeutschen Bundes.]

In der Proclamation, welche König Wilhelm bei Ausbruch des Krieges an sein Volk richtete, hatte er versprochen, falls Gott den

preußischen Waffen Sieg verleihe, das nationale Band, welches die
deutschen Staaten bisher nur lose umschlungen habe, fester zu knüpfen.
Dieses Versprechen hielt er einestheils durch die Stiftung des norddeutschen Bundes, anderntheils durch den schon erwähnten Abschluß
eines Schutz- und Trutzbündnisses mit den süddeutschen Staaten. Schon
am 18. August 1866 hatte sich auf Preußens Betrieb eine Anzahl
norddeutscher Staaten zur Bundesgenossenschaft vereinigt und derselben
waren bis zum Herbste desselben Jahres alle Staaten nördlich des
Maines beigetreten. Bevollmächtigte der verschiedenen Länder stellten zu Berlin einen Bundesverfassungsentwurf auf, welcher einem aus
allgemeinen directen Wahlen hervorgegangenen und den 24. Februar
1867 zu Berlin eröffneten Reichstage zur Berathung vorgelegt ward.
Der Entwurf erhielt im Wesentlichen die Genehmigung des Reichstages
und nachdem die neue Verfassung von sämmtlichen Einzellandtagen ge-
nehmigt worden war, ward sie zu Recht bestehend. Nach dieser neuen
Verfassung ist der norddeutsche Bund geschlossen »zum Schutze
des Bundesgebietes und des innerhalb desselben gültigen
Rechtes, sowie zur Pflege und Wohlfahrt des deutschen
Volkes.« Die Gesetzgebung übt der Bundesrath (Vertreter der einzelnen Staaten) und der Reichstag; derselben unterliegen sämmtliche
allgemeinen Angelegenheiten der ganzen Nation. Das Bundespräsidium
hat die Krone Preußen. Dieselbe ernennt den Bundeskanzler und
sonstige Bundesbeamte, beruft und schließt den Reichstag, verkündigt die
Bundesgesetze und überwacht die Ausführung derselben. An der Spitze
der gesammten norddeutschen Bundesarmee und der Bundeskriegsmarine
steht als Bundesfeldherr der König von Preußen. Während also die
Centralgewalt alle Rechte in Händen hat, welche nöthig sind, um dem
Bunde eine gedeihliche Entwickelung im Innern, Macht und Ansehen
nach Außen zu verschaffen, haben die Einzelstaaten doch so viel Freiheit behalten, daß sie im Stande sind, ihre berechtigten Eigenthümlich-
keiten zu wahren und weiter auszubilden. Zum ersten Male seit Jahrhunderten steht somit dem Auslande ein festgeschlossenes deutsches Ganzes
von 7540 □M. mit gegen 30 Millionen Einwohnern gegenüber. So
hat sich der König »den Dank und die Befriedigung der Nation über
die Erfolge einer wahrhaft deutschen Politik«, welche so Großes für
das gemeinsame Vaterland geschaffen, mit Recht verdient.

[Rückblick.]

Jahrhunderte sind verflossen, seitdem das Geschlecht der Hohenzollern
von Schwaben zunächst nach Franken gezogen war, um daselbst im
Dienste des deutschen Reiches eine Stellung von wachsender Geltung
zu erringen, bis vor vier Jahrhunderten der Ahnherr des preußischen
Fürstenhauses in dem tief zerrütteten Brandenburg eine neue Stätte
segensreichen Wirkens und die Grundlage einer rüstig aufstrebenden
Macht fand. Während das deutsche Kaiserthum durch innere Schwäche

und den Zwiespalt der Kräfte im Reiche immer tiefer in Ohnmacht ver-
sank, bildete sich in den Nordmarken des Reiches der Kern einer neuen
deutschen Macht heraus, welche berufen war, die zerfallenden Glieder
des Reiches mehr und mehr an sich heranzuziehen und zu neuer staat-
licher und nationaler Einigung zu verschmelzen. König Wilhelm I ist
es gelungen, den nationalen Gedanken, welcher der Geschichte und dem
Aufschwunge seines Hauses bald bewußt, bald unbewußt zu Grunde lag,
zum klaren Ausdruck und zur vollen Geltung zu bringen. Die nationale Gemeinschaft, welche die preußische Politik geschaffen hat, umfaßt
schon jetzt nicht Norddeutschland allein, sondern das nationale Band ist
zu Schutz und Trutz und zur gemeinsamen Pflege der öffentlichen Wohlfahrt bereits auch um die Staaten Süddeutschlands geschlungen. So
darf denn König Wilhelm das Bewußtsein hegen, daß der Beruf seines
Hauses der glorreichen Erfüllung entgegengeht, »nachdem das öffentliche
Leben Deutschlands nach Jahrhunderten schwerer Prüfung endlich unter
der glorreichen Führung des königlichen Hauses der Hohenzollern die
sichere Grundlage einer großen nationalen Zukunft gewonnen hat.«

www.ingramcontent.com/pod-product-compliance
Lightning Source LLC
Chambersburg PA
CBHW020900230426
43666CB00008B/1255